BERLINER DEBATTE INITIAL 35, 2024/2

Inhalt

131 Editorial

THEMENSCHWERPUNKT

136 ULRICH BUSCH
Ostdeutschland im Fokus
Focus on East Germany

151 MEIKE SOPHIA BAADER / SANDRA KOCH
Schweigen – Sprechen – Wissenwollen
Wie Ostdeutschland in literarischen Texten und neuen Formaten verhandelt wird
Silence – Speaking – Will to Know
Negotiating East Germany in German Literary Texts and New Formats

169 JUDITH ZANDER
„Dieses von vornherein zum Anderen Gemachte"
Ein Ostgespräch
„The a priori Other"
An East German Conversation

177 JONATHAN HINDEMITH / NADINE JUKSCHAT / PHILIPP KENNTNER /
LIVIA KNEBEL / LUCIA MÜHL / JULIAN NEJKOW / CHRISTIANE SCHMIDT
„Oxymoron" – Wege und Abwege einer empörten Gesellschaft
Ein Werkstattbericht aus Görlitz
'Oxymoron' – Paths and Detours of an Outraged Society
A Workshop Report from Görlitz

ALLGEMEINER TEIL

193 KARL-MARTIN HENTSCHEL
Wie retten wir die Demokratie?
Warum die AfD gewählt wird und wie wir der Wut begegnen können
How to Save Democracy?
Why the AfD is Gaining Votes and How We Can Deal with Anger

207 CHRISTOPH HAKER
Rechtspopulismus und Rechtsextremismus an Hochschulen
Zur Debatte um Wissenschaftsfreiheit
Right-Wing Populism and Right-Wing Extremism at Universities
The Debate on Academic Freedom

224 CORNELIA HEINTZE
Auf getrennten Wegen?
Wie und wo sich die sozialstaatlichen Pfade von Deutschland und Österreich unterscheiden
On Separate Paths?
How the Welfare State Paths of Germany and Austria Differ

241 LUTZ THIEME / MATTHIAS WEINFURTER / CARINA POST
Zur Situation der Sportinfrastruktur in Deutschland
The Situation of Sports Infrastructure in Germany

259 TATJANA HOFMANN / JEAN-PHILIPPE JACCARD
„Die Literatur als solche"
Ein Gespräch
'Literature as Such'
A Conversation

REZENSIONEN

280 Frank Engster u.a.: Kleine Philosophie des Geldes im Augenblick seines Verschwindens. (ULRICH BUSCH)
284 Christoph Butterwegge: Umverteilung des Reichtums. (GREGOR RITSCHEL)
286 Barbara Skarga: Nach der Befreiung. Aufzeichnungen aus dem Gulag 1944–1956. (WLADISLAW HEDELER)
288 Reinhard Heinisch, Aneta Cekikj, Klaudia Koxha (eds.): Perspectives on Populism. Diverse Voices from the European "Periphery". (DIETER SEGERT)

EDITORIAL

CHRISTOPH MICHAEL / THOMAS MÜLLER

Editorial

Auch 34 Jahre nach der deutschen Einheit scheint „der Osten" der bundesdeutschen Politik und ihren Leitmedien ein Rätsel zu sein – ob des Unvermögens (oder der Verweigerung), ein „kleiner Westen" zu werden, wegen des überproportionalen Wahlerfolgs populistischer bis rechtsextremistischer Parteien oder angesichts einer zunehmend positiven Besetzung des DDR-Lebensalltags in der Erinnerungskultur. Auf westdeutscher Seite stellt sich mit erheblicher Verspätung nun offenbar die Erkenntnis ein, dass durch Wende und Beitritt von Anfang an auch die altbundesdeutschen Verhältnisse zur Disposition gestellt waren, auch wenn es immer noch Stimmen gibt, die sich fragen, weshalb die Transformation im Osten – verstanden als Angleichung an die alte BRD – so viel länger dauert als erwartet (z. B. Schwartz 2024).

Derlei Fragestellung, eine solch westdeutsch geprägte Perspektive, hat einen nostalgischen Kern, nämlich die normative Orientierung am altbundesrepublikanischen Institutionengefüge und dessen liberaler Parteiendemokratie. Dieses Gefüge ist allerdings nicht erst in den letzten Jahren und durch das Erstarken des rechtspopulistischen Parteienspektrums (wobei es sich im Übrigen um ein paneuropäisches Phänomen handelt), sondern bereits in den 1990er Jahren unter erhöhten Transformationsdruck geraten. Die Infragestellung der Funktionsweise und der Institutionen der liberalen Nachkriegsdemokratie durch ein zunehmend plebiszitäres Verständnis demokratischer Partizipation ist daher auch weder spezifisch ostdeutsch noch generiert es sich aus einer vermeintlich autoritären politischen Sozialisierung. Ebenso wenig ist sie per se antidemokratisch, sondern gehört im Sinne einer kritischen Reflexion auf Traditionen, Prozesse und Institutionen zum Wesen der Demokratie. Es mag sein, dass die ostdeutsche politische Landschaft dabei aus zwei Gründen radikaler erscheint: Zum einen, weil es dort eine noch stärker ausgeprägte Tendenz zur Systemkritik gibt, die sich aus der spezifischen Erfahrung der DDR, der friedlichen Revolution, aber auch aus den Nachwendeerfahrungen faktischer Entmündigung im zurückliegenden Vereinigungsprozess, von Massenarbeitslosigkeit und sozialer Desavouierung, der Behandlung als Deutsche zweiter Klasse sowie der Unterrepräsentation in gesamtdeutschen Machtstrukturen und einem distanzierten Verhältnis zu westdeutsch dominierten Eliten speist. Zum anderen, weil „die Ostdeutschen" durch diese Erfahrungen einen anderen Bezug zum politischen Habitus und bestimmten Traditionen der bundesdeutschen Demokratie haben.[1]

---

[1] Siehe hierzu etwa Haug, Clemens (2024): „Die da oben": Raj Kollmorgen über DDR-Prägungen und Rechtspopulismus in Ostdeutschland. URL: https://www.mdr.de/wissen/psychologie-sozialwissen-

Wenn die westdeutsche Mehrheitsgesellschaft die Erfahrungsräume im Osten Deutschlands nicht ignoriert, bewertet sie sie üblicherweise als abweichend bzw. „anders", d. h. als rückständig, rückwärtsgewandt, als gefährlich oder, wie es Angela Merkel in ihrer vielbeachteten Rede am 3. Oktober 2021 erinnerte, als „Ballast". Die unterstellte „Andersheit" zu dekonstruieren oder als Bereicherung demokratischer Institutionen- und Willensbildung zu begreifen, ist immer noch selten. Auch angesichts des sich abzeichnenden Niedergangs westdeutscher Leitindustrien mag „der Osten" sozioökonomische Prozesse vorwegnehmen, die den westlichen Bundesländern erst noch bevorstehen bzw. dort bislang noch durch höhere Lohnniveaus, fehlende Abwanderung und Vermögenstransfers dreier Wohlstandsgenerationen abgefedert werden. In beiden Gründen könnte die demokratietheoretische und -praktische Relevanz „des Ostens" liegen. Es kommt auf die Perspektive an.

Für ähnlich viel Gesprächsstoff wie die politische Situation in Ostdeutschland sorgen aktuell Sachbücher und Romane über die DDR und „den Osten" – besonders breit rezipiert und diskutiert wurden etwa die Titel von Dirk Oschmann (2023), Katja Hoyer (2023), Anne Rabe (2023) und Steffen Mau (2024). Auffällig ist, dass das literarische Feuilleton gerade dann nicht mit Lob und Anerkennung spart, wenn sich die Schüler:innen als gelehrig erweisen und die DDR in ihren Büchern so darstellen, wie es sich der westdeutsch dominierte Mainstream schon immer gedacht hat. Viel strenger fällt das Urteil aus, wenn sich Autor:innen erlauben, das Leben in der DDR als etwas anderes zu zeigen als ein autoritäres, graues, gewalthaft-bösartiges Dasein voll tagtäglicher Demütigungen. So stempelte ZEIT-Literaturchef Adam Soboczynski (2024) Jenny Erpenbeck zur posthumen Erfüllungsgehilfin der DDR-Kulturpolitik und unterstellte ihrem 2021 erschienenen und 2024 mit dem International Booker Prize ausgezeichneten Roman „Kairos" kurzerhand ein ideologisches Programm und einen „antiliberalen Überbau". Man fühlt sich zurückversetzt in den deutsch-deutschen Literaturstreit Anfang der 1990er Jahre, in dem die Literatur der DDR „politisch traktiert" (Emmerich 1996) wurde. Hierzu passt eine neue, oder besser: neuerliche, latente Aggressivität westdeutschen Sprechens über „den Osten", die u. a. darin zu wurzeln scheint, dass die alte BRD schon längst nicht mehr die positiv besetzte Referenzgesellschaft vieler Ostdeutscher ist, nicht mehr das „Traumland" (Soboczynski 2023), in dem sie die „Möglichkeit von Glück" (Rabe 2023) sehen. Dass sich die sogenannte ostdeutsche Literatur bzw. historisch in der DDR angesiedelte Romane ostdeutscher Autor:innen aus der moralischen Bewertung und Umklammerung eines altbundesdeutschen Blicks und Geschichtsbewusstseins lösen würden, ist wenig erstaunlich: Auf die politische Selbstbefreiung 1989 folgte 1990 die konsumkapitalistische Selbstentmachtung, nach der nicht nur literarisch eine lange, oftmals schmerzhafte Desillusionierung von der westdeutschen Gesellschaft kam. Die politisch-moralisierenden Kritiker:innen einer solchen, zumal literarischen, Dynamik seien erinnert an das Plädoyer von Wolfgang Emmerich (1996) für all jene „Literatur aus der DDR, die als kritisches Gedächtnis einer fragwürdigen Vergangenheit

schaften/die-da-oben-wir-hier-unten-rechtspopulismus-ostdeutschland-ddr-raj-kollmorgen-102.html (Abruf: 10.09.2024).

wie als ästhetisch erfindungsreicher Gegentext durch andere historische Dokumente und Medien schlechterdings nicht zu ersetzen ist".

Die Debatten um die neuen Ost-Bestseller von Oschmann und anderen haben noch einmal verdeutlicht, dass über „den Osten" immer noch pauschal gesprochen und geurteilt wird – frei nach dem bekannten SPIEGEL-Titel „So isser, der Ossi." (SPIEGEL 35/2019). Insofern liegt es nahe, einmal mehr für differenzierte Positionen und vielstimmige Diskussionen zu werben, etwa indem man die Vielfalt individueller Erfahrungen in der DDR und in Ostdeutschland stärker als bislang berücksichtigt und reflektiert (z. B. Kötzing 2024). Hinzu kommt, dass das, was man ein innerostdeutsches Gespräch nennen könnte, aus verschiedenen Gründen nicht oder nur am Rande stattfindet: dass sich die Menschen, die im „Osten" leben, miteinander über Fragen und Probleme austauschen (vielleicht sogar: verständigen), die diesen Teil Deutschlands betreffen und mit ihm verbunden werden. Dass zwar viel über den Osten geredet wird, „der Osten" dabei aber entweder selbst gar nicht zu Wort kommt oder ungehört bleibt, versuchen Initiativen wie „Wir sind der Osten" zu ändern. Dabei geht es nicht allein um das „Was?", die Gesprächsthemen, sondern auch um das „Wie?", die Art und Weise des Miteinander-Redens.

Die Zeitschrift *Berliner Debatte Initial* war von Anfang an bestrebt, eine publizistische Plattform für einen sozial- und geisteswissenschaftlichen Austausch über Themen, die Ostdeutschland und Osteuropa betreffen, und für innerostdeutsche Verständigung zu bieten. Beiträge aus der Ostdeutschland- und der Transformationsforschung haben dem Journal in mehr als drei Jahrzehnten sein charakteristisches Profil gegeben. Mit dem Themenschwerpunkt „Ostgespräche" knüpfen wir im 35. Jahrgang an diese Traditionen an. Uns geht es dabei darum, neue Gespräche über Ostthemen anzuregen, und zwar nicht zuletzt als Kommunikation unter Ostdeutschen. Das hat nichts Ausschließendes an sich, sondern ist als Einladung zu verstehen! Unser Eindruck ist, dass nach wie vor Gesprächsbedarf besteht über Osterfahrungen, Ostthemen und Ostbelange. Das darauf bezogene Sprechen und Zuhören ist noch immer keine Selbstverständlichkeit; vielmehr herrschen häufig Schweigen und Sprachlosigkeit vor, nicht zuletzt, weil das Miteinander-Reden durch die politischen Verhärtungen der letzten Jahre schwieriger geworden ist.

In unterschiedlicher Weise behandeln die vier Beiträge des Themenschwerpunkt das Sprechen in und über Ostdeutschland. *Ulrich Busch* geht vom politischen Sprechen aus, wie es etwa die jährlichen Berichte des Ostbeauftragten der Bundesregierung widerspiegeln. Den Zweckoptimismus des aktuellen Berichts konfrontiert Busch mit zahlreichen sozioökonomischen Daten, etwa zur massiven Vermögensungleichheit zwischen Ost und West. Auf dieser Grundlage zeichnet er ein differenziertes Bild Ostdeutschlands und plädiert für eine neue Perspektive auf den Osten, die dessen Eigenheiten und Eigensinn ernst nimmt, statt weiterhin auf nachholende Anpassung an den Westen zu setzen. *Meike Sophia Baader* und *Sandra Koch* fragen, ob und, wenn ja, wie zwischen den Generationen und Geschlechtern über Ostdeutschland gesprochen wird. An ausgewählten literarischen Neuerscheinungen mit DDR- und Ostdeutschland-Bezug setzen sie unterschiedliche Gesprächsakzente, wobei das Spektrum der Romane und Sachbücher von Versuchen, eine bestimmte DDR-Vergangenheit aufzuarbeiten, über die individuelle Auseinandersetzung mit Transformationserfahrungen und Abrechnungen mit dem Westen bis zu hintersinnig-utopischen Diskussionen reicht. Mit ihren Romanen „Dinge, die wir heute sagten" und „Johnny Ohneland" hat *Judith Zander* eine eigene literarische Sprache für die Erinnerungen an die Veränderungen gefunden, mit denen die Menschen im Osten Deutschlands konfrontiert waren. Im Gespräch mit dieser Zeitschrift erläutert die Schriftstellerin, warum es nicht die eine ostdeutsche Perspektive gibt, welche Literatur aus der DDR ihr besonders wichtig ist und worin sich Literatur und Literaturkritik unterscheiden. Abschließend wendet sich ein Team von Autor:innen um den Politikwissenschaftler *Julian Nejkow* – bekannt durch den Podcast „Nach meiner Kenntnis ist das sofort!" – ganz konkret der Gesprächskultur in Ostdeutschland zu: Sie berichten über ein Forschungsprojekt aus Görlitz, in dem sie untersuchen, warum Teile der Stadtgesellschaft auf politische Abwege geraten sind. Um diese Frage zu beantworten, haben die Forschenden auf unkonventionelle Weise Gespräche initiiert, über deren Verlauf und Ausgang sie informieren.

Im allgemeinen Teil dieses Heftes diskutiert *Karl-Martin Hentschel*, aus welchen Gründen die AfD gewählt wird und wie man auf das, was früher Politikverdrossenheit genannt wurde, programmatisch reagieren könnte. *Christoph Haker* rückt die aktuelle Debatte um die Wissenschaftsfreiheit ins Zentrum und untersucht, wie sich Rechtspopulismus und Rechtsextremismus an Hochschulen verbreiten. Ein ebenso aktuelles und kontrovers diskutiertes Thema behandelt *Cornelia Heintze*: In einem sozioökonomisch informierten Vergleich zwischen Deutschland und Österreich erörtert sie, worin sich der Sozialstaat in beiden Ländern unterscheidet. Durch die diesjährige Fußball-EM und die Olympischen Spiele ist die Frage, in welchem Zustand sich die Sportstätten befinden, in den Blick der breiteren Öffentlichkeit geraten. In einer Bestandsaufnahme schildern *Lutz Thieme, Matthias Weinfurter* und *Carina Post* die Situation der Sportinfrastruktur in Deutschland. Abgerundet wird der allgemeine Teil durch ein Gespräch, das *Tatjana Hofmann* mit dem Schweizer Slawisten *Jean-Philippe Jaccard* geführt hat. Im Mittelpunkt steht Jaccards intellektuelle Biographie, wobei auch Eindrücke von Reisen in die Sowjetunion und Russland nicht zu kurz kommen. Angemerkt sei, dass sich Herr Jaccard nach dem Gespräch zu einem Flug nach St. Petersburg entschlossen hat und dort im Juni 2024 war.

Aus aktuellem Anlass möchten wir abschließend darauf hinweisen, dass die Texte dieses Heftes vor dem „Ampel-Aus", dem Bruch der Regierungskoalition aus SPD, Bündnis 90/Die Grünen und FDP, entstanden sind. Aufgrund der langen Produktionszeit dieses Heftes erscheinen diese Beiträge erst jetzt.

Literatur

Emmerich, Wolfgang (1996): Rückblicke auf die Literatur der DDR. In: Aus Politik und Zeitgeschichte 13–14/1996. URL: https://www.bpb.de/shop/zeitschriften/apuz/archiv/537646/rueckblicke-auf-die-literatur-der-ddr/ (Abruf: 10.09.2024).

Hoyer, Katja (2023): Diesseits der Mauer. Eine neue Geschichte der DDR 1949–1990. Hamburg: Hoffmann und Campe.

Kötzing, Andreas (2024): Vom „Wir" zum „Ich". Plädoyer für ein Ende pauschaler Ostdeutschland-Debatten. In: Aus Politik und Zeitgeschichte 33–35/2024. URL: https://www.bpb.de/shop/zeitschriften/apuz/fokus-ostdeutschland-2024/551113/vom-wir-zum-ich/ (Abruf: 10.09.2024).

Mau, Steffen (2024): Ungleich vereint. Warum der Osten anders bleibt. Berlin: Suhrkamp.

Merkel, Angela (2021): Rede von Bundeskanzlerin Dr. Angela Merkel beim Festakt zum Tag der Deutschen Einheit am 3. Oktober 2021 in Halle/Saale. URL: https://www.bundesregierung.de/resource/blob/992814/1965622/a65495db1abdf74219a2b32ecbd1aa70/124-1-bkin-festakt-einheit-data.pdf (Abruf: 10.09.2024).

Oschmann, Dirk (2023): Der Osten: eine westdeutsche Erfindung. Berlin: Ullstein.

Rabe, Anne (2023): Die Möglichkeit von Glück. Stuttgart: Klett-Cotta.

Schwartz, Claudia (2024): Mit den Wahlen in Thüringen und Sachsen bricht die Debatte über die Identität des Ostens und die Ignoranz im Westen wieder auf. In: NZZ, 01.09.2024. URL: https://www.nzz.ch/feuilleton/wahlen-im-osten-deutsch-deutscher-schmerz-lass-nach-ld.1845689 (Abruf: 10.09.2024).

Soboczynski, Adam (2023): Traumland. Der Westen, der Osten und ich. Stuttgart: Klett-Cotta.

Soboczynski, Adam (2024): Die Auferstehung. In den USA und in Großbritannien wird gerade die DDR in Büchern neu entdeckt – und in ein mildes Licht getaucht. Woran liegt das? In: DIE ZEIT, Nr. 26/2024. URL: https://www.zeit.de/2024/26/ddr-literatur-ostdeutschland-usa-grossbritannien/ (Abruf: 10.09.2024).

THEMENSCHWERPUNKT

ULRICH BUSCH

Ostdeutschland im Fokus

Focus on East Germany

KURZFASSUNG: Mit dem Beitritt der DDR zur Bundesrepublik Deutschland am 3. Oktober 1990 begann in Ostdeutschland eine Transformation, in deren Verlauf alle Strukturen und Verhältnisse an die in Westdeutschland bestehenden angepasst wurden. Nach 34 Jahren wird konstatiert, dass dieser Prozess nicht beendet ist und es in Deutschland immer noch keine gleichwertigen Lebensverhältnisse gibt. Der aktuelle Bericht des Ostbeauftragten der Bundesregierung bestätigt diesen Befund. Dies ist Anlass, statt weiter auf einer nachholenden Entwicklung und unbedingten Angleichung zu bestehen, für den Osten ein differenziertes Gestaltungskonzept, worin auch Eigensinn von Herkunft und Übergang einen Platz haben, zu fordern.
Schlagwörter: Anpassung, Deutsche Einheit, Lebensverhältnisse, Ostdeutschland, Transformation, Wirtschaft

ABSTRACT: When the GDR joined the Federal Republic of Germany on 3 October 1990, a transformation began in East Germany in the course of which all structures and conditions were adapted to those existing in West Germany. After 34 years, it is recognised that this process is not over and that there are still no equal living conditions in Germany. The current report by the Federal Government Commissioner for Eastern Germany confirms this finding. Instead of continuing to insist on catch-up development and unconditional equalisation, this is a reason to call for a differentiated design concept for the East, in which there is also a place for the individuality of origin and transition.
Keywords: Adaptation, German Unity, Living Conditions, East Germany, Transformation, Economy

Einleitung

Mit dem Beitritt der DDR zur Bundesrepublik Deutschland am 3. Oktober 1990 begann im Osten Deutschlands ein umfassender gesellschaftlicher Transformationsprozess. Dieser beinhaltete die Anpassung aller Strukturen und Verhältnisse an die in Westdeutschland bestehenden. Dieser gewaltige Adaptions- und Transformationsprozess war mit tiefgreifenden wirtschaftlichen, sozialen und kulturellen Umwälzungen verbunden, in deren Verlauf sich die Lebensverhältnisse der Menschen grundlegend wandelten. Die dabei zu verzeichnenden Fortschritte wie auftretenden Probleme wurden in der Vergangenheit von der Bundesregierung und diversen Forschungseinrichtungen regelmäßig evaluiert, diskutiert und dokumentiert. Besonders hervorzuheben sind hier die Veröffentlichungen des BMWi über den Aufbau Ost (zuletzt: BMWi 1996), die Datensammlung „Wirtschaftsdaten – Neue Länder", anfangs als eigenständige Publikation erschienen, später als Bestandteil der jährlichen Berichterstattung der Bundesregierung zum Stand der Deutschen Einheit, ferner die insgesamt 19 Berichte „Gesamtwirtschaftliche und unternehmerische Anpassungsfortschritte in Ostdeutschland" der führenden Wirtschaftsforschungsinstitute (zuletzt: DIW/IfW/IWH 1999). Weitere amtliche Informationen zur Integration Ostdeutschlands sind in der regelmäßig erfolgenden „Sozialberichterstattung" (zuletzt: 2021), den „Armuts- und Reichtumsberichten der Bundesregierung" (zuletzt: 2021) und dem „Gleichwertigkeitsbericht" (2024) enthalten.

Seit 1997 werden die Ergebnisse der wirtschaftlichen und sozialen Entwicklung Ostdeutschlands in den „Jahresberichten der Bundesregierung zum Stand der Deutschen Einheit" zusammengefasst und, ergänzt durch einen Maßnahmenkatalog und einen statistischen Datenanhang, jeweils am Vorabend des Tags der Deutschen Einheit veröffentlicht. Abweichend davon erscheinen seit 2021 die „Jahresberichte" nur noch im Zwei-Jahres-Rhythmus. Alternierend dazu wird seit 2022 ein „Bericht des Beauftragten der Bundesregierung für Ostdeutschland" erstellt, so auch 2024. Dieser Bericht wurde nach den Landtagswahlen in Thüringen, Sachsen und Brandenburg abgeschlossen und am 25. September 2024 dem Bundeskabinett vorgelegt. Er steht seitdem auch der Öffentlichkeit als Download zur Verfügung.[1]

Der aktuelle Bericht 2024

Wie schon der Bericht des Ostbeauftragten im Jahr 2022 steht auch der aktuelle Bericht unter einem Motto. Dieses lautet diesmal „Ost und West. Frei, vereint und unvollkommen". Damit wird auf das diesjährige Jubiläum der friedlichen Revolution von 1989 und die ein Jahr später erfolgte deutsche Vereinigung hingewiesen, zugleich aber auch auf die Unvollkommenheit und Unabgeschlossenheit beider Prozesse aufmerksam gemacht. Der Ostbeauftragte Carsten Schneider betont, dass der Osten „bei dynamischer Entwicklung im Westen in den vergangenen Jahrzehnten zwar erheblich aufgeholt" habe, nichtsdestotrotz aber „noch einiges zu tun" bleibt, „damit gleichwertige Lebensverhältnisse erreicht werden" (Bericht 2024: 5). Er räumt damit ein, dass auch dreieinhalb Jahrzehnte nach dem Beitritt der DDR zur Bundesrepublik Deutschland immer noch keine Gleichwertigkeit der Lebensverhältnisse in Ost und West besteht, betont aber auch, dass die Bunderegierung an ihrem Ziel, diese herzustellen, weiterhin festhalte.

---

[1] Im Text wird dieses Dokument als „Bericht 2024" zitiert. URL: https://www.ostbeauftragter.de/resource/blob/2038516/2309668/34e86346b0ef75cd501c5890e4ae8515/gg-download-2024-data.pdf.

Der Bericht besteht in der Hauptsache aus einer Anzahl bunt zusammengewürfelter Wortmeldungen diverser Vertreterinnen und Vertreter der bundesdeutschen Zivilgesellschaft. Der Tenor der Beiträge ist, wie nicht anders zu erwarten, rundum positiv. Ebenso die Bilanz der deutschen Vereinigung und der Entwicklung Ostdeutschlands seit 1990. Ein Abgleich der individuellen Erfolgsberichte und positiven Stimmungsbilder mit volkswirtschaftlichen Daten ist indes nicht möglich, da der vorliegende Bericht keinen entsprechenden Datenanhang aufweist. Infolgedessen muss hierfür auf ältere Statistiken oder anderweitige Veröffentlichungen zurückgegriffen werden. Dabei lässt die aktuelle Analyse in Hinblick auf die wirtschaftliche und soziale Lage Ostdeutschlands kein grundsätzlich anderes, aber doch ein merklich differenzierteres Bild gegenüber einigen Wortmeldungen und verbalen Einschätzungen der aktuellen Situation erkennen. Die in Bezug auf frühere Berichte der Bundesregierung zur Lage in Ostdeutschland konstatierte Diskrepanz zwischen verbaler Lagebeurteilung und statistischer Evidenz (Busch 2019c; 2020: 28 ff.) trifft also in abgeschwächter Form auch auf den aktuellen Bericht zu. Dies muss angesichts der Ergebnisse der Landtagswahlen in Thüringen, Sachsen und Brandenburg unbedingt betont werden, denn die Wahlerfolge der AfD und des BSW sind m. E. nicht nur Ausdruck der Unzufriedenheit großer Teile der Bevölkerung mit der Innen- und Außenpolitik der Bundesregierung, sondern auch Folge der Enttäuschung und Frustration vieler Ostdeutscher über die anhaltende wirtschaftliche und soziale Diskrepanz zwischen Ost und West und die auch nach 34 Jahren nicht realisierte Gleichwertigkeit der Lebensverhältnisse im vereinigten Deutschland.

Im Folgenden soll der vorliegende aktuelle Bericht mit ausgewählten und für eine komparative Analyse geeigneten Daten konfrontiert und unter demographischen, ökonomischen und sozialen Aspekten kritisch kommentiert werden.

Demographie

Die demographische Situation in den neuen Bundesländern[2] ist seit 1990 durch einen massiven Rückgang der Bevölkerung, durch eine selektive Ab- und Zuwanderung sowie durch eine ungünstige Veränderung der Alters- und Geschlechterstruktur geprägt. Während im Altbundesgebiet und in Berlin die Einwohnerzahl seit 1990 beträchtlich angestiegen ist, ist sie in den fünf neuen Ländern trotz einer Zuwanderung aus dem Ausland spürbar gesunken. Im Zeitraum von 1989 bis 2015 sind 5,2 Millionen Menschen aus Ostdeutschland in die alten Bundesländer abgewandert. Das entspricht einem Drittel der Bevölkerung von 1989 (DDR). Dem Wegzug standen mehr als drei Millionen Zuzüge aus Westdeutschland gegenüber, davon rund 300.000 nach Berlin. Der innerdeutsche Nettoverlust Ost bei der Bevölkerung belief sich mithin auf rund 2,1 Millionen Personen.

---

2   Zu den neuen Bundesländern (NBL) zählen Brandenburg, Mecklenburg-Vorpommern, Sachsen, Sachsen-Anhalt und Thüringen. Ostdeutschland umfasst darüber hinaus das Land Berlin.

Seit 2017 haben die Zuzüge nach Ostdeutschland zu- und die Wegzüge (mit Ausnahme der 18- bis 25-Jährigen) abgenommen, so dass bei der innerdeutschen Wanderung eine marginale Trendumkehr zu beobachten ist. Davon haben neben Berlin vor allem urbane Zentren wie Dresden, Leipzig, Potsdam, Erfurt, Jena, Schwerin und Rostock profitiert, kaum aber periphere Regionen in der Fläche. Der Anteil der Bevölkerung in den neuen Ländern an der Gesamtbevölkerung Deutschlands ist seit 1990 von rund 20 Prozent auf weniger als 15 Prozent gesunken (IWH 2019: 48 f.). Das Durchschnittsalter aber ist kräftig gestiegen, von unter 38 Jahren im Jahr 1990 auf inzwischen über 46 Jahre (Brautzsch 2019: 4). Dies führt dazu, dass bis 2035 in den ostdeutschen Flächenländern die Anzahl der 67-Jährigen und Älteren je 100 20- bis 66-Jährige auf 51 ansteigen wird, während dieser Wert in den Stadtstaaten nur bei 31 und in den westdeutschen Flächenländern bei 42 liegt. Zudem resultieren hieraus eine infolge der überproportionalen Abwanderung junger Frauen erheblich unter dem Reproduktionsniveau liegende Geburtenzahl und ein regionaler Männerüberschuss.

Soweit die demographische Situation in Ostdeutschland: ein ungünstiger Mix aus Überalterung, niedriger Geburtenzahl, Männerüberschuss und selektiver Abwanderung junger Menschen, insbesondere von Frauen. Das alles führt zu einem langanhaltenden Bevölkerungsrückgang, zum Fachkräftemangel und zur Entvölkerung und teilweisen Verödung ganzer Landstriche. Vergleicht man diese Fakten mit der Darstellung im aktuellen Bericht, so fällt auf, dass dieser die Dramatik der Situation nicht wirklich erfasst. Indem hier vor allem auf die seit 2017 zu beobachtende Trendumkehr im Bevölkerungsaustausch zwischen Ost und West (Bericht 2024: 5, 78) abgestellt wird, wird die Erwartung genährt, der im Beitrittsgebiet seit 1990 zu verzeichnende Bevölkerungsverlust könnte demnächst wieder ausgeglichen werden. Das aber dürfte sich als Illusion erweisen! Vielmehr sind die aktuellen Binnenwanderungsgewinne Ostdeutschlands, wie Tim Leibert vermerkt, lediglich „die Folge einer rückläufigen Abwanderung nach

Tab. 1: Bevölkerungsentwicklung in Ostdeutschland 1990 bis 2023

Jahr	Einwohner in 1.000	NBL	Anteil NBL an Deutschland	Berlin
1990	18.434	~15.000	18,8	3.434
1991	17.955	14.509	18,3	3.446
2000	17.232	13.850	17,1	3.382
2010	16.326	12.865	15,7	3.461
2021	16.308	12.470	15,0	3.726
2023	16.384	12.602	14,9	3.782

Quelle: https://de.statista.com/statistik/daten/studie/1058231/umfrage/zahl-der-einwohner-in-ost-und-westdeutschland/

Westdeutschland" (Bericht 2024: 74). Für eine „Rückwanderungswelle" aber, wie sie in den Medien thematisiert wird, liefern die statistischen Daten bislang keinen Beleg.

Eher ist davon auszugehen, dass es sich bei dieser „Umkehr" lediglich um ein temporäres Phänomen handelt.

Vielleicht lassen sich die beobachteten Veränderungen und der Anstieg der Zuwanderung nach Ostdeutschland aber doch noch als eine „Trendwende" interpretieren. Zumindest in den urbanen Zentren spricht einiges dafür, in den ländlichen Räumen allerdings weniger. Dabei gilt es jedoch zu beachten, dass die zuletzt beobachtete Zuwanderung vor allem von der Wanderungsbewegung aus dem Ausland getragen wird. Dies wirft, wenn es ein bestimmtes, aber schwer zu definierendes Maß übersteigt, jedoch neue Probleme auf, die im Bericht nicht angesprochen werden, die in den Wahlergebnissen aber umso sichtbarer geworden sind.

Wirtschaftliche Entwicklung

Seit 1990 hat sich nach wiederholten Versuchen, die ökonomische Diskrepanz zwischen Ost und West für die Vollendung der deutschen Einheit als *unwesentlich* abzutun, allmählich die Erkenntnis durchgesetzt, dass die politische, soziale und kulturelle Integration des Ostens nur gelingen kann, wenn dafür auch die ökonomischen Voraussetzungen gegeben sind. Die Herstellung gleichwertiger Lebensverhältnisse in Ost und West, die Angleichung des Lohn- und Einkommensniveaus, der Wohnbedingungen, der Vermögen, des Bildungsniveaus usw. basieren letztlich auf einer Angleichung der wirtschaftlichen Leistungskraft und des wirtschaftlichen Niveaus. Damit rückt die wirt-

Tab. 2: Bruttoinlandsprodukt in jeweiligen Preisen je Einwohner und je Arbeitsstunde der Erwerbstätigen / Relation neue Länder / alte Länder

Jahr	1991	1995	2000	2005	2010	2015	2020	2022	2023
Relation BIP	32	58	60	63	66	68	71	72	73
Relation Produktivität	–	–	64	68	70	74	78	82	82

Quelle: Der Beauftragte der Bundesregierung 2023: 142, 148, eigene Berechnungen.

schaftliche Entwicklung ins Zentrum aller Überlegungen über das Erreichen einer allgemeinen Konvergenz. Die maßgebenden Kriterien, mit denen der erreichte Entwicklungsstand gemessen wird, sind das Bruttoinlandsprodukt (BIP) je Einwohner und das BIP je Beschäftigten (Produktivität) in den neuen Ländern in Relation zu den alten Ländern. 2023 betrug die Relation 73 bzw. 82 Prozent (vgl. Tabelle 2).
Die Daten lassen sich im letzten Jahrzehnt als minimaler Konvergenzfortschritt deuten, kaum aber als dynamischer Prozess, der auf eine baldige Angleichung hinauslaufen würde. Einen solchen aber glaubt Michael Hüther ausmachen zu können, wenn er in vorliegendem Bericht von einem „neuen ,Aufschwung Ost'" (Bericht 2024: 40) spricht. Er schlägt überdies vor, den Blick auf die östlichen Bundesländer zu korrigieren und diese nicht mehr wie bisher als einen Landesteil zu betrachten, „der gegenüber dem Westen aufholen müsse" (ebd.). Tatsächlich gelte, so Hüther, dass der Osten zwar „in vielen Be-

reichen (wie beim Einkommen pro Kopf, der Personalintensität im Bereich Forschung und Entwicklung, der Anzahl an Patenten je Einwohner oder der Exportquote) nach wie vor hinter dem Niveau des Westens" zurückliege und sich „die Annäherung der Wirtschaftskraft zwischen Ost und West verlangsamt" habe. Man sollte „jedoch den Blick nicht nur auf die Annäherung von Ost und West richten, sondern den Osten als vielfältige Region mit zum Teil dem Westen überlegenen Standortindikatoren wahrnehmen. [...] Ostdeutschland etabliert sich als vielversprechender Wirtschaftsstandort. Die ‚Financial Times' betitelte den Aufschwung Ostdeutschlands mit ‚The surprising revival of eastern Germany'. Dem Industriestandort Ostdeutschland kann somit eine Strahlkraft über den Atlantik hinaus attestiert werden." (Bericht 2024: 41)

Nun ja, Kathedralen in der Wüste. Das war bereits in den 1990er Jahren eine Metapher für die Wirtschaftslandschaft Ostdeutschlands. Eigentlich sollten wir heute weiter sein. Tatsächlich ist in den dreieinhalb Jahrzehnten seit 1990 auch viel passiert, nur eben nicht genug, um den Anschluss an den Westen zu schaffen. Auch wenn der Osten inzwischen, wie Michael Hüther schreibt, „auf eigenen Füßen" stehe, so bleibt die wirtschaftliche Entwicklung doch merklich hinter den Erfordernissen für ein Aufschließen an das Westniveau zurück. Und damit hinter den Erwartungen der Menschen in Ostdeutschland. – Es ist und bleibt ein Ärgernis, wenn immer wieder versucht wird, einer Bilanzierung der stattgefundenen Entwicklung insgesamt dadurch auszuweichen, dass auf *einzelne* Vorzeige- und Erfolgsprojekte verwiesen wird, das große Ganze dabei aber aus dem Blick gerät.

Lohn- und Einkommensdifferenzen

Im Zentrum einer jeden Analyse der Lebensbedingungen und des Wohlstandsniveaus stehen die Löhne und Einkommen der Bevölkerung. Hierzu gibt es verschiedene Untersuchungen, branchenbezogene, einzelne Bereiche betreffende und übergreifende volkswirtschaftliche. Diese kommen trotz methodischer Unterschiede und datenbezogener Differenzen letztlich alle zu dem Ergebnis, dass das Lohn- und Einkommensniveau im Osten bis heute spürbar geringer ist als im Westen. Laut Volkswirtschaftlicher Gesamtrechnung lag das Entgelt je Arbeitnehmer in den neuen Ländern im Jahr 2022 mit 41.982 Euro gegenüber 49.385 Euro im Westen bei 85 Prozent des Westniveaus. Bei den Bruttolöhnen und Gehältern waren es 85,9 Prozent (Der Beauftragte 2023: 174). Andere, im aktuellen Bericht zitierte Berechnungen geben eine Differenz von rund 30 Prozent an und betonen auf dieser Basis die Existenz eines „anhaltenden ökonomischen Gefälles" (Bericht 2024: 47). Unter Politikern ist es verbreitet, derartige Differenzen als irrelevant abzutun und statt dessen *absolute* Lohnniveaus, -zuwächse oder -differenzen zu thematisieren. Dies stößt im Osten mitunter auf lautstarken Protest und auf Empörung.

So war kürzlich in einer Tageszeitung zu lesen, dass in Deutschland offenbar nicht nur Leistung und Berufsabschluss die Gehaltshöhe bestimmen, sondern diese auch davon abhängt, ob das „Heimatbundesland seit 34 Jahren zur Bundesrepublik gehört oder schon länger. Der durchschnittliche Bruttomonatsverdienst lag 2023 im Westen bei 4.578

Euro, im Osten bei 3.754 Euro." Die Differenz von 824 Euro wird als krasse „Ungerechtigkeit" empfunden und sorgt für Frust und Enttäuschung, denn diese 824 Euro sind es, die darüber entscheiden, „ob das Kind studiert und eine der wenigen ostdeutschen Führungspositionen besetzt. Ob die Fachkraft in Thüringen bleibt oder doch lieber nach Hessen geht. Wie krisenfest die Familie ist und wie gut sie steigende Energiepreise ausgleichen kann [...] Geld entscheidet über Lebensqualität und Lebenschancen. Genau diese werden durch die 800 Euro Unterschied eingeschränkt." (Kunze 2024)

Um die Empörung der Autorin nachvollziehen zu können, muss man sich klarmachen, dass 824 Euro monatlich rund 10.000 Euro jährlich und, bezogen auf die Lebensarbeitszeit, beinahe ein kleines Vermögen sind (Busch 2024).

Charlotte Bartels und Theresa Neef weisen in ihrem Beitrag ergänzend hierzu darauf hin, dass die Einkommensdifferenzen zwischen Ost und West insbesondere die Markteinkommen, also die Einkommen aus Arbeit und Kapitalbesitz, betreffen. Zudem vergrößere sich die Einkommensschere deutlich „am oberen Ende der Verteilung" (Bericht 2024: 47): Das durchschnittliche Markteinkommen der einkommensschwächeren Hälfte im Osten liegt ca. 25 Prozent unter dem Niveau der entsprechenden westdeutschen Einkommensgruppe. Die westdeutschen Spitzenverdiener – „die Top 1 Prozent" – verdienten jedoch das Doppelte der ostdeutschen Vergleichsgruppe. Dies sei, so die Autorinnen, vor allem darauf zurückzuführen, dass die Unternehmenseinkommen im Osten deutlich geringer sind (ebd.: 48).

Die Unternehmen in ostdeutscher Hand erwirtschaften bis heute geringere Gewinne als die westdeutschen. Dies resultiert aus der Kleinteiligkeit der ostdeutschen Wirtschaft, aber auch daraus, dass sich westdeutsche Investoren im Privatisierungsprozess mit Hilfe der Treuhand die Unternehmen mit der höheren Ausgangsproduktivität aneignen konnten, während den ostdeutschen Unternehmern nur der weniger produktive Rest zufiel.

Darüber hinaus gibt es gravierende Unterschiede beim Immobilienvermögen und bei der Eigentümerquote der privaten Haushalte. So besitzen ostdeutsche Haushalte deutlich seltener Immobilien als westdeutsche. Dies ist nicht zuletzt einkommensrelevant, denn im Westen erzielen mehr als 15 Prozent der Haushalte Miet- und Pachteinnahmen, während dies im Osten weniger als neun Prozent sind (ebd.: 52). Bemerkenswert ist, dass die Autorinnen die sozioökonomischen Ursachen für die aufgezeigten Einkommensdifferenzen zwischen Ost und West für „systematisch" halten und darüber hinaus betonen, dass diese sich „in den vergangenen drei Jahrzehnten kaum verändert" hätten, weshalb mit einer Angleichung der Unternehmens- und Spitzeneinkommen auch in Zukunft *nicht* zu rechnen sei (ebd.).

Vermögensdiskrepanz

Im Unterschied zu den Einkommen, die im politischen Tagesgeschehen regelmäßig eine hohe Aufmerksamkeit erhalten, fristen die Vermögen hier zumeist ein Schattendasein. Dabei sind sie als relativ stabile Größe für die langfristige Sicherung der Lebensqualität und als Kriterium für die Gleichwertigkeit der Lebensverhältnisse in Ost und West *viel bedeutsamer* als die einer mitunter raschen Veränderung unterworfenen laufenden Einkommen. Im Unterschied zu diesen weisen jene eine hohe Persistenz und (durch Verzinsung, Vererbung usw.) die bestehenden Differenzen immer weiter verstärkende Eigendynamik auf. Deshalb ist es naheliegend, dass die Teilung Deutschlands in einen reichen Westen und einen armen Osten nicht so bald überwunden sein wird, sondern andauert. Erwartungsgemäß wird diese Problematik im aktuellen Bericht „klein" gehalten. Es ist nur in einem einzigen Beitrag von der „anhaltenden wirtschaftlichen Teilung", einem „anhaltenden ökonomischen Gefälle" und einer Ungleichverteilung der „wirtschaftlichen Ressourcen" zwischen West und Ost die Rede (Bericht 2024: 47). Hierin aber sind die Grundlagen der sozialen Spaltung der Nation auszumachen.

Dass aus der Ungleichverteilung der ökonomischen Ressourcen eine sozialstrukturelle und politisch-kulturelle Spaltung der Gesellschaft resultiert, ist offensichtlich. Der Soziologe Steffen Mau hat dies erkannt, weist aber auch darauf hin, dass sich die deutsche *Gesellschaft* inzwischen „weitgehend mit der ökonomischen sowie sozialstrukturellen inneren [sprich *innerdeutschen*] Ungleichheit abgefunden" habe und nicht mehr bereit sei, „diese auf die Agenda zu setzen" (Mau 2024: 128). Für die *Politik* allerdings ist dies problematisch, da eine derartige „De-Priorisierung" des Angleichungskurses im Osten zu neuen Enttäuschungen und Frustrationen führt, die sich linke wie rechte Populisten zu Nutze machen könnten (ebd.: 127). Die jüngsten Wahlergebnisse insbesondere der AfD bestätigen diese Befürchtung, zeigen aber bereits eine neue, weit größere Gefahr auf: Es kann nicht mehr ausgeschlossen werden, dass der Osten nicht, wie Mau mutmaßt, „ein *Labor der Partizipation*" (ebd.: 129) wird, sondern vielmehr das Labor „einer möglichen düsteren Zukunft" (Kowalczuk 2024: 210), wobei mit „düster" profaschistisch gemeint ist.

Wie aber ist es zu der anhaltenden Vermögensdiskrepanz, die bis heute die innerdeutsche Teilung fundiert, gekommen? Der Ausgangspunkt dafür liegt in der DDR als dem gegenüber der Bundesrepublik ärmeren Staat und der eigentumsseitig gänzlich anders strukturierten Gesellschaft. Aber das ist nicht alles. Im Prozess der Aushandlung der Verträge zur deutschen Einheit hatten westdeutsche Interessen eindeutig Vorrang (Schäuble 1991: 131). Und es war dies nicht die „Stunde der Ökonomen", sondern eine der *Politik*. Mehr aber noch war es die Stunde der „Macher" aus der westdeutschen Privatwirtschaft, die als Manager, Unternehmer und Investoren, unterstützt von der Treuhandanstalt, den Umbau der DDR-Wirtschaft betrieben. Nicht selten zu ihrem Vorteil, immer aber auf Kosten der ostdeutschen Bevölkerung und der Steuerzahler in Ost und West.

Dadurch hat sich die ohnehin beträchtliche Schieflage bei der Verteilung der Vermögen weiter vergrößert: Auf der einen Seite gibt es immer mehr Arme und verschuldete Haushalte. Auf der anderen Seite wuchs die Anzahl der Vermögenden und vergrößerte sich deren Reichtum: Heute besitzen die reichsten zehn Prozent 67,3 Prozent aller Vermögenswerte, davon die Top-0,1-Prozent 20,4 Prozent, die ärmere Hälfte der Bevölkerung aber nur 1,3 Prozent (Oxfam 2023). Die reichsten 1,5 Prozent der Deutschen verfügen über 97 Prozent aller Betriebsvermögen als der bedeutendsten Vermögensart (Linartas 2023: 14). Die Zahl der Multimillionäre ist zuletzt auf 1,6 Millionen, die der

Millionäre auf 2,6 Millionen angestiegen. Milliardäre gibt es 249 in Deutschland, Superreiche mit einem Vermögen von mehr als 100 Millionen US-Dollar 3.300. Das Vermögen der 500 reichsten Deutschen beläuft sich auf 1,1 Billionen Euro (Manager-Magazin 2024). Mehr als 809.000 Personen leben in Deutschland ausschließlich von ihrem Vermögen. Ihr Reichtum beruht auf ihrem Eigentum an Produktivkapital, an Immobilien, Geld und Finanzanlagen (Schröder u. a. 2020). Dieses aber ist nicht nur personell, sondern auch regional extrem ungleich verteilt, sodass die Vermögensdifferenzierung nicht nur eine *soziale*, sondern auch eine *regionale* Dimension besitzt. Da fast alle Milliardäre und Multimillionäre in Westdeutschland leben, tritt sie in Deutschland vor allem als *West-Ost-Gefälle* in Erscheinung. Dies galt bereits 1990, hat sich seitdem aber kaum verändert (Busch 2019b).

So verfügte 2021 ein Medianhaushalt im Osten (einschließlich Berlin) über ein Nettovermögen von 43.400 Euro, in Westdeutschland aber über 127.900 Euro. Dies entspricht einer Relation von 0,34. Betrachtet man das Sach- und das Finanzvermögen (brutto) getrennt, so lauten die Relationen 0,29 bzw. 0,46 (Deutsche Bundesbank 2023: 36, 48).[3] Dies zeigt, dass sich auch nach mehr als drei Jahrzehnten wirtschaftlichen Aufholens Ost- und Westdeutschland nirgends stärker voneinander unterscheiden als in ihren Vermögensverhältnissen. Im Unterschied zu anderen Indikatoren ist hier bislang definitiv *keine* Konvergenz auszumachen. Ganz im Gegenteil: „Die Kluft wird sich auch in den nächsten 30 Jahren nicht von Zauberhand auflösen, sie wird wachsen." (Linartas 2023)

Offenbar gehört der krasse Vermögensunterschied zwischen Ost und West zu den konsistenten regionalen Unterschieden in Deutschland. Doch er spaltet die Nation, indem er die Lebensweisen in Ost und West unterschiedlich prägt, die verfassungsmäßig gebotene Chancengleichheit systematisch untergräbt und die Integration der neuen Länder nachhaltig behindert. Es erscheint daher unabdingbar, „entweder über die Besteuerung von Erbschaften und Vermögen in großem Stil zwischen Ost und West umzuverteilen, […] oder den Vermögensaufbau anderweitig zu unterstützen" (Mau 2024: 127), denn erst die Überwindung der krassen Vermögensdiskrepanz würde eine Vollendung der deutschen Einheit erlauben.

Tatsache ist indes, dass sich seit 34 Jahren im vereinigten Deutschland, in Ost wie West, ein privater Vermögensaufbau vollzieht. Dieser betrifft den Erwerb von Immobilien, Anlagegütern und Gebrauchsvermögen als *realer* sowie die Akkumulation von Geldvermögen als *finanzieller* Komponente. Auf diese Weise hat der Umfang der privaten Vermögen seit 1990 in Ost und West *absolut* deutlich zugenommen. Fragt man jedoch nach dem Anteil der Ostdeutschen am Vermögen, so fällt dieser, gemessen an der Einwohnerzahl, durchweg *unterproportional* aus: Während der Bevölkerungsanteil der neuen Länder 1990 bei 20,6 Prozent, 1991 bei 18,3 Prozent und 2020 bei 15,0 Prozent lag, betrug der Anteil am privaten Vermögen jeweils weniger als zehn Prozent. Selbst bei Einrechnung Berlins, wodurch der Bevölkerungsanteil Ost auf rund 20 Prozent steigt,

---

3   Stellt man die östlichen den (reicheren) südlichen Bundesländern (Bayern, Baden-Württemberg, Hessen) gegenüber, so fallen die Unterschiede noch mehr ins Auge: Hier beträgt die Relation beim Nettovermögen 0,23, beim Sachvermögen 0,25 und beim Finanzvermögen 0,32 (Deutsche Bundesbank 2023: 47 f.).

betrug der ostdeutsche Anteil am Nettogesamtvermögen kaum mehr als zehn Prozent und war das durchschnittliche Nettovermögen der Ostdeutschen „um mehr als die Hälfte niedriger" als das der Westdeutschen (Grabka/Westermeier 2014: 151).

Verfügten diese 2018 „im Durchschnitt über ein Immobilien- und Geldvermögen von rund 182.000 Euro", so waren dies bei den ostdeutschen Haushalten nur „rund 88.000 Euro" (Bundesregierung 2021: 443). Zudem sind hohe Vermögen im Westen wesentlich „häufiger anzutreffen" als im Osten (ebd.: 48). Dafür ist hier mit einer Quote von 21,9 Prozent das Armutsrisiko „höher" als im Westen (14,7 Prozent) und das Prekariat „auffällig hoch" (ebd.: 130, 123, 479). Hinzu kommt, dass im Osten größere Produktiv- und Immobilienvermögen faktisch nicht vorkommen. Und wo es sie gibt, gehören sie Westdeutschen.

Es ist wohl einmalig in Europa, dass einer Teilpopulation wie den Ostdeutschen in einem Teil des Landes, dem Westen, überhaupt nichts und in dem anderen Teil, dem Osten, kaum etwas gehört. „Und das soll die Realität sein", fragt Dirk Oschmann, „mit der man sich im Osten ‚anfreunden' und ‚abfinden' soll?" Wohl kaum, denn es wird sich „als massives Problem der Demokratie" geltend machen, was es ja in der Tat, „wie die Wahlentscheidungen für die rechtsextreme AfD zeigen, schon in besorgniserregendem Ausmaß tut" (Oschmann 2023: 121).

Ausgehend hiervon erscheint der Kommentar zu den Wahlergebnissen der Europa- und der Kommunalwahlen, insbesondere aber der Landtagswahlen in Thüringen, Sachsen und Brandenburg 2024, wie ihn Carsten Schneider im aktuellen Bericht gibt, wenig instruktiv. Er räumt ein, dass in den Ergebnissen „der Unmut vieler Menschen über die Lebensumstände vor Ort" zum Ausdruck komme, „ebenso wie große Sorgen um die Zukunft" und dass sich auch 35 Jahre nach der Friedlichen Revolution „viele Ostdeutsche als Bürger zweiter Klasse" fühlten. Dies alles sei für die Politik „ein Auftrag, die Herausforderungen konsequenter anzupacken und Lösungen zu erarbeiten" (Bericht 2024: 6). In welche Richtung diese „Lösungen" gehen sollen, bleibt aber offen. Auch ist hier, ganz im Unterschied zum aktuellen Diskurs in den Wirtschafts-, Sozial- und Kulturwissenschaften, *kein* neuer Ansatz erkennbar. Ein „Weiter so" aber wird kaum eine Verbesserung bringen. Voraussetzung für eine solche ist ein neuer Blick auf Ostdeutschland.

Ein neuer Blick

Nach dem wirtschaftspolitischen „Fehlstart" (Hickel/Priewe 1994) mit der Währungsunion am 1. Juli 1990 in Ostdeutschland und der nachfolgenden Vereinigungskrise gab es immer wieder Versuche, mit dem „Aufbau Ost" einen selbsttragenden wirtschaftlichen Aufschwung zu initiieren, die Abwanderungsbewegung nach Westdeutschland und ins Ausland zu stoppen, die Massenarbeitslosigkeit zu reduzieren und das ostdeutsche Wohlstandsniveau an das westdeutsche heranzuführen. Mit mäßigem Erfolg, wie nach 34 Jahren konstatiert werden kann. Vollständig aber ist das Ziel immer noch nicht erreicht. Insbesondere ist es bisher nicht gelungen, in allen Regionen der Bundesrepublik gleichwertige Lebensverhältnisse herzustellen (vgl. BMWK 2024).

Obwohl von Anfang an klar war, dass „gleichwertig" nicht „gleich" bedeutet, wurde diese Zielstellung im Sinne einer Adaption des Ostens an den Westen aufgefasst, galt dieser als absolute *Norm* und *Muster* für die ostdeutsche Transformation. Jede noch so unbedeutende Differenz gegenüber dem Westen wurde als „Angleichungsdefizit" interpretiert, jede kulturelle oder mentale Eigenart und Disparität als Entwicklungsrückstand oder, noch schlimmer, als Relikt der DDR. Der Osten wurde mit den Augen der Westdeutschen gesehen und vom Westen her gedacht. Er erschien manchem dadurch tatsächlich als „eine westdeutsche Erfindung" (Oschmann 2023).

Trotz systematisch betriebener Verwestlichung des Lebens in Ostdeutschland lässt sich bis heute in Deutschland der *„Fortbestand zweier Teilgesellschaften"* beobachten (Mau 2024: 10). Selbst nach 34 Jahren deutscher Einheit gibt es Unterschiede zwischen Ost und West, die keine bloßen Niveauunterschiede sind, sondern substanzieller Natur und Identitätsmerkmale. Hierbei handelt es sich nicht um „marginale Übergangsphänomene […], sondern um strukturelle Verfestigungen mit längerfristiger Wirksamkeit. Hatten die Kartierungen der Raumforschung mit einer gewissen Penetranz immer wieder die (ehemalige) innerdeutsche Grenze erkennen lassen, so versprechen die neueren demografischen Prognosen […] auch dahingehend für die nächsten zwei Jahrzehnte wenig Änderung. Die Wahrheit liegt in der Wiederholung." (Thomas 2021: 26 f.). Steffen Mau gelangte daher zu dem Schluss, dass es sich hierbei um *„bleibende Unterschiede"* handelt, die sich im Zeitverlauf nicht verlieren, sondern in „kulturellen und sozialen Formen" weiter verfestigen werden (Mau 2023: 11), nicht zuletzt in einer besonderen *politischen* Kultur. Folgt man diesem Urteil, so erweist sich der seit 1990 eingeschlagene „Kurs einer adaptiven Transition" (Busch 2019a: 63 ff.) klar als Irrweg. Statt dem Westen nachzueifern, müsste als Transformationsstrategie ein „eigener ostdeutscher Entwicklungspfad" konzipiert und beschritten werden. Statt auf die weitere und unbedingte Angleichung und Verwestlichung zu setzen, wäre von einer *„Verstetigung ostdeutscher Eigenheiten"* auszugehen, von einer „Ossifikation" (Mau 2024: 19, 15).

Dies würde auch bedeuten, mit einem gänzlich anderen Blick als bisher auf Ostdeutschland zu schauen. Der Westen wäre dann nicht mehr die alleinige Norm, nicht mehr *das Normale*, woran sich alle anderen zu messen hätten, sondern ein Teil Deutschlands – und mehr nicht. Und der Osten wäre eben der *andere* Landesteil, nicht weniger deutsch als der Westen, aber mit einer *eigenen* Geschichte, Tradition und Kultur. Ein solches Herangehen würde überdies einen anderen Umgang mit der DDR implizieren. Die derzeit übliche Behandlung des zweiten deutschen Staates *nur* als SED-Diktatur, Unrechtsstaat, Stasi-Gefängnis, geistige Wüste, Misswirtschaft usw. verletzt permanent die Befindlichkeit der Ostdeutschen und stimmt mit deren Lebenswirklichkeit nicht überein. Hier ist ein deutlich differenzierteres Bild vonnöten. Andernfalls droht das politische Abdriften des Ostens, die weitere Radikalisierung großer Bevölkerungsteile, noch größere Erfolge rechts- und linkspopulistischer Parteien sowie eine „noch tiefere Einwurzelung einer Kultur des Ressentiments" (ebd.: 13). Dem sollte entgegengewirkt werden. Ein veränderter Blick auf den Osten könnte dazu ein Beitrag sein.

Auf diese Weise könnte die tiefsitzende Frustration vieler Ostdeutscher über ihre faktische Entmündigung im zurückliegenden Vereinigungsprozess, ihre soziale Desavouierung, Subalternisierung und Behandlung als Deutsche zweiter Klasse ein Stück weit relativiert werden. Auch würden sich neuartige Chancen für die Lösung der aufgestauten Probleme eröffnen. Ein anderer Blick auf die ostdeutsche Problematik entsteht aber auch, wenn die 1989er Revolution und der Umbruch in Ostdeutschland nicht nur unter dem Aspekt der deutschen Vereinigung, sondern zugleich als Subprozesse globaler Veränderungen gesehen werden.

Den Ausgangspunkt für den Umbruch bildeten die Erosion des fordistischen Teilhabe-Kapitalismus und die Krise der 1970er Jahre in der westlichen Welt. Im Ergebnis kam es zur Hegemonieformierung des Neoliberalismus. Dieser Prozess, der sich zuerst geistig-ideologisch und kulturell, dann ökonomisch und schließlich (ab 1979 in Großbritannien, 1980 in den USA und 1982 in der BRD) politisch vollzog, prägt seit etwa einem halben Jahrhundert die Epoche. Er hatte daher auch Einfluss auf die postsozialistische Transformation. In seinem Ergebnis vollzog sich der Übergang zu einem neuen Typ des Kapitalismus, zum kapitalmarktgesteuerten neoliberalen Finanzkapitalismus. Die Folge für Ostdeutschlands war, dass der Umbruch seit 1989/90 hier zwar einige Spezifika und nationale Besonderheiten aufweist, dieser im Ganzen aber nicht zu verstehen ist, sofern er nicht als im Kontext der übergreifenden neoliberalen finanzkapitalistischen Transformation stehend begriffen wird. In der Literatur ist deshalb die Rede von einer „Ko-Transformation" (Ther 2019: 20 f.), welche die „separierte historische Perspektiventeilung nach Ost und West" (Thomas 2021: 30 f.) obsolet werden lässt und den „Nachahmungsimperativ" (Krastev/Holmes 2019: 24) wie das Adaptionsziel faktisch aufhebt.

Der neoliberale Finanzkapitalismus hat seit den 1980er Jahren seine eigene, von der Computerisierung, Tertiarisierung[4] und Digitalisierung getragene Dynamik entfaltet. Die Umbrüche in Mittel- und Osteuropa seit 1989/90 haben ihm dabei zusätzliche Impulse verliehen. Sehr rasch wurde evident, dass die finanzkapitalistische Entwicklung alles Bisherige infrage stellt, alte Werte entwertet und bisherige Stabilitäten aufhebt, dafür neue hervorbringt, die aber genauso wenig von Dauer sein werden wie die zerstörten. Wirtschaft und Gesellschaft wurden einem rasanten Umgestaltungsprozess unterworfen. Als Beispiele dafür seien der Umbau der deutschen Großunternehmen in multinationale und globale Konzerne sowie die Transformation der privaten Großbanken in international agierende Investment- und Universalbanken genannt. Ferner die Verschiebung in der Markthierarchie, so dass nunmehr die Finanz- und Kapitalmärkte für die ökonomische und soziale Entwicklung ausschlaggebend sind und die Güter- und Arbeitsmärkte von ihnen abhängen.

Der sich auf diese Weise in den 1990er Jahren formierte „Finanzmarkt-Kapitalismus" unterscheidet sich institutionell sowie als Akkumulations- und Produktionsregime grundlegend von dem zuvor bestehenden fordistischen Kapitalismusmodell (Windolf

---

4 Unter Tertiarisierung ist der Prozess der Umwandlung einer Industrie- in eine Dienstleistungsgesellschaft zu verstehen. Der Anteil des Dienstleistungssektors an der Wertschöpfung übertrifft den der Industrie.

2005; Beckmann 2007; Busch/Land 2013). Die finanzmarktkapitalistische Transformation war für den Umbau der postsozialistischen Wirtschafts- und Gesellschaftssysteme nach 1990 in Ostdeutschland wie in Mittel- und Osteuropa von nicht zu unterschätzender Relevanz.

Eine Anpassung an eine Welt, die keine Stabilität besitzt und in der alles relativ und ungewiss ist und nichts mehr von Dauer, ist aber kaum möglich. Daher war das Konzept einer nachholenden Modernisierung, wie es für Ostdeutschland als Strategie des Aufbaus Ost formuliert worden ist, von Vornherein zum Scheitern verurteilt: *Der Osten kann nicht so werden wie der Westen vor Jahrzehnten einmal war*. Die Anpassungsdefizite wurden auf diese Art nur fortgeschrieben und die Einheit würde nie vollendet werden. Insofern hat Bundeskanzler Olaf Scholz durchaus Recht, wenn er in seiner Rede zum Tag der Deutschen Einheit am 3. Oktober 2024 in Schwerin mit Blick auf die Angleichungsdefizite betont, dass „die Deutsche Einheit auch nach 34 Jahren natürlich nicht vollendet" ist (Scholz 2024). Aber wird sie es jemals sein? Vermutlich nicht, meint Steffen Mau und weist auf objektive wie subjektive Unterschiede, welche „eine andauernde Zweiheit in der Einheit" (Mau 2024: 125) begründen würden, hin. Zu den objektiven Unterschieden zählen hier die Demographie, die Wirtschaft und die Sozialstruktur. Aber auch die Eigentümerstruktur und die Vermögen. Zu den subjektiven Unterschieden die Mentalität, die Identitäten und die Kultur. Demgegenüber könnte man sich bei den Löhnen, Renten und einigen Sozialindikatoren durchaus eine sukzessive Angleichung vorstellen, wenn auch nicht sofort.

Der von Mau konstatierte, sich inzwischen fast unmerklich vollzogene Übergang im Osten von einer Transformations- zur Posttransformationsgesellschaft schließt, so der Autor, eine weitere Annäherung des Ostens an den Westen aus. Folglich befindet sich Ostdeutschland heute schon „nicht mehr auf einem klaren Angleichungskurs" (ebd.). Diese These hat einiges für sich, denn in der Tat hat sich die deutsch-deutsche Gesellschaft inzwischen weitgehend mit der ökonomischen wie sozialstrukturellen Ungleichheit zwischen Ost und West abgefunden. Sie ist deshalb auch nicht mehr bereit, sie auf die politische Agenda zu setzen. Mau stellt zugleich aber auch fest, dass diese „De-Priorisierung" auf ökonomischem und sozialem Gebiet „im Feld der Politik" auf Schwierigkeiten stoße, da sie „Wasser auf die Mühlen" populistischer und präfaschistischer Parteien sei und ein politisches Abdriften des Ostens begünstige. Während man ersteres bereitwillig konzediert, ist man offenbar nicht bereit, diese die Demokratie in Deutschland gefährdende Entwicklung zu tolerieren.

Dies hat auch etwas mit einem anderen Charakteristikum der nachholenden Entwicklung zu tun, mit dem auf allen Ebenen verbundenen Phänomen der *Nachahmung*. „Ein Leben als Nachahmer [aber] vermengt unweigerlich Gefühle der Unzulänglichkeit, Minderwertigkeit, Abhängigkeit, des Identitätsverlusts und der unfreiwilligen Unaufrichtigkeit." (Krastev/Holmes 2019: 107) Die Folgen sind verheerend. Sie bestehen in einem autoritären Chauvinismus, in Xenophobie und Nationalismus, der Hinwendung zum Rechts- und zum Linkspopulismus sowie in einer Tendenz zum Faschismus. Sie lassen sich in allen mittel- und osteuropäischen Staaten sowie in Ostdeutschland ausmachen. In Deutschland kann man ihnen nur begegnen, indem die aufhebbaren Unterschiede und Diskrepanzen in den ökonomischen und sozialen Lebensbedingungen so schnell wie möglich aufgehoben werden, während sich beide Teilgesellschaften gemäß ihrer eigenen Logik und nach Maßgabe ihrer eigenen Möglichkeiten entwickeln können. Dies schließt ein, dass bestimmte tradierte Unterschiede und Eigenheiten, insbesondere die von Mau als *subjektiv* charakterisierten, allgemein akzeptiert und politisch anerkannt werden und man in der Politik künftig darauf verzichtet, sie zu diffamieren und einzuebnen.

Daher sollte an die Stelle einer nachholenden Entwicklung und unbedingten Angleichung des Ostens an den Westen künftig ein *differenziertes* Konzept treten, ein Gestaltungskonzept für den Osten, worin Inkorporation und Anpassung stärker mit „Eigensinn von Herkunft und Übergang" verbunden sind (Thomas 2021: 38). Auf diese Weise ließen sich zwar nicht alle Wunden der Vergangenheit heilen. Es bestünde aber wenigstens die Chance, die Deutsche Einheit einmal zu vollenden, ohne dass der Osten dabei seine Konturen verliert und gänzlich im Westen aufgeht.

Literatur

Beckmann, Martin (2007): Das Finanzkapital in der Transformation der europäischen Ökonomie. Münster: Westfälisches Dampfboot.
BMAS – Bundesministerium für Arbeit und Soziales (2021) Sechster Armuts- und Reichtumsberichte der Bundesregierung. URL: https://www.armuts-und-reichtumsbericht.de/SharedDocs/Downloads/Berichte/sechster-armuts-reichtumsbericht.html (Abruf: 27.09.2024).
BMAS – Bundesministerium für Arbeit und Soziales (2021): Sozialbericht 2021. URL: https://www.bmas.de/DE/Service/Publikationen/Broschueren/a101-21-sozialbericht-2021.html (Abruf: 27.09.2024).
BMWK – Bundesministerium für Wirtschaft und Klimaschutz (2024): Gleichwertigkeitsbericht 2024. Für starke und lebenswerte Regionen in Deutschland. Berlin. URL: https://www.bmwk.de/Redaktion/DE/Publikationen/Wirtschaft/gleichwertigkeitsbericht-der-bundesregierung-2024.html (Abruf: 27.09.2024).
Brautzsch, Hans-Ulrich (2019): Durchschnittsalter der Bevölkerung: Deutliches Ost-West-Gefälle. In: Wirtschaft im Wandel 25, Heft 1, Halle/Saale: IWH, S. 4.
Busch, Ulrich (2019a): Ostdeutschland – Integration ohne Transformation? Anschluss geglückt, Integration fragmentiert, Transformation blockiert. In: Michael, Thomas / Busch, Ulrich (Hrsg.): Transformation im aktuellen Kontext. Chancen – Ambivalenzen – Blockaden. Abhandlungen der Leibniz-Sozietät der Wissenschaften, Bd. 58. Berlin: Trafo, S. 63–87.
Busch, Ulrich (2019b): Der Osten bleibt Problemzone. Auswirkungen der Liberalisierung regionaler Standorte und der Desintegration Ostdeutschlands seit 1990 auf die aktuellen Vermögensverhältnisse. In: Milev, Yana / Schultheis, Franz (Hrsg.): Tatbestände. Entkoppelte Gesellschaft – Ostdeutschland seit 1989/90, Bd. 4. Berlin: Lang, S. 129–152.
Busch, Ulrich (2019c): Ostdeutschland 2019. Harte Fakten und geschönte Berichte. In: Berliner Debatte Initial 30, H. 4, S. 46–56.
Busch, Ulrich (2020): Ostdeutschland 2020. 30 Jahre Beitritt, Integration und Transformation. Hefte zur DDR-Geschichte 153. Berlin: Helle Panke.
Busch, Ulrich (2023): Langfristige Folgen der Eigentumstransformation in Ostdeutschland. In: PROKLA 212, September 2023, S. 415–432.
Busch, Ulrich (2024): Die Pay Gap ist Realität. In: Das Blättchen Nr. 19, 19.09.2024. URL: https://das-blaettchen.de/2024/09/die-pay-gap-ist-realitaet-69778.html (Abruf: 27.09.2024).

Busch, Ulrich / Land, Rainer (2013): Teilhabekapitalismus. Aufstieg und Niedergang eines Regimes wirtschaftlicher Entwicklung am Fall Deutschland 1950 bis 2010. Ein Arbeitsbuch. Norderstedt: BoD.
Der Beauftragte der Bundesregierung für Ostdeutschland (2023): Zum Stand der Deutschen Einheit. Bericht der Bundesregierung 2023. Berlin.
Deutsche Bundesbank (2023): Vermögen und Finanzen privater Haushalte in Deutschland: Ergebnisse der Vermögensbefragung 2021. In: Monatsberichte 75, April. Frankfurt a. M., S. 25–58.
DIW/IfW/IWH (1999): Gesamtwirtschaftliche und unternehmerische Anpassungsfortschritte in Ostdeutschland. Neunzehnter Bericht. Halle/Saale: IWH, Forschungsreihe 5/99.
Grabka, Markus M. / Westermeier, Christian (2014): Anhaltend hohe Vermögensungleichheit in Deutschland. In: DIW-Wochenbericht 81, Nr. 9, S. 151–164.
Hickel, Rudolf / Priewe, Jan (1994): Nach dem Fehlstart. Ökonomische Perspektiven der deutschen Einigung. Frankfurt a. M.: Fischer.
IWH (2019): Vereintes Land – drei Jahrzehnte nach dem Mauerfall. Halle: IWH. URL: https://www.iwh-halle.de/publikationen/detail/vereintes-land-drei-jahrzehnte-nach-dem-mauerfall (Abruf: 27.09.2024).
Kowalczuk, Ilko-Sascha (2024): Freiheitsschock. Eine andere Geschichte Ostdeutschlands. München: Beck.
Krastev, Ivan / Holmes, Stephen (2019): Das Licht, das erlosch. Eine Abrechnung. Berlin: Ullstein.
Kunze, Inga (2024): Pay Gap zwischen Ost und West: Der Ostdeutsche ist abgehängt. In: TAZ vom 23.08.2024. URL: https://taz.de/Inga-Kunze/!a163842/) (Abruf: 29.09.2024).
Linartas, Martyna B. (2023): Die deutsche Teilung geht weiter. In: der Freitag Nr. 39 v. 28.09., S. 14.
Manager-Magazin (2024): Privatvermögen legt weltweit kräftig zu. URL: https://www.manager-magazin.de/politik/allianz-global-wealth-report-privatvermoegen-legt-weltweit-kraeftig-zu-a-955a286b-9fd5-4d51-9811-33a1ea39a77c (Abruf: 04.10.2024).
Mau, Steffen (2024): Ungleich vereint. Warum der Osten anders bleibt. Berlin: Suhrkamp.
Oschmann, Dirk (2023): Der Osten: eine westdeutsche Erfindung. Berlin: Ullstein.
Oxfam (2023): Umsteuern für soziale Gerechtigkeit. URL: https://www.oxfam.de/system/files/documents/oxfam_factsheet_davos-2023_umsteuern.pdf (Abruf: 01.10.2024).
Schäuble, Wolfgang (1991): Der Vertrag. Stuttgart: DVA.
Scholz, Olaf (2024): Rede zum Tag der Deutschen Einheit am 03.10.2024 in Schwerin. URL: https://www.tagesschau.de/inland/einheitsfeier-deutsche-einheit-100.html (Abruf: 04.10.2024).
Schröder, Carsten u. a. (2020): MillionärInnen unter dem Mikroskop: Datenlücke bei sehr hohen Vermögen geschlossen – Konzentration höher als bisher ausgewiesen. In: DIW-Wochenbericht 29, S. 512–521.
Statistisches Budesamt (2024): https://www.destatis.de/DE/Themen/Querschnitt/Demografischer-Wandel/Aspekte/demografie-wanderungen.html (Abruf: 28.09.2024).
Ther, Philipp (2019): Das andere Ende der Geschichte. Über die Große Transformation. Berlin: Suhrkamp.
Thomas, Michael (2021): „Der Fall" – vom Sinn eines Rückblicks für den Neuanfang. In: Thomas, Michael / Busch, Ulrich (Hrsg.): Streitfall Ostdeutschland. Grenzen einer Transformationserzählung. Abhandlungen der Leibniz-Sozietät der Wissenschaften, Bd. 72. Berlin: Trafo, S. 23–52.
Windolf, Paul (Hrsg.) (2005): Finanzkapitalismus. Analysen zum Wandel von Produktionsregimen. Wiesbaden: VS, Kölner Zeitschrift für Soziologie und Sozialpsychologie, Sonderheft 45/2005.

DOZ. DR. OEC. HABIL. ULRICH BUSCH
Leibniz-Sozietät der Wissenschaften zu Berlin e.V.
ulrich.b.busch@web.de

MEIKE SOPHIA BAADER / SANDRA KOCH

Schweigen – Sprechen – Wissenwollen

Wie Ostdeutschland in literarischen Texten und neuen Formaten verhandelt wird

Silence – Speaking – Will to Know
Negotiating East Germany in German Literary Texts and New Formats

KURZFASSUNG: Der Beitrag nimmt literarische Texte und neuere Formate seit 2022 in den Blick, die sich mit Ostdeutschland und der Debatte um Ost und West beschäftigen. Der Fokus liegt dabei auf dem Verhältnis von Schweigen und Sprechen sowie Vergessen und Erinnern, da sich die Thematisierung des Schweigens (zwischen den Generationen, zwischen Ost und West) im Rahmen literarischer Texte zu Ostdeutschland verändert. Auch die Erzählform und -weise wandelt sich, da in den Romanen historische Akten und Archivmaterial Eingang finden. Diese Verschiebungen fassen wir als Transformationen im literarischen Sprechen über Ostdeutschland, als Bewegung hin zum Sprechen, Wissen-Wollen, Erinnern und Überschreiten. Eine besondere Aufmerksamkeit richtet sich dabei auf das Schweigen und Sprechen in Generationen- und Geschlechterverhältnissen und damit auch auf Erziehungsfragen.
Schlagwörter: Schweigen, Erinnerung, Ostdeutschland, Literatur, Geschlecht, Generation

ABSTRACT: This article looks at literary texts and other new formats that focus on East Germany and the debate about East and West Germany. We focus on the relationship between silence and speaking as well as forgetting and remembering, prompted by recent changes in the thematization of silence (between the generations, between East and West Germany) in the context of literary texts on East Germany. There are also innovative narrative forms and style as historical files and archive materials find their way into the novels. We argue that these shifts are transformations of literary speech about East Germany and, as such, signal a movement towards speaking, wanting to know, remembering and transcending. Particular attention is paid to silence and speech in inter-generational and gender relations.
Keywords: Silence, Remembering, East Germany, Literature, Gender, Generation

Zugang und Perspektiven

Wichtige Impulse in der Debatte um Ostdeutschland und um Ost und West gehen seit den 1990er Jahren immer wieder von literarischen Texten aus. In dieser Feststellung folgen wir Tobias Rüther (2024), da diese Literatur „die Ambiguitätstoleranz der Deutschen" in einer Weise herauszufordern scheint, „die dringend nötig ist". Denn in den Neuerscheinungen der letzten Jahre werde „auf eine neue Weise um die Deutungshoheit" zwischen und über Ost und West gerungen sowie auch „ost-intern" gesprochen (ebd.). Dies zeigt sich etwa eindrücklich an der Kontroverse um das Sachbuch von Dirk Oschmann (2023) oder um den Roman von Anne Rabe (2023), der 2023 auf der Shortlist des Deutschen Buchpreises stand. Viele neuere Sachbücher sowie literarische Texte, auch in neuen Formaten, schreiben sich in die Debatte und die Aufklärung um Ost und West und um Ostdeutschland ein. Knapp 35 Jahre nach der Wiedervereinigung wird gesellschaftlich wie politisch immer weiter um die Unterschiede zwischen Ost und West gerungen (Mau 2024). Dabei werden innovative Zugänge angeboten, wie derjenige von Steffen Mau, der aus seinen soziologischen Analysen folgert, dass der „Osten anders bleibt", oder die mit dem Deutschen Sachbuchpreis 2024 ausgezeichnete Studie der Historikerin Christina Morina „Tausend Aufbrüche" (2024), die eine gemeinsame Demokratiegeschichte von Ost und West vorlegt, und damit, hierhin Mau vergleichbar, die eingefahrenen Ost-West-Debatten überwindet. Dies nehmen wir zum Anlass, um einige dieser Neuerscheinungen genauer zu betrachten und auch mit Blick auf vorangegangene literarische Texte vergleichend zu diskutieren.

In unserem Text „Erinnerung, (Ver-)Schweigen und Leerstellen. Postsozialistische DDR-Geschichte in literarischen Texten" (Baader/Koch 2023) hatten wir das Nachdenken über das Schweigen als zentrales Thema literarischer Texte der letzten Jahre über die DDR und die sogenannte ‚lange Wende' identifiziert. Unter diesem Aspekt hatten wir vier literarische Texte aus den Jahren 2011 bis 2022 analysiert. In der Perspektive unserer grundsätzlichen Zugänge hatten wir diese Texte zum einen, Aleida Assmann folgend, erinnerungskulturell gerahmt und zum anderen unser Verständnis von (Ver-)Schweigen als machtvolles Geschehen sowohl im Anschluss an Assmann (2006) als auch, in erziehungswissenschaftlicher Hinsicht, an Magyar-Haas/Geiss (2015), entfaltet. Schweigen verstehen wir, Magyar-Haas und Geiss folgend, als komplexes Geschehen und keinesfalls als einfache Entgegensetzung von Sprechen und Schweigen. Somit wohnt dem Schweigen auch stets „die Potentialität des Sagbaren" (ebd.: 10), ein „beredtes Nicht-Reden" (ebd.: 13) inne, das auch auf den Körper sowie auf Emotionen verweist (Baader/Koch 2023: 91–93). Im Fokus unserer Analyse der Texte lagen dabei Geschlechter-, insbesondere aber Generationenverhältnisse, die wir in einer relationalen Perspektivierung gefasst haben (ebd.: 92). Unsere Ergebnisse akzentuierten das Schweigen als zentrale Dimension der Texte, die wir vor allem unter drei Aspekten sortierten. Dies betraf (1) das Schweigen zwischen den Generationen, (2) das Schweigen als grundsätzliches Merkmal des Lebens in der DDR sowie (3) das Schweigen zwischen Ost und West. Dabei wurde insbesondere auch deutlich, dass es keine gemeinsamen generationalen Erfahrungen zwischen Ost- und Westdeutschland gibt. Zudem zeigte sich, dass im Fragen, im Erzählen der eigenen Geschichte und in der Aufkündigung des Schweigens zwischen den Generationen, das Potential der Veränderung und Verschiebung zwischen Ost und West sowie zwischen den Generationen durch neue Versuche des Sprechens liegt (vgl. ebd.). An diese Perspektive wollen wir im Folgenden anknüpfen, diese aber auch erweitern, indem wir zeigen, dass das Schweigen ein Thema bleibt. Gleichzeitig lassen sich jedoch in neueren literarischen Texten über Ostdeutschland erneute Verschiebungen beobachten, die wir als Transformation oder Bewegung hin zum Sprechen, Wissen-Wollen, Erinnern und Überschreiten bezeichnen. Im Folgenden fragen wir also einerseits nach den erzählten Motiven für das Schweigen. Geht es um ein Schweigen durch DDR-spezifische Gewalterfahrungen? Und inwiefern geht es um das Schweigen in Generationen- oder Geschlechterverhältnissen, etwa um das Schweigen als Sozialisationserfahrung im Aufwachsen. Anderseits interessieren wir uns dafür, wie das Schweigen aufgebrochen wird, wie also das Sprechen und Reden an Bedeutung gewinnt und explizit thematisch wird und welche Positionierungen sowie Sprech- und Erzähleinsätze erfolgen. Unter diesen erkenntnisleitenden Fragen diskutieren wir insgesamt fünf neuere Bücher zu Ostdeutschland und der DDR. Unser Fokus liegt dabei auf dem Verhältnis von Schweigen/Sprechen und Vergessen/Erinnern, auf Erzählformen und Erzählweisen und der grundsätzlichen Frage, wer welche Geschichten über den Osten erzählt. Mit Blick auf die uns interessierenden Aushandlungsprozesse um den Osten und den Westen beziehen wir vier literarische Texte und ein Sachbuch ein, in denen sich das Ringen um den Osten und seine Geschichte(n) gleichermaßen zeigt. So wirft der literarische Text „Drei Frauen betrinken sich und gründen den idealen Staat" (2022) teilweise die gleichen Fragen auf wie das Sachbuch „Der Osten – eine westdeutsche Erfindung" (2023), indem beide beispielsweis nach westdeutschen Stereotypen gegenüber Ostdeutschen fragen. Bei unserer Analyse stehen in allen Texten Aspekte der Generationen- und Geschlechterverhältnisse sowie Fragen zu Erziehung im Mittelpunkt.

„Denn zuerst hast du das Schweigen gelernt" – Familien- und Erziehungsgeschichten in der DDR bei Anne Rabe

Der Roman „Die Möglichkeit von Glück" (2023) von Anne Rabe erzählt eine Geschichte über das Aufwachsen in der DDR und der Nachwendezeit aus der Perspektive der Ich-Erzählerin Stine, die zur Zeit der Wende drei Jahre alt war. Der Roman beginnt mit dem Satz „Du versuchst dich zu erinnern" (ebd.: 9). Darauf folgt eine Beschreibung einer Stadt an der Ostsee, in der die Hauptfigur mit ihrem Bruder Tim aufgewachsen ist, und der Erinnerungen an die dortigen Wohnorte der Großeltern, der Eltern, der Tante und der Cousine, einschließlich der Straßennamen, Russenberg, Rosa-Luxemburg- und Karl-Liebknecht-Straße, die heute nicht mehr so heißen. „Die Erinnerungen an das Land, das meine Geburt beurkundet hat, sind blass" (ebd.: 17), heißt es am Anfang des nächsten Kapitels. In den letzten Tagen der Republik hatte das kleine Mädchen seiner Mutter die Frage gestellt: „Leben wir in Deutschland?", worauf ihre Mutter sie streng anblickte und korrigierend erwiderte: „nein, wir leben in der DDR" (ebd.). Diese Antwort wäre einige Monate später nicht mehr zutreffend gewesen, eine diesbezügliche Erklärung der Mutter wäre aber sicherlich, in der Logik der Figuren, ausgeblieben. Das Schweigen wird demnach zwischen Kindern und Erwachsenen angesiedelt, denn den Kindern wurde in der Wendezeit nichts erklärt, was eines der großen Themen des Buches ist. Die Zeit, in die die Ich-Erzählerin hineingeboren wird, ist als Zeit einer „historischen Zäsur" gerahmt, und die Erzählerin erinnert sich an „die glücklichen Bilder des Mauerfalls". „Auf ihren Gesichtern Erleichterung und die Möglichkeit von Glück." (ebd.: 18)

Davon ausgehend nimmt der Roman nun die Spuren auf und erzählt, warum es so nicht gekommen ist, warum das Glück, das hier als Verheißung aufleuchtet, sich längerfristig nicht manifestiert hat, warum die Wunden nicht so schnell verheilen. Er taucht dafür tief in die deutsche Geschichte und auch in die Zeit des Nationalsozialismus ein, die insbesondere anhand des Großvaters Paul erzählt wird. Und so ist das Buch nicht nur ein Roman, sondern auch eine Rekonstruktion historischer Konstellationen und Ereignisse, der Auseinandersetzung etwa mit Archivalien, Stasi-Unterlagen und anderen Akten, so dass die Autorin am Ende sowohl den zahlreichen Archivarinnen als auch einer Historikerin für ihre Unterstützung dankt (ebd.: 378). Die Form lässt sich also als Roman unter Einbeziehung historischer Quellen und Dokumente beschreiben.

Schweigen ist dabei eines der zentralen Themen des Buches, das Schweigen zum Nationalsozialismus, zur Geschichte der DDR sowie zur Wende- und Nachwendezeit. Dabei ist das Schweigen insbesondere auch im Generationenverhältnis situiert, in der Erziehung und Sozialisation. „Die vergessenen Lieder, die irgendwo in dir vergraben sind, das Koordinatensystem, in dem du dich bewegst, Schritt für Schritt hinein in die Struktur, die Institutionen, die Rituale. Und dann – nichts mehr. Stille. Stillsein. Das war dir schon vertraut, denn zuerst hast du das Schweigen gelernt." (ebd.: 23) Alle Familien hätten ihre Geschichten. „Was Tim und ich uns erzählen, wenn wir über unsere Kindheit sprechen, sind Geschichten davon, wie wir gelernt haben, still zu sein." (ebd.: 26) Dies wird nun auf mehreren Ebenen des Romans entfaltet, etwa im Zusammenhang mit Demonstrationen ein Jahr vor dem Mauerfall gegen den Stasi-Terror. „Warum hat man uns davon nie erzählt? Warum wurde darüber auch in der Schule nicht gesprochen?" (ebd.: 27) „Wendehals – ein Wort, über das ich als Kind viel nachgedacht habe. Aber ich habe mich nicht getraut zu fragen." (ebd.: 29) Das Schweigen war also eine der Kontinuitäten über den Systemwechsel hinweg, so wie vieles andere auch. „Das neue Land schmeckte anders, aber die Regeln, denen wir uns unterzuordnen hatten, waren noch dieselben" (ebd.: 28), etwa beim Essen. „Du isst gefälligst auf, wenn du dir etwas genommen hast" (ebd.). Erziehungspraktiken setzen sich also fort. Großeltern und Eltern waren Mitglied der Staatspartei SED. Die Mutter erwartet von ihrer Tochter, dass deren Kinder, Klara und Kurt, zur Jugendweihe geschickt würden. Darüber gibt es harte und unbarmherzige Konflikte bis zur mütterlichen Drohung der Einbeziehung des Jugendamtes, in dem die Mutter selbst tätig war. „Mein Kind", so Stine, die Tochter, „hat keine Jugendweihe und mein Kind wird auch nicht geschlagen" (ebd.: 155). Generationenkonflikte sind hier auch Konflikte um Erziehungsfragen.

Der Vater erklärte gegenüber seiner Tochter allgemein, dass die DDR mit dem Ziel des Kommunismus das bessere Land war. „Ich hatte mich schon manchmal gefragt, was diese DDR war und nun war alles klar. Sie war das bessere Land, die bessere Idee. Ihre Zeit würde kommen." (ebd.: 32) Auch der Opa verdeutlichte mithilfe der Gedichte von Brecht und seinen eigenen Erzählungen, dass die DDR „das bessere Deutschland" gewesen war. Er hatte sich für die DDR entschieden, während sein Bruder Wilhelm im Westen gelebt hatte. Die beiden Brüder hatten sich zwei Jahre vor dem Tod des Großvaters noch einmal getroffen. „Nach jahrzehntelangem Schweigen hatten sie es gerade so geschafft, sich noch einmal zu sehen. Aber anschauen wollten sie einander nicht mehr" (ebd.: 44). Und Opa Paul, er hat auch nicht über seine Geschichte gesprochen, nicht über den Krieg, nicht über die Zeit in Stalingrad, nicht über seine Berufsbiographie und ihre Brüche in der DDR, etwa seinen Umgang mit Mitgliedern der Jungen Gemeinde. In seinen Akten, in denen die „Zugehörigkeit zu Parteien und Massenorganisationen vor und nach 1945" für alle Familienmitglieder ausgefüllt werden musste, gab es nur ein Mitglied in der NSDAP, das war der Bruder im Westen. „Akribisch musste er aufzeichnen, was für ihn sprach und was man auch gegen ihn verwenden könnte." „Dieses System ist in die Menschen gekrochen, hat sie geformt und unser Miteinander deformiert." (ebd.: 280) Ein wahrhaftes Erzählen der eigenen Lebensgeschichte war somit gar nicht möglich, denn dies wäre viel zu gefährlich gewesen.

Schweigen war auch eine eingespielte Erziehungspraxis der Mutter. Nach einem Vergehen der Tochter sprach sie über Wochen nicht mit ihr. Sie schwieg sie an, behandelte sie wie Luft. „Das Schweigen war so total, dass ich mich fragte, ob es mich noch gibt. […] Sie könnte dich totschweigen, dachtest du. Nun konntest du ahnen, dass es so etwas wirklich gab. Was dieses Wort wirklich bedeutete. Vielleicht würde sie nie wieder mit dir sprechen" (ebd.: 287 f.). Die Erziehungspraxis ist nicht nur in dieser Hinsicht gewaltförmig, sie ist es durch und durch, auf psychischer, körperlicher sowie sexueller Ebene. Die Schläge der Mutter werden den Kindern als Notwendigkeit verkauft. „Jetzt muss ich euch leider verhauen" (ebd.: 81). Ein ausgeprägter Sadismus der Mutter offenbart sich, als diese die Kinder zwingt, in ein viel zu heißes Bad zu steigen und ihre Klagen, Schreie und Proteste geflissentlich ignoriert. Auch sexualisierte Gewalt von Erwachsenen gegenüber Kindern wird mehrfach beschrieben, da wird die Freundin in der Schulzeit von einem Ladenbesitzer missbraucht (vgl. ebd.: 73), eine Erzählung, die Stine ignoriert. Missbraucht wird sie selbst von ihrem Vater (vgl. ebd.: 107). Sexualisierte Gewalt durch Vergewaltigungen von Russen hatte aber vermutlich auch die Großmutter Eva erlebt, ihre Lebendigkeit, Lebensfreude und Widerständigkeit als junges Mädchen (vgl. ebd.: 135) war auf den späteren Fotografien verschwunden. Ihre Mutter hatte ihr eingeschärft: „Wenn der Russe kommt, musst du dich verstecken und dann presst du die Augen aufeinander und hältst die Ohren zu, dass du nicht sehen kannst, was er mit der Mama macht" (ebd.: 147). Diese Aufforderung ihrer Mutter war habituell geworden. „Dafür brauchte sie ihre Ohren nicht mehr zuhalten und konnte auch mit offenen Augen schon ganz gut blind sein." (ebd.: 148) Auch zum Thema, wie Evas Familie in die Zwangsarbeitslager involviert war, die im Umfeld ihres Hofes im Havelland angesiedelt waren, und was Eva darüber wusste, gab es keine Fragen (vgl. ebd.: 145).

Gewalt in der Erziehung wird im Buch nicht nur als familiäres Thema zum Gegenstand, sondern als tief im Erziehungssystem der DDR verankert. Dies wird anhand der entsprechenden Gesetzesparagrafen der Jugendhilfe zum Prozess der Umziehung mit Blick auf Spezialkinderheime und Jugendwerkhöfe ausgeführt. Die Mutter, die als Erzieherin in einem Kinderheim gearbeitet hatte, beantwortete die Frage der Tochter zu den Jugendwerkhöfen: „Ich kannte Leute, die da gearbeitet haben. Die wollten nur das Beste für die Kinder." (ebd.: 93) In der Forschung zur Gewalt in der Erziehung der DDR wird diese als „strukturelle Gewalt" diskutiert (Lenski 2023; Sachse 2023). Die Gewaltförmigkeit von Erziehung in der DDR wurde auch in anderen literarischen Texten thematisiert, etwa in „Der Hals der Giraffe" von Judith Schalansky (2011) (vgl. Baader/Koch 2023: 96), genau wie das Schweigen zwischen den Generationen.

Die Erzählform des Textes lässt sich auch als eine Art Montage-Technik oder, mit einem eher kinematischen Begriff, als Doku-Fiktion, als Mischform zwischen Fiktion und Dokumentation, beschreiben, bei der dokumentarische Aspekte in die Geschichte integriert werden. Dabei wird in den literarischen Texten auch auf Forschungen Bezug genommen, etwa auf erinnerungskulturelle Studien, die immer wieder zeigen, dass „deutsche Familien über ihre eigene Geschichte schweigen oder mehr noch, dass Entlastungserzählungen und Lügen [...] weitergegeben werden" (Rabe 2023: 85). Dies gilt für den Osten wie den Westen. Dieser Satz von Anne Rabe hätte, was die analysierende Struktur betrifft, auch in einem wissenschaftlichen Text oder einem Sachbuch stehen können, so dass eindeutige Grenzen zwischen den Gattungen teilweise überschritten werden.

Schweigen ist das zentrale Thema des Buches, wie in anderen literarischen Texten zur DDR und zur ‚langen Wende' wird es als Schweigen in der DDR und in der Wendezeit, zwischen den Generationen, aber auch im Geschlechterverhältnis beschrieben. Durchgängig geht es darum, welche Fragen nicht gestellt wurden. Die Integration historischer Recherchen zu den aufgeworfenen Fragen kann als Ausdruck des Wissen-Wollens über die eigene Geschichte verstanden werden. Das Ende schließlich eröffnet die „Möglichkeit von Glück" durch einen angedeuteten Wandel im Generationenverhältnis und einen anderen Umgang mit Kindern. Diese machen im abschließend dargestellten Spiel die Erfahrung eines unzensierten Scheiterns, der Möglichkeit erneuter Versuche sowie der Ermutigung von Gleichaltrigen und Erwachsenen. Diese Perspektive eines Wandels durch einen verständnisvolleren und freundlicheren Umgang mit Kindern und der nachfolgenden Generation hatte es auch in Hendrik Bolz' Roman „Nullerjahre. Jugend in blühenden Landschaften" (2022) gegeben (vgl. Baader/Koch 2023: 102 ff.). Ähnlich wie in Rabes Roman sind auch in dem Roman von Matthias Jügler historische Quellen und Akten Gegenstand der Geschichte und spielen für den Plot eine wichtige Rolle. Dies verweist auf eine eigene Form, wie sie in der Kunst, etwa bei Gabriele Stötzer, schon länger praktiziert wird. Stötzer ironisiert dabei etwa die Bezeichnung „Feministin" in ihrer Akte, ein Feindbild, das als Westimport galt (vgl. Sasse 2016).

„Lass mich dir erzählen, was damals wirklich passierte" – Verhängnisvolles Schweigen und ausbleibender Protest bei Matthias Jügler

Der Roman „Maifliegenzeit" von Matthias Jügler (2024) kann ebenfalls als eine Transformation hin zum Wissen-Wollen beschrieben werden. Dies deutet sich bereits im ersten Satz des Romans an: „Wo die Ungewissheit endet, sagte mein Vater vor langer Zeit einmal, beginnt das Träumen" (ebd.: 7). Es ist das Fragen und Wissen-Wollen, das schließlich neue Möglichkeitsräume eröffnet, womit wir an den Ausgang des Romans von Rabe anschließen können. Zugleich stellt Jügler am Ende des ersten Kapitels heraus, dass Erkenntnis, Wissen und Wahrheit ihre Zeit brauchen: „Aber manchmal erkennt man die wahren Umrisse der Dinge erst im Laufe der Zeit, ob man will oder nicht" (ebd.: 12). Auch das ist eine Perspektive, die Rabe aufgemacht hatte, wenn sie betont, dass die Wunden der Geschichte nicht so schnell verheilen. Lange, so die Hauptfigur Hans, habe er versucht, seine Geschichte zu unterdrücken. „Heute weiß ich, dass der Versuch, die Ereignisse der Vergangenheit unter den Teppich zu kehren, um das führen zu können, was man ein normales Leben nennt, von Anfang an zum Scheitern verurteilt war." (ebd.: 10)

Der Roman „Maifliegenzeit" ist deutlich kürzer als „Die Möglichkeit von Glück", er ist aus der Perspektive von Hans, der männlichen Hauptfigur, erzählt. Er und seine Frau Katrin verlieren ein Kind direkt nach der Geburt. Die Suche nach den Gründen und Hintergründen bildet den Plot für die Geschichte. Damit wird, genau wie bei Rabe, zunächst die Geschichte einer Familie erzählt, aber auch hier haben wir es mit Blick auf die Geschichte der DDR mit einem spezifischen Verhältnis von Fakten und Fiktion als Grundlage des Romans zu tun. In einer Nachbemerkung wird darauf verwiesen, dass der Roman auf „historischen Begebenheiten" basiere. Dabei wird angeführt, dass der vorgetäuschte Säuglingstod eine Praxis in der DDR gewesen sei, um Kinder der Adoption zuzuführen. „Aufgeklärt sind bis zum heutigen Zeitpunkt drei solcher Verbrechen, die Zahl der Verdachtsfälle liegt jedoch bei 2000." Angegeben wird für Betroffene die „Interessengemeinschaft gestohlener Kinder der DDR". „Karin S. aus Sachsen-Anhalt, deren Geschichte Grundlage für dieses Buch ist, sucht noch immer." (Nachbemerkung)

Während in der Forschung die Zwangsadoption bei regimekritischen Familien in der DDR belegt ist, bleibt die Frage nach dem vorgetäuschten Säuglingstod umstritten. Wir nehmen in unserer Diskussion des Romans zu dieser historischen Frage keine Stellung, sondern akzentuieren das, worum es unserer Meinung nach wesentlich in der Geschichte geht, nämlich nicht gestellte Fragen sowie der ausbleibende Protest von Hans, was das grundsätzliche Problem seiner Schuld aufwirft. Diese ist in der Geschichte wiederum eng mit dem Geschlechterverhältnis verbunden. So hatte Katrin, die Mutter des Kindes, direkt nach der Information eines Arztes, dass ihr Sohn Daniel auf dem Weg ins Kinderkrankenhaus verstorben sei, den Impuls, dass dies nicht stimme, und zweifelte die präsentierte Geschichte an. Hans, der Vater des Kindes, beugt sich jedoch den ärztlichen Anordnungen, stellt keine weiteren Fragen und gibt auch die geforderte Unterschrift, damit der Totenschein ausgestellt werden kann. Der unterschiedliche Umgang des Paares mit dem verschwundenen Kind – Zweifel bei der Frau, Nicht-Handeln und Unterwerfung seitens des Mannes – führt schließlich dazu, dass die Frau den Mann verlässt. Ihre Trauer und Wut agieren sie alleine aus, die Frau zurückgezogen im Bett und der Mann bei der Aushebung des Grabes für das Kind, seinen Tod nicht infrage stellend. Die kurze Zeit ihres gemeinsamen Zusammenlebens nach der Rückkehr von Katrin aus dem Krankenhaus war durch Schweigen geprägt. Der Mann hatte es dabei auch nicht vermocht, auf seine Frau zuzugehen und sie etwa in den Arm zu nehmen und das Schweigen zu brechen (vgl. ebd.: 34). „Schuld auf sich zu laden, ist leicht, ungleich schwerer ist, sich das auch einzugestehen, und sei es auch nur für sich selbst." (ebd.)

Für den Ich-Erzähler Hans bestimmt nun das Problem seiner nicht gestellten Frage im Krankenhaus sowie seiner Schweigsamkeit und Sprachlosigkeit über viele Jahre sein Leben. Seiner neuen Partnerin Anne, der er die Geschichte von Katrin und Daniel gleich zu Beginn ihrer Beziehung erzählt hatte, hat er einen Aspekt verschwiegen: seine Wut auf Katrin, dass sie den Tod des Kindes nicht akzeptieren konnte (vgl. ebd.: 51). Katrin verstarb neun Jahre nach dem Ereignis an Krebs, bei ihrer letzten Begegnung hatte sie Hans folgende Sätze mit auf den Weg gegeben: „Wenn sich eines Tages … irgendeine Möglichkeit ergibt, du weißt schon … dann möchte ich, dass du sie verdammt nochmal nutzt. Mach den Mund auf, wenn der richtige Zeitpunkt gekommen ist, ja!" (ebd.: 57) Als Hans nach 1989 sein Recht auf Akteneinsicht geltend machen wollte und ihm gesagt wurde, dass es keine Unterlagen gebe, verhielt er sich erneut passiv. „Bis heute frage ich mich, warum ich damals, als es kaum noch zu leugnen war, dass etwas ganz offensichtlich nicht stimmte, keine weiteren Anstrengungen unternommen habe. Denk ich darüber nach, fühle ich mich schuldig, und ich wünschte mir, ich könnte die Zeit zurückdrehen und etwas unternehmen, anstatt mich einfach wegzuducken, denn das war, was ich damals tat. Ich wundere mich immer übers Neue, dass die Vergeblichkeit dieses Wunsches, die so offensichtlich ist, mich davon abhält, ihn doch zu äußern, als Teil der stummen Selbstgespräche, die ich dann und wann führe." (ebd.: 60) Schließlich ist es Anne, seine Freundin, die handelt. Sie schaltet eine Anzeige auf Facebook und fordert Adoptionskinder, für die die zeitlichen Angaben zutreffen, auf, sich zu melden. Tatsächlich meldet sich der totgeglaubte Sohn unter dem Namen Martin auf ihre Anzeige hin. Allerdings glaubt er seinem Vater dessen Geschichte vom fingierten plötzlichen Säuglingstod nicht, denn seine Version der Geschichte folgt der offiziellen Lesart, die man ihm über seine Adoption, die in Akten dokumentiert ist, erzählt hatte. Seine leiblichen Eltern seien Alkoholiker gewesen und hätten ihn zur Adoption freigegeben. Damit steht die Geschichte des Vaters vom wiedergefundenen Sohn Daniel der Geschichte des Sohnes Martin gegenüber, der seinen Vater ablehnt, da er ihn zur Adoption freigegeben hat. Auch bei dieser Geschichte spielen, wie bei Rabe, offizielle Akten eine Rolle, verschwundene Akten, Jugendamtsakten, geschwärzte Namen, die verweigerte Herausgabe und schließlich zwei verschiedene Aktenversionen. Lange schienen Vater und Sohn ob der verschiedenen Geschichten, denen sie Glauben schenkten, nicht zueinander zu finden. „Das, was wir für die Wahrheit hielten, der eine wie der andere, würde weiterhin gelten, egal, was nun noch gesagt würde" (ebd.: 135). Am Ende gibt es jedoch eine Annäherung zwischen Vater und Sohn, die vom Sohn ausgeht. Der Vater will dem Sohn die Sterbeurkunde als Beweis zeigen sowie das Grab von Daniel. Offen bleibt im Roman, welches Kind damals an Stelle von Daniel begraben wurde oder ob der Kindersarg überhaupt ein Kind barg, denn die Eltern hatten das tote Kind nie gesehen.

Für die Annäherung von Vater und Sohn spielt das Fischen in der „Maifliegenzeit" eine Rolle. Die im Mai den Grund der Flüsse und Bäche bevölkernden Fliegen werden zum Symbol für das, was nicht unmittelbar sichtbar ist, aber trotzdem existiert (vgl. ebd.: 79). Das Fliegenfischen dient im Roman immer wieder als Metapher des Rückzugs, des Alleinseins, des Schweigens und auch des Trostes. Diese Leidenschaft gibt Hans am Ende des Romans an Martin weiter, so wie er das Fliegenfischen schon von seinem

Vater gelernt hatte. „Das Fliegenfischen hat mir zwar nicht geholfen, alles, was geschehen war, zu verstehen oder hinter mir zu lassen, aber ich fand Trost im Versuch, einen Fisch zu fangen, in der kunstvollen Imitation der Natur, in der beständigen Gegenwart des Flusses, der Geheimnisse barg und sie dann und wann auch preisgab." (ebd.: 131) Nicht zufällig scheint das Fischen zentral für den Plot dieser Geschichte zu sein, in der die männliche Hauptfigur im Zwischenmenschlichen viel schweigt und sich zugleich vom Fischen und von Fischen geradezu magisch angezogen fühlt, einem Symbol der Stummheit. Und auch die Annäherung zwischen dem Vater und dem homosexuellen Sohn, die erst nach einer gewissen Zeit gelingt, wird mit dem Fischen gleichgesetzt. „Geduld, das hatte mir mein Vater vor Jahrzehnten beigebracht, braucht man als Angler gleich zweimal: bevor der Fisch beißt – und danach." (ebd.: 143)

Die Thematisierung des Schweigens zwischen den Geschlechtern und Generationen – auch der Vater von Hans hat über das, was ihn bedrückt, geschwiegen – zieht sich durch den Roman. Der Plot der Geschichte setzt den Fokus jedoch auf das Verhängnis, das durch nicht gestellte Fragen, mangelnden Protest und ausbleibendes Einfordern eines Beweises seinen Lauf nimmt. Dabei sind Schweigen und Erstarrung die Verhaltensweisen der männlichen Hauptfigur, während die weibliche Hauptfigur am männlichen Schweigen verzweifelt, verrückt zu werden droht und schließlich stirbt. Die Aufforderung, sprechend zu handeln, gibt sie jedoch weiter. „Mach den Mund auf, wenn der richtige Zeitpunkt gekommen ist, ja!" (ebd.: 57)

„Wie die Wolken ziehn, ohne Land in Sicht" – Umbrüche in Familien- und Geschlechterverhältnissen bei Judith Zander

Im Roman „Johnny Ohneland" (2020) von Judith Zander wird Joana Wolkenzin zu Johnny Ohneland. Auch in diesem Roman spielt die Perspektive der Transformation gleich auf mehreren Ebenen eine, wenn nicht die, zentrale Rolle. Erzählt wird hier ebenfalls die Geschichte einer Familie, zudem die Geschichte einer Geschwisterliebe und -verbundenheit sowie fast nebenbei, ohne die Dramatik des Untergangs zu verbergen, der Zusammenbruch der DDR. Und inmitten all dieser Transformationen sucht Joana alias Johnny nach einem Geschlecht, das sich in der Schwebe halten lässt. Dem Schweigen, auch zwischen den Generationen, geht Zander – anders als Rabe und Jügler – nicht über den Einbezug von historischen Fakten, Akten oder Realitäten nach, sondern über den Erinnerungsraum, der unweigerlich in der Schwebe gehalten wird, da der einen oder wirklichen Wahrheit nicht beizukommen ist. Dabei sind Erinnerungen an eine Kindheit in einem Land, das es nicht mehr gibt, bedeutsam, sowie Erinnerungen an das Aufwachsen mit einer Mutter, die nicht nur die Familie und ihren Ehemann, sondern auch Ostdeutschland hinter sich lässt, und an einen Vater, der zu vielem schweigt. Bemerkenswert ist, dass sich zwar durchaus die Entrüstung dokumentiert, bezogen auf den unangekündigten Weggang der Mutter und auf das Schweigen des Vaters, dies aber nicht in einem anklagenden Ton geschieht. Sondern eher verzeihlich wird mit fast ethnographischem Blick diese Geschichte erzählt.

Der Roman beginnt mit dem Satz „Johnny, nicht mehr recht in Sicht, so könnte man sagen." (Zander 2020: 11) Johnny ist auf einem Langstreckenflug von 72 Stunden. Aufgespannt wird in diesem Plot einer Flugreise, „Ich reise gegen die Zeit" (ebd.: 13), ein Erinnerungsraum, in dem Johnny wahrlich keinen Boden unter den Füßen hat, erzählt wird die Geschichte von Joana, beginnend mit der Kindheit in der ostdeutschen Provinz, dem „Pommerland", darauf folgt „Niemandsland", „Finnland", „Vaterland", „Terra Australis Incognita" und schließlich „Eiland". In dieser Flug- und Erinnerungsreise in vergangene Zeiten bestehen die Ähnlichkeiten darin, einen „Zusammenhang herzustellen zwischen zwei äußersten Punkten und dem Dazwischen" (ebd.: 11). Doch wie schwer Erinnern ist, an welchen Punkten es sich ausrichtet, sich aufdrängt oder auch verdrängt wird, damit ringt Johnny im gesamten Roman: „Es gibt einen Widerstand, ein eigentliches Nicht-verstehen-Wollen, der Verdacht ist nicht neu: dass diese Verweigerung wirksamer zu befriedigen vermag als alle Erkenntnis, dass alle kurz- und langlebigen Kulte sich auf ihr gründen, dass alle schlimmen Geschichten eher zu ertragen sind in der Annahme, etwas daran bliebe grundsätzlich und auf immer undurchschaubar, jenseits der unwirtlichen Grenzbereiche unserer Logik, und dass, gingen alle Rechnungen restlos auf, es keinen Grund mehr gäbe weiterzumachen." (ebd.: 11f.)

Mit großer Lust an Sprachspielen erzählt Zander vom Wissen- und Verstehen-Wollen und auch vom genauen Hinschauen bei gleichzeitigem Spiel mit der Erinnerung, der Wahrheit und der Fiktion. Besonders ist dabei auch die Erzählweise, eine Selbstbeobachtung, die sich in Form der Selbstreflektion an das eigene Du richtet, sozusagen ein inneres Zwiegespräch, in dem die Erzähler*in sich selbst anspricht. „Damals glaubtest du noch, ein gutes Gedächtnis zu besitzen, irgendwann beobachtetest du, dass erhebliche Teile der sogenannten Erinnerung sich an der Grenze zwischen ihr und dem Nachbarland der freien Erfindung entlangschlichen, und es war selten klar, auf welcher Seite, die Grenze grün wie die Hoffnung, so möge es gewesen sein." (ebd.: 210) Diese Passage, in der Joana sich ‚eigentlich' an die Mutter zu erinnern versucht, verdeutlicht die besondere Erzählweise von Judith Zander, denn oftmals bleibt doch unentscheidbar, ob es um die Mutter, den Verlust von Erinnerung oder auch um die DDR geht. Häufig überlagern sich im Erzählen die Motive und lassen den Sachverhalt offen, so an einer Stelle, die ebenfalls unentschieden bleibt, wenn Joana sich erinnert: „Ungefähr damit brach auch die undeutliche Zeit an." (ebd.: 96) Diese undeutlichen Zeiten beziehen sich auf ganz verschiedene Ebenen der Erfahrung, auf die Wendeerfahrungen der Eltern, von denen auch die Kinder nicht unberührt bleiben, auf erste Verliebtheiten, erstes geschlechtliches Begehren und auf das Ende dieser Verliebtheiten sowie auf Ronny, einen Freund von Joana, dessen Eltern bei einem Autounfall ums Leben kommen: „Deine Mutter hatte ihre Kündigung schon. Und während sie sich einer Umschulung zur Floristin unterzog, schultest auch du den Umständen entsprechend um auf ein Metier, dessen Notwendigkeit stets zweifelhaft blieb, ein Alibi der Entbehrlichkeit. Vielleicht gab es auch von deiner Sorte zu viele, bloß sehen konntest du sie nicht, dir schienst du die Einzige deiner Art. Keine Verbündete weit und breit. Verbündete hatte auch deine Mutter nicht, nur noch *Konkurrenz*." (ebd.: 97; Herv. i. O.) Wenn an späterer Stelle die heimatlichen Gefilde umschrieben werden mit einer „Stille der Ausgestorbenheit" (ebd.: 353), dann beginnt sich diese Stille vielleicht schon früh innerhalb der Familie auszubreiten, in der jede*r eher für sich allein lebt.

Als die Mutter die Familie ca. zehn Jahre nach dem Mauerfall verlässt, macht sie dies ebenfalls still, heimlich und ohne viele Worte. Ohne Vorankündigung bricht sie auf in ein neues Leben und hinterlässt lediglich einen Zettel auf dem Küchentisch: „*Ich breche heute in ein neues Leben auf. Wenn ihr das hier lest, bin ich schon weg und ich werde nicht zurückkommen! Das ist kein Witz! Ich habe das alles lange genug mitgemacht und ihr seid alt genug, um ohne mich auszukommen. Sucht nicht nach mir, ich wurde nicht entführt, ich will mir nichts antun, sondern ich will endlich leben, ich habe ein Recht darauf! Roswitha*" (ebd.: 118f., Herv. i. O.). Wie bei Jügler verlässt hier eine Frau, diesmal aber nicht nur ihren Mann, sondern die zwei Kinder gleich mit. Zurück bleibt die Familie, der wenig bis nichts erklärt wird, vielmehr dokumentiert der Abschiedszettel Überdruss sowie die Sehnsucht nach einem anderen Leben. Die Mutter verlässt die Familie und zieht in dieser Geschichte einem Mann in den Westen hinterher. „Deine Mutter, sie zählte achtunddreißig Jahre bei ihrer Flucht und musste schon ein ganzes Leben hinter sich lassen. Wie ein dreist zurückgelassenes Exkrement, oder ein Angst-Vogelschiss, kam dir auch der Zettel auf dem Frühstücksteller, dem *Präsentierteller*, vor. Mit verschleiertem Blick wie eine letzte angerichtete, kalte, unbekömmliche Mahlzeit, hohnlächelnde Absage an alle künftige Mahlzeitzubereitung, nicht mal Esspapier" (ebd.: 117f.; Herv. i. O.). Eine der ersten Reaktionen von Joana auf diese Aufkündigung der Beziehung ist: „alles in dir empörte sich über die Lage" (ebd.: 118). Später, als auch Charlie, Joanas Bruder, sowie der Vater Bescheid wissen, heißt es: „*Verrückt, Übergeschnappt, Gehirnamputiert*. Diese Worte würden fallen, sie fielen auch in deinem Kopf als zornrotblauschwarzer Niederschlag, Kurzschluss, ein Schlag, der dich niederwarf, doch deine Mutter unterwarf, kurzer Prozess, du hattest schon vor dem Beginn des Ringens die Nase voll davon. Was fiel ihr denn ein! Als ob hier jeder einfach abhauen könnte, wenn überhaupt, dann war es ja wohl euer Privileg, in zwei, drei Jahren, deins und Charlies, denn ihr hattet es euch nicht ausgesucht, *mitgefangen, mitgehangen*, doch was hieß hier ‚mit-', *selber* angefangen, *selber* dem Glauben angehangen, bei einer *Familie* handle es sich um die alleinseligmachende Zelle" (ebd., Herv. i. O.). In diesem Unglauben des Verlusts zeigt sich vielerlei: die Wut, die Entrüstung, aber letztlich auch die Kritik an der bürgerlichen Kleinfamilie. Zu alldem schweigt der Vater, wie zu fast allem anderen auch. Dass diese Verlust- und Abwesenheitserfahrungen nicht spurlos an Johnny vorbeigehen, zieht sich durch den Roman: „Und was, wenn auch noch dein Vater von der Bildfläche verschwände? Anwesend wirkte er sowieso kaum. Falls er sich Gedanken machte, merkte man es ihm nicht an." (ebd.: 340) Die einzige Passage im Roman, in der der Vater ansatzweise ins Sprechen kommt, ist der Tod des eigenen Vaters, der seinem Sohn und seinen Enkeln, also auch Johnny und Charlie, eine beträchtliche Summe Geld vererbt. Seinem Unmut über das väterliche Erbe, der ihn wiederum ebenfalls verlassen hatte und nun im Westen lebte, macht sich der Vater Luft: „„[...] haste wat, biste wat, aber nicht mit mir! Im Sozialismus konntste sowieso nich reich werden – aber dafür uch nich uffe Straße landen, arbeiten musstste ja in je'em Fall, war ja uch gut so, aber extra abrackern für drei Piepn mehr, damit de dir wat im Intershop kaufen kannst und denn damit angeben, dat hab ick gar nich eingesehn. – Anschein'd wollt er trotzdem, dat dat Geld inner Familie bleibt, und da war nu nich viel Auswahl … Na, ist ja uch richtig so – dat ma wat umverteilt wird in'n Osten, wa?' Er lacht kurz auf. So lange Reden hattest du deinen Vater nie halten gehört." (ebd.: 398)

Judith Zander erzählt vom Zusammenbruch der DDR, von unsicheren, instabilen Lebensverhältnissen sowie von etlichen, auch innerfamilialen, Brüchen, die rational weder begreif- noch verstehbar sind, und von dem Versuch, die Dinge einzuordnen, ohne sie festzuschreiben. So auch das eigene Geschlecht. Mit Humor und Witz, mit Dramatik und Tragik wird nicht nur von diesen Transformationen erzählt, sondern auch von der Schwierigkeit, aber auch der Lust, das eigene Geschlecht feststehenden Kategorien zu entziehen. Als Joana mit dem Bruder Charlie eine große Freude an Westernfilmen entwickelt und die Geschwister Szenen daraus nachspielen, wird Joana zu Johnny, fast nebenbei, wenn der Bruder, wie der Westernheld sagt: „Mich hat's erwischt, Johnny!" (ebd.: 72). An der „unbefestigten Grenze des Spiels" (ebd.: 73) vollzieht sich die Namensänderung, von Joana zu Johnny.

Der Roman endet mit dem Kapitel „Eiland". Es ist Johnny, die zum Ende der Geschichte die Initiative ergreift und die Mutter, die mittlerweile eine neue Tochter bekommen hat, aufsucht: „Du wirst dich gegen dein Einverständnis bestätigt gesehen haben in deinem Verdacht, sie habe noch einmal ganz von vorn beginnen wollen und alles besser machen." (ebd.: 523) Doch auch die neue Beziehung der Mutter im Westen ist in die Brüche gegangen: „Jolanda, eure jähe Schwester, sei es ja nur zur einen Hälfte und zur anderen leibliches Kind eines wieder gestrichenen Griechen." (ebd.: 524)

Der Roman endet mit einem hoffnungsvollen Blick auf die neue Generation, nun bestehend aus den drei Geschwistern, Joana alias Johnny, Charlie und Jolanda. Die Geschwister beschließen eine gemeinsame Reise, auch gegen die Bedenken der Mutter: „‚Mama, wir sind erwachsen – falls du das nicht mitgekriegt haben solltest', wirst du an einer Stelle der Bedenkenträgerin im Halbmarathon ein Bein gestellt haben." (ebd.: 525) Diese Reise setzt Annäherungen voraus, die allerdings offenlassen, wie es mittlerweile um das Verhältnis zwischen den Generationen bestellt ist, so dass der Roman konsequent mit der Geschwisterbeziehung endet: „*Haben wir nicht Eier, so braten wir das Nest. Tanzen, ein Mann, eine Frau und ein Kind, einander zum Verwechseln ähnlich, als Schatten über das Achterdeck. Und gucken uns mal genauer an: wie bei Nacht die Wolken ziehn, ohne Land in Sicht.*" (ebd., Herv. i. O.)

„Welche Geschichte wollen wir erzählen?" – Anerkennungsverhältnisse und ostdeutsche Herkunft bei Dirk Oschmann

Das Sachbuch „Der Osten: eine westdeutsche Erfindung" (2023) des Literaturwissenschaftlers Dirk Oschmann, lange auf der Bestseller-Liste des SPIEGEL, ist ähnlich umstritten wie der Roman von Anne Rabe. Der Titel spielt zunächst auf den Klassiker von Edward Said „Die Erfindung des Orients" an und macht die Stereotype gegenüber dem Osten als westdeutsche Erfindung zum Gegenstand. Das Buch hat zwei große Themen.

Das sind zum einen die Stereotype über den Osten, wie sie etwa medial gerahmt und reproduziert werden. Diese werden nicht mehr hingenommen, sondern dekonstruiert. „Dabei fragt die Zustandsbeschreibung allerdings nicht in der vorherrschenden Manier nach dem Problemfeld ‚Osten', sondern in Umkehrung der Perspektive nach dem Problemfeld ‚Westen', genauer nach der Art und Weise, wie der Westen den Osten wahrnimmt und diskursiv zurichtet." (Oschmann 2024: 14) Das andere zentrale Thema ist die Benachteiligung des Ostens und die ungleiche Repräsentation von Personen aus dem Osten in vielen gesellschaftlichen Bereichen, etwa der Wissenschaft oder der Politik, um nur zwei Beispiele herauszugreifen. Diese Ungleichheit wird mit Zahlen unterlegt und im Modus des Ärgers und der Wut vorgetragen. Das Buch tritt mit dem Anspruch auf, der über ihre Herabsetzung schweigenden Minderheit endlich eine klare und zornige Stimme zu verleihen. Mit dieser Anklage der Ungleichverteilung und mangelnden Repräsentation von Menschen mit ostdeutscher Herkunft sollen, so das Ansinnen von Oschmann, Anerkennungsverhältnisse (neu) verhandelt werden. Doch hinter diesem Vorgehen verbirgt sich auch ein identitätspolitisches Sprechen. Was anfänglich noch erfrischend ist, erstarrt im Verlaufe des Buches zur Reproduktion des immer Gleichen. Dazu gehört auch die Behauptung, der eigentliche Verlierer sei der ostdeutsche Mann, da so viele Frauen den Osten verlassen hätten. Damit positioniert sich auch dieses Sachbuch zu Geschlechterverhältnissen und indirekt zu Generationenverhältnissen. Leider, so Pauer und Mangold (2023), fehlen solchen Einschätzungen „Nuancierungen" und differenziertere „Beobachtungsverhältnisse" (ebd.). Bemerkenswert dabei ist allerdings, dass Oschmann genau gegen dieses Sprechen der Differenzierung anschreibt, da dies als westdeutsche Herrschaftsgeste zu deuten sei (vgl. ebd.). Formuliert wird die Frage, wie eigentlich auf Missstände hinzuweisen sei, ohne zu lärmen (vgl. ebd.).

„Wo bleibt denn da die Anarchie?" – Innerostdeutsche und intergenerationale Verständigungen bei Annett Gröschner, Peggy Mädler, Wenke Seemann

Auch das Buch von Annett Gröschner, Peggy Mädler und Wenke Seemann „Drei ostdeutsche Frauen betrinken sich und gründen den idealen Staat" (2024) widmet sich Stereotypen gegenüber Ostdeutschen, genauer: gegenüber ostdeutschen Frauen, und nimmt Bezug auf Dirk Oschmann und die Studie von Katja Hoyer „Diesseits der Mauer. Eine neue Geschichte der DDR 1949–1990" (2023). Interessant an dem Gemeinschaftswerk ist zunächst die Form: In einer Art Collage präsentiert es die Gespräche und Unterhaltungen der drei Frauen unterschiedlichen Alters und mit unterschiedlichen beruflichen Hintergründen sieben Nächte lang, immer begleitet von einem anderen Getränk. Das Buch ist damit durchgehend mehrstimmig als ein innerostdeutscher und intergenerationaler Diskurs angelegt, der bislang eher selten (öffentlich) geführt wurde. Dabei handelt es sich jedoch nicht um eine Auseinandersetzung zwischen Eltern und Kindern, sondern zwischen verschiedenen Generationen ostdeutscher Frauen. Auch in diesem Buch werden historische Dokumente und Fotografien einbezogen und diskutiert, so etwa ein Flugblatt der Gruppe Lila Offensive vom 4. November 1989 (vgl. Gröschner

u. a. 2024: 81) oder der Verfassungsentwurf des Runden Tisches, an dessen Präambel unter anderem Christa Wolf mitgeschrieben hatte.

Die Texte von Christa Wolf, insbesondere ihr Buch „Nachdenken über Christa T.", reflektieren die drei Autorinnen ausführlich. Sie stellen auch einen Bezug zu der Veröffentlichung von Carolin Würfel „Drei ostdeutsche Frauen träumten vom Sozialismus" (2022) her, so wie insgesamt im Text viele Bücher, Filme, Kunstwerke und Theaterstücke diskutiert werden. Dabei geht es wesentlich um Erfahrungen in der DDR und der Nachwendezeit und deren Kontextualisierung. Bemerkenswert ist in diesem Zusammenhang, dass, mit Blick auf Erfahrungen, ein Begriff, der im Übrigen in der orthodoxen marxistischen Theorie keine Rolle spielt, die DDR als Sozialisationsraum beschrieben wird. „Bei Ostdeutschen geht es um eine Sozialisation in einem System, das nur vierzig Jahre existent war, dazu kommt noch die Sozialisation in der Umbruchzeit in den Neunziger und Nullerjahren als Erfahrungsraum. Das ist kein Sozialisationsraum, der weiterbesteht durch Familie, Eltern, die noch in dem Gesellschaftssystem leben. Es ist eher ein Erinnerungsraum …" (Gröschner u. a. 2024: 91). Diesen Erinnerungsraum füllen die drei Frauen mit ihren Geschichten. Dabei geht es zum Beispiel auch um vergessene Begriffe, verlorene Wörter, so wie etwa der zu Wendezeiten sehr geläufige Begriff „Wendehals" (ebd.: 87), den auch Rabe in den Blick nimmt. Bei einer der ostdeutschen Frauen geht er einher mit dem Begriff „sozialistisch". „Ja, obwohl das Wort Wendehals genauso aus meinem Wortschatz verschwunden ist wie sozialistisch. Ich fand dieses Schwörenmüssen erniedrigend. So nach dem Motto: Wir trauen nur denen, die sich sofort bekennen." (ebd.)

Einen breiten Raum im Buch nimmt die Reflexion der Stereotype gegenüber ostdeutschen Frauen ein. Diese werden im Einzelnen diskutiert, genau wie die Forderungen, die im Flugblatt vom 4. November aufgestellt wurden. Die „halbierte Gleichberechtigung" (Baader u. a. 2023) der Frauen in der DDR ist genauso Thema wie die Problematik der geringen Renten von ostdeutschen Frauen nach der Wende aufgrund der ausbleibenden Anrechnung von Kinderbetreuungszeiten, womit eine andere These zu den Verlierer*innen aufgestellt wird als bei Oschmann. Nicht nur die Illusion der Gleichberechtigung in der DDR wird kritisch in den Blick genommen, sondern auch die Illusion der Klassenlosigkeit in der DDR (Gröschner u. a. 2024: 90), die Dystopie der klassenlosen Gesellschaft (ebd.: 74) sowie die Geschichte des sozialen Aufstiegs (ebd.: 59).

Nicht Wut ist dabei vordringlich, sondern Humor und das Offenhalten der Diskursräume, die mehrperspektivisch ausgefüllt werden, was genau die Produktivität und Lebendigkeit des Buches ausmacht. Da möchte man am liebsten dabei sein und mitsprechen. Darüber sprechen – genau das ist die Botschaft des Buches. „Wir müssten noch darüber sprechen, dass …." (ebd.: 74) ist im Buch eine sehr häufige Formulierung und Anrufung, die, anders als bei Oschmann, Lust auf den Austausch erzeugt. Diese Freude an der Auseinandersetzung zeigt sich auch in dem von Annett Gröschner favorisierten Credo: „Immer radikal, niemals konsequent" (ebd.: 145), das sie auf den Gründer des März-Verlages, Jörg Schröder zurückführt, auch wenn es bereits älter ist und von Walter Benjamin stammt (vgl. Walther 2020). Dass es die „absolute Gerechtigkeit" genauso wenig geben wird „wie den idealen Staat" (ebd.: 95), heißt für die drei Frauen allerdings nicht, nicht darüber nachzudenken, wie es sich gesellschaftlich gebunden leben lässt: „[…] und irgendwie will Annett, das sagt sie off the record, auch nicht so ein zugerichtetes Wesen sein, das sich ständig kontrolliert und schon vor jedem Schritt, der vielleicht unkalkulierbar ist, die Selbstkritik formuliert. Wo bleibt denn da die Anarchie?" (ebd.)

In den Gesprächen der drei Frauen tauchen immer wieder sogenannte utopische Splitter auf. Diese Splitter beschreiben, was sie sich für das Zusammenleben wünschen, bspw. bezogen auf politische und soziale Bewegungen: „Da klappt sofort eine Sehnsucht in mir auf. Das wäre wirklich etwas, was ich mir wünsche würde, für jetzt und die nächsten Jahre: dass die verschiedenen emanzipatorischen Bewegungen und Communities unter ihre Forderungen in den Flugblättern, Manifesten und Social-Media-Accounts schreiben: Gemeinsam mit Weißen. Gemeinsam mit Heteros. Gemeinsam mit Westdeutschen. Gemeinsam mit Cis-Frauen und Cis-Männern. Gemeinsam mit Alten. Also dieser Satz ist für mich ein utopischer Splitter." (ebd.: 115) Damit wird ein ausschließlich identitätspolitisches Sprechen aufgebrochen. Auch die Arbeit an dem Verfassungsentwurf 1989 wird als ein solcher Splitter gerahmt, als „ein gesellschaftlicher Glücksmoment", „einfach weil sich so viele verschiedene Gruppen in den Prozess eingebracht haben" (ebd.: 123).

Fazit und Ausblick

Die Hoffnung auf gesellschaftliche Glücksmomente scheint in allen Büchern auf unterschiedliche Weise auf. Diese Gemeinsamkeit wird in den vorgestellten literarischen Texten unter anderem an die Hoffnung auf eine andere Erziehung und Sozialisation gebunden. In allen Texten findet sich die Suche nach der eigenen Geschichte, die kritische Fragen an das Aufwachsen, an die Erziehung und die Sozialisation stellt. Mit Blick auf das von uns besonders fokussierte Generationenverhältnis ist dieses Motiv am stärksten in den Romanen von Zander und Rabe vertreten, denn in beiden wird diese Hoffnung auf die neue oder jedenfalls eine andere Generation explizit, insbesondere am Ende. Mit Blick auf das Geschlechterverhältnis zeigt sich, dass Schweigen in den erzählten literarischen Geschichten als ein primär männliches Schweigen auftritt, dieses bildet etwa bei Jügler die Struktur der Geschichte. Damit drängt sich uns auch die Frage auf, ob diese vergeschlechtlichte Geschichte des Schweigens als Nicht-Handeln, das männliche Schweigen, nicht der stärkere, weil systemunabhängige Erzählstrang der Geschichte ist als das Thema des fingierten Kindstods in der DDR. Schließlich kann der bereits zitierten Aufforderung „Mach den Mund auf, wenn der richtige Zeitpunkt gekommen ist, ja!" (Jügler 2023: 57) auch eine weiterreichende Gültigkeit zukommen, indem hier exemplarisch die Frage nach der Möglichkeit des Widersprechens gestellt wird. Und auch bei Rabe wird das Thema aufgeworfen, ob die in der DDR bzw. im Osten angesiedelte Geschichte über das Schweigen im Generationenverhältnis und die unbeantworteten Fragen der Kinder nicht auch eine die DDR überschreitende Geschichte im von Gewalt geprägten „Jahrhundert der Extreme" (Eric Hobsbawm) erzählt.

Eine weitere Gemeinsamkeit der Romane von Rabe, Jügler und Zander besteht darin, dass alle drei Autor*innen sich überlagernde Motive bezogen auf das Schweigen thematisieren, darin aber einen Einsatz des Sprechens vollziehen und so die eigene Geschichte im Spannungsfeld von Fakt und Fiktion öffentlich machen. In den dokumentarisch angelegten literarischen Geschichten von Rabe und Jügler stehen Gewaltverhältnisse in der DDR im Fokus, wobei diese von Rabe in eine lange deutsche Geschichte eingezogen werden. Man kann dies als immer gleiche Geschichten über den Unrechtsstaat und die Erziehungsdiktatur der DDR rahmen, man kann dies aber auch als Einsatz für eine differenzierte Auseinandersetzung mit den Tiefenschichten der totalitären Seite des Staatssozialismus sehen, zu der literarische Texte, wie eingangs bemerkt, ganz eigene Impulse geben können. Eine Auseinandersetzung, so Steffen Mau in seinem neuen Buch „Ungleich vereint" (2024), sei als breite Bewegung im Sinne eines Generationenaufbruchs, nicht erfolgt. „So wurde die Chance verpasst, bei nachfolgenden Jahrgängen ein echtes Interesse sowohl für die totalitären Seiten des Staatssozialismus als auch für die Transformationsprobleme in Ostdeutschland sowie in Ostmitteleuropa insgesamt zu wecken" (Mau 2024: 54).

Die hier vorgestellten Bücher machen unterschiedliche Gesprächsangebote. Bei Oschmann geht es stärker um den Protest gegen die Vereinnahmung und Deutungshoheit des Westens über den Osten. Damit verbleibt er jedoch zugleich in einem eingefahrenen Schema der Kritik, zu dem Mau schreibt: „Wer in der Ost-West-Debatte mit Schuldbegriffen operiert, ist schon auf dem Holzweg" (ebd.: 9). Dieser Einsatz des Sprechen-Müssens ist auch die Motivlage von Gröschner, Mädler und Seemann, die bei einer intergenerationalen und inner-ostdeutschen Verständigung ansetzen und ironisch-suchend miteinander ins Gespräch kommen. Und so präsentieren die diskutierten Bücher sehr verschiedene Geschichten: Ost-West-Deutungskämpfe (Oschmann), Aufarbeitungsgeschichten (Rabe und Jügler), eine als Gespräch angelegte innerostdeutsche Verständigungsgeschichte (Gröschner, Mädler, Seemann) und eine Geschichte, die in der DDR ihren Ausgangspunkt nimmt, aber sich nicht an einer DDR-Spezifik abarbeitet (Zander), sondern auf einer ganz anderen Ebene, der des Geschlechts, nach Transformationen fragt. Alle Bücher leisten damit einen je eigenen Beitrag zum Sprechen und zu den Verhandlungen über die DDR, den Westen und den Osten in durchaus neuen Formaten, die Grenzen zwischen den Gattungen überschreiten. Die Rolle, die Akten in den Texten spielen, ist dabei unübersehbar. Dies gilt im Übrigen auch für weitere aktuelle literarische Texte zur DDR, wie etwa Jenny Erpenbecks „Kairos" (2021).

In Judith Zanders 2022 erschienenem Gedichtband „im ländchen sommer im winter zur see" gibt es den Vers „vor den anderen galt es leiser / zu schweigen worüber / man nicht reden kann davon und auf / kann man leben" (Zander 2022: 32). Damit wird, neben der problematischen, machtvollen und verstörenden Seite des Schweigens auch eine heilsame Seite des Schweigens angesprochen, die notwendig ist, um mit Verletzungen zu leben.

Literatur

Assmann, Aleida (2006): Der lange Schatten der Vergangenheit: Erinnerungskultur und Geschichtspolitik. München: C. H. Beck.

Baader, Meike Sophia / Koch, Sandra (2023): Erinnerung, (Ver-)Schweigen und Leerstellen. Postsozialistische DDR-Geschichte in literarischen Texten. In: Bünger, Carsten u. a. (Hrsg.): Jahrbuch für Pädagogik 2022. 30 Jahre und kein Ende der Geschichte. Weinheim, Basel: Beltz Juventa, S. 89–107.

Baader, Meike Sophia / Koch, Sandra / Neumann, Friederike (2023): Von Soldaten und Lehrerinnen. Geschlechterverhältnisse in Bildungsmedien der DDR. In: Zeitschrift für Pädagogik, 69. Beiheft: (Post)Sozialistische Bildung – Narrative, Bilder, Mythen. Weinheim, Basel: Beltz Juventa, S. 21–39.

Bolz, Hendrik (2022): Nullerjahre. Jugend in blühenden Landschaften. Köln: Kiepenheuer & Witsch.

Erpenbeck, Jenny (2021): Kairos. Roman. München: Penguin.

Gröschner, Annett / Mädler, Peggy / Seemann, Wenke (2024): Drei ostdeutsche Frauen betrinken sich und gründen den idealen Staat. München: Hanser.

Hobsbawm, Eric (2014): Das Zeitalter der Extreme. Weltgeschichte des 20. Jahrhunderts. München: dtv.

Hoyer, Katja (2023): Diesseits der Mauer. Eine neue Geschichte der DDR 1949–1990. Hamburg: Hoffmann und Campe.

Jügler, Matthias (2024): Maifliegenzeit. München: Penguin.

Lenski, Katharina (2023): Erziehung. Gewalt. Eine Jugend in der DDR. In: Baader, Meike Sophia Baader / Kössler, Till / Schumann, Dirk (Hrsg.): Jugend – Gewalt. Erleben – Erörtern – Erinnern. Göttingen: Vandenhoeck & Ruprecht, S. 145–162.

Magyar-Haas, Veronika / Geiss, Michael (2015): Zur Macht der Ambivalenz. Schweigen in Erziehung und Bildung. In: Dies. (Hrsg.): Vom Schweigen. Zur Macht/Ohnmacht in Bildung und Erziehung. Weilerswist: Velbrück Wissenschaft, S. 9–27.

Mau, Steffen (2024): Ungleich vereint. Warum der Osten anders bleibt. Berlin: Suhrkamp.

Morina, Christina (2024): Tausend Aufbrüche. Die Deutschen und ihre Demokratie seit den 1980er Jahren. München: Siedler.

Oschmann, Dirk (2023): Der Osten: eine westdeutsche Erfindung. Berlin: Ullstein.

Pauer, Nina / Mangold, Ijoma (2023): Gender, Race, Klasse – und wo bleiben die Ossis? In: Feuilletonpodcast „Die sogenannte Gegenwart" der ZEIT online, 01.05.2023. URL: https://www.zeit.de/kultur/2023-04/dirk-oschmann-identitaetspolitik-feuilleton-podcast (Abruf: 27.06.2024).

Rabe, Anne (2023): Die Möglichkeit von Glück. Stuttgart: Klett-Cotta.

Rüther, Tobias (2024): Bewegliche Ziele. In: Frankfurter Allgemeine Sonntagszeitung. 09.06.2024, Nr. 23, S. 33.

Sachse, Christian (2023): Jugend, Gewalt und Herrschaft in der DDR. In: Baader, Meike Sophia / Kössler, Till / Schumann, Dirk (Hrsg.): Jugend – Gewalt. Erleben – Erörtern – Erinnern. Göttingen: Vandenhoeck & Ruprecht, S. 163–182.

Schalansky, Judith (2011): Der Hals der Giraffe. Berlin: Suhrkamp.

Sasse, Sylvia (2016): Stasi-Dada. Was KünstlerInnen aus ihren Geheimdienstakten machen. URL: https://geschichtedergegenwart.ch/stasi-dada-gabriele-stoetzer-las-im-cabaret-voltaire-aus-ihren-akten/ (Abruf: 27.06.2024).

Walther, Rudolf (2020): Neue Biografie über Walter Benjamin. „Immer radikal, niemals konsequent". URL: https://taz.de/Neue-Biografie-ueber-Walter-Benjamin/!5728844/ (Abruf: 23.11.2024).

Würfel, Carolin (2022): Drei Frauen träumten vom Sozialismus. Maxie Wander, Brigitte Reimann, Christa Wolf. Berlin: Hanser.

Zander, Judith (2020): Johnny Ohneland. München: dtv.
Zander, Judith (2022): im ländchen sommer im winter zur see. Gedichte. München: dtv.

PROF. DR. MEIKE SOPHIA BAADER
Universität Hildesheim, Institut für Erziehungswissenschaft, Abteilung Allgemeine Erziehungswissenschaft. Universitätsplatz 1, 31141 Hildesheim, Deutschland,
baader@uni-hildesheim.de

DR. SANDRA KOCH
Universität Hildesheim, Institut für Erziehungswissenschaft, Abteilung Allgemeine Erziehungswissenschaft. Universitätsplatz 1, 31141 Hildesheim, Deutschland,
kochsa@uni-hildesheim.de

JUDITH ZANDER

„Dieses von vornherein zum Anderen Gemachte"

Ein Ostgespräch

"The a priori Other"
An East German Conversation

KURZFASSUNG: Judith Zander ist eine der nuanciertesten literarischen Stimmen im deutschsprachigen Raum. Für ihre Werke wurde die 1980 in Anklam geborene Schriftstellerin u. a. mit dem Fontane-Literaturpreis (2021) und dem Peter-Huchel-Preis (2023) geehrt. Anknüpfend an einen Gedankenaustausch über das Schreiben in und über Ostdeutschland (*Berliner Debatte Initial* 3/2020) sprechen wir mit Judith Zander darüber, inwiefern der Osten anders bleibt und zum Anderen gemacht wird, welches literarische Potential in Alltagserfahrungen steckt, was an der Literatur der DDR bis heute widerständig bleibt und warum in den aktuellen Feuilletondebatten um Literatur und Ostdeutschland nicht selten Argumente aus den 1990er Jahren wiederkehren. Das Gespräch fand Mitte August 2024 statt. Die Fragen stellten Christoph Michael und Thomas Müller.
Schlagwörter: Ostdeutschland, Transformation, Literatur, Feuilleton, Alltag, Identität, DDR

ABSTRACT: Judith Zander is one of the most sophisticated and multifaceted literary voices in the German-speaking world. Born in Anklam in 1980, she received the Fontane Literature Prize (2021) and the Peter Huchel Prize (2023), among others. In this sequel to a conversation about writing in and about East Germany (*Berliner Debatte Initial* 3/2020), Judith Zander explores the extent to which East Germany remains different and is being turned into the Other. Zander discusses the literary potential that lies in everyday experience, the way in which literature set in former GDR remains idiosyncratic and thus different to West German literature, and why debates from the 1990s about literature and East Germany still often recur in current debates throughout the cultural pages. The conversation took place in mid-August 2024 when Zander spoke with Christoph Michael and Thomas Müller.
Keywords: East Germany, Transformation, Literature, Feuilleton, Everyday life, Identity, GDR

Initial: Seit unserem letzten Gespräch sind vier Jahre vergangen. Damals, 2020, war gerade Ihr Roman „Johnny Ohneland" erschienen, mitten in der Corona-Pandemie. Was ist seitdem passiert? Und woran arbeiten Sie momentan?

Judith Zander: Das Leben ist passiert, und das besteht ja auch für eine Schriftstellerin (hoffentlich) nicht nur aus Schreiben, banal, aber wichtig. Damit nicht das Schreiben das Leben auffrisst, wie es in Christa Wolfs „Ein Tag im Jahr" heißt.

Nach „Johnny Ohneland" ist mein dritter Gedichtband[1] erschienen, der dank des Huchel-Preises viele Lesungen mit sich brachte; ich war im italienischen Olevano (Villa Massimo) und im Brandenburger Wald, im ehemaligen Wohnhaus Günter de Bruyns, wo ich mit einem befreundeten Fotografen, Sven Gatter, eine Text-Bild-Zusammenarbeit begann, die noch andauert. Auch ein neuer Roman nimmt im Kopf so langsam Gestalt an, das Papier wartet noch (ist ja geduldig).

Initial: Unser Eindruck ist, dass „Johnny Ohneland" vor allem im Hinblick auf die Gender-Thematik rezipiert wurde, weniger als ein Roman aus und über Ostdeutschland, der etwas über Transformationserfahrungen der letzten drei Jahrzehnte erzählt. Wie haben Sie das wahrgenommen? Was könnten Gründe dafür sein?

Zander: Ich habe das genauso wahrgenommen, fand es aber vor allem deshalb überraschend, auch irgendwie enttäuschend, weil das Buch sich ja gerade nicht um Gender-Kategorisierungen schert, es der Protagonistin darum geht, eben solchen Zuschreibungen, nicht nur auf geschlechtlichem Gebiet, zu entkommen. Sich z. B. als nicht-binär zu definieren, bedeutet eben nicht die Freiheit, sondern eine weitere Schublade. Wahrscheinlich bedarf es solcher wärmender Identifikationshüllen schon auch, aber sie bekommen doch häufig, als Absolutum über das ganze Sein gestülpt, etwas sehr Einengendes.

Im Falle dieses Romans bestimmte natürlich, wie bei allem, die Erwartung – gespeist aus sowieso gerade allerorts durchgenudeltem oder sagen wir, im Relevanzaufschwung befindlichen, Themenmaterial – die Wahrnehmung. Dass die spezifisch ostdeutsche Komponente dabei eher unterging, mag auch daran liegen, dass sie nicht explizit als solche verhandelt wird, sondern, wie auch schon in meinem ersten Roman,[2] als den Figuren selbstverständlicher Hintergrund gezeichnet, der er ja auch für mich selbst ist. Ich möchte da jede Exotisierung vermeiden, ich möchte kein Buch „über Ostdeutschland" schreiben aus so einer Vorführ- und Erklärdistanz heraus. Weil eben dies der ohnehin aufgelegten Folie vom Westen als neutraler Bezugsgröße und dem Osten als dem Andersartigen nur eine weitere Schicht der Undurchsichtigkeit hinzufügen würde.

Initial: Der Westen als neutrale Bezugsgröße, der Osten als das Andersartige – wie reißfest ist diese Folie? Es handelt sich ja, wenn wir Sie richtig verstehen, nicht um eine Deskription, sondern eine Bewertung. Gibt es da auch Bewegungen, Verschiebungen dieses Maßstabs, Risse in dieser Schablone für den Osten?

Zander: Es ist, soweit ich sehe, weder ein deskriptives noch ein normatives Modell, sondern einfach unverhandelte Praxis. So wie es in jeder Art von Beziehungen immer dann schwierig wird, wenn bloße Annahmen als selbstverständliche Handlungsgrundlage vorausgesetzt werden, so scheint mir auch das Ost-West-Verhältnis belastet von

---

1 Judith Zander (2022): im ländchen sommer im winter zur see. Gedichte. München: dtv.
2 Judith Zander (2010): Dinge, die wir heute sagten. München: dtv.

dem, was heutzutage nicht wenige Ostdeutsche und vielleicht auch manche Westdeutsche mehr als „Beitritt" denn als „Vereinigung" sehen (die Bescheide der Rentenversicherung nehmen da übrigens kein Blatt vor den Mund und fragen in aller Deutlichkeit, ob man „Zeiten im Beitrittsgebiet" verbracht habe). Bewegung gibt es sicherlich in dem Sinne, dass diese Selbstverständlichkeiten verstärkt hinterfragt werden, aber eine Begegnung auf Augenhöhe kann ich im Großen und Ganzen nicht erkennen, es ist Bewegung innerhalb des eingefahrenen Systems. Vielleicht, weil inzwischen auch alle angeödet sind vom fruchtlosen Dauerthema, in den Blicken aufeinander (die auf beiden Seiten anscheinend nicht anders als von einer gewissen gefühlten Höhe herab stattfinden können) zunehmendes Desinteresse, gegenseitige Abneigung und Enttäuschung überwiegen mögen.

Initial: Erleben Sie selbst eine Spannung in Prosatexten zwischen der Zuschreibungs- und der Identifikationskategorie „ostdeutsch"? Ihre Romane legen ja nahe, dass eher die regionale Identität, das Niederdeutsche, das Mecklenburgische, wichtig ist.

Zander: Sicherlich, aber diese Spannung besteht ja immer zwischen Außen- und Selbstwahrnehmung, und so etwas wie „Identität" halte ich, bezogen auf eine Gruppe mit vermeintlich geteilten gleichen Merkmalen, nicht für möglich ohne schwerwiegende Abstriche an dem, was „Persönlichkeit" eigentlich ausmacht. Oder anders gesagt: Solche Zuschreibungen sind auch als Selbstbezeichnungen unweigerlich Vereinfachungen, und etwas krümmt sich in mir peinlich berührt zusammen, wenn in kategorischen Adjektiven über andere oder mich selbst gesprochen wird, gerade auch im Feuilleton, es scheint mir dann immer unter Niveau.

Trotzdem fühle ich mich von Herkunft und Prägung her durchaus als ostdeutsch wie eben auch nordostdeutsch oder auch osteuropäisch, oder auch nur vorpommerisch oder ostvorpommerisch oder als Bewohnerin des Planeten Erde, es kommt auf den Maßstab an, es ist niemals etwas Absolutes.

Was mich indes irritiert, ist, wenn neuerdings von Ostdeutschland medial als „Region" gesprochen wird – es kommt mir wie der entweder gutgemeinte Versuch einer politisch entschärfenden Neutralisierung vor oder wie eben das Gegenteil, eine subsumierende Verharmlosung und Aberkennung eigener, (auch staats-)politischer Geschichte. Ein noch etwas hinterherhängendes, aber touristisch erschlossenes Wandergebiet. Vorpommern ist eine Region, aber doch nicht die ganze, regional auch sehr unterschiedliche ehemalige DDR! Eine unreflektiert herablassende Benennung, die eigentlich in direkter Nachfolge der „Zone" steht.

Initial: Vermutlich haben die Politiker und Politikerinnen, die sich 1990 für eine Rückkehr zur vormaligen Länderstruktur eingesetzt und diese schließlich durchgesetzt haben, die Gefahr eines einheitlichen ostdeutschen Raumes gesehen, in dem sich die Menschen im Zweifel gegen die alte Bundesrepublik stellen oder in dem zumindest ein identitätsstiftendes Gegenmodell entstehen könnte. Angesichts der Rede vom Ostdeutschen – erweist sich diese Entscheidung als Fehler und hätte stattdessen ein ostdeutsches Bundesland gegründet werden müssen?

Zander: Nein, eben gerade nicht. Das hätte doch die Rede vom Ostdeutschen-an-sich, diesem Zonen-Bewohner, erst recht befeuert. Als wären alle Ostdeutschen von der Ostsee bis ins Erzgebirge eben doch von der Einheitspartei zu einem Einheitseintopf verkocht worden und es lohne sich gar nicht, da noch regionale Unterschiede wahrnehmen zu wollen. Damit wäre die Herabwürdigung perfekt gewesen. Ob man statt der Übernahme der Länderstruktur der Bundesrepublik die Bezirksstruktur der DDR hätte beibehalten sollen, ist, von Verwaltungsproblemen abgesehen, aber auch fraglich, da diese ja bewusst historisch-regionale Zugehörigkeiten aufgelöst hat und aus politischen Gründen ganze Landstriche namentlich getilgt: ‚Vorpommern' existierte nicht und musste so tun, als wäre es ‚Mecklenburg', zum Beispiel.

Initial: Unser Eindruck ist, dass Literatur die DDR und das Nach-Wende-Ostdeutschland viel stärker als Alltagserfahrung, als geographisch-zeitliche Kategorie reflektieren kann als der feuilletonistische Diskurs, der Bezeichnungen wie „Osten" oder „Ostdeutschland" als quasi-objektivierte Identitätszuschreibung zu verwenden scheint. Wie sehen Sie das? Woran liegt das Ihrer Meinung nach?
Zander: Ich denke, das liegt einfach daran, dass Literatur schon immer mehr konnte als das Feuilleton, wenn sie ihren Namen verdient. Damit möchte ich die kritische und vermittelnde Leistung des letzteren nicht schmälern, aber es bleibt nun einmal etwas Nachgeordnetes, Reagierendes und in einem engen Rahmen unter großem Zeitdruck Zustandekommendes, da liegt der Griff nach Schlagworten zwangsläufig viel zu nahe.

Auch Schreibhaltung und -perspektive spielen natürlich eine entscheidende Rolle. Schon vom Ansatz her kann man hier eigentlich keinen guten Vergleich ziehen, die Anliegen sind schlichtweg verschiedene: In der Literatur geht es doch zumeist um das Persönliche, Individuelle im Kontext eines übergeordneten allgemeinen Zusammenhangs, um das Nichterwartete, Ambivalente, einen unberücksichtigten Blickwinkel. Dem Feuilleton wie dem restlichen Journalismus ist es, als reagierendes Medium, viel stärker um Einordnung zu tun, um Vergleiche, um die Konstituierung eines Bezugsrahmens. Schließlich soll nicht alles jedes Mal wieder neu erklärt werden müssen, da ist es hilfreich, wenn bestimmte Begriffe als besetzt und gesetzt vorhanden sind. Kurz gesagt, das Feuilleton versucht vielleicht, mit den Zumutungen der Literatur auf eine bereits etablierte Weise fertig zu werden.

Initial: Gibt es so etwas wie eine spezifisch ostdeutsche Schreibhaltung? Und wenn ja, können auch Journalistinnen und Journalisten eine solche Schreibhaltung haben?
Zander: Ich meinte keine ostdeutsche Schreibhaltung, die, falls es sie gibt, natürlich auch Journalisten und Journalistinnen haben können, und auch nichts Moralisches. Ich habe, denke ich, schon versucht, das zu erläutern: Ein literarischer Text versucht, mit literarischen, d. h. in der Autorpersönlichkeit ihren Anlass findenden, schöpferischen Mitteln, Aspekten der Wirklichkeit (die auch eine rein fiktive Welt sein kann) eine verbale Gestalt zu geben. Ein feuilletonistischer Text versucht, mit durchaus auch literarischen, vor allem aber rhetorischen Mitteln, solche Kulturerzeugnisse oder auch kulturelle Phänomene einer interessierten Allgemeinheit zu vermitteln, der Anlass liegt gewisserma-

ßen außerhalb, hat schon den ersten kulturellen Umwandlungsprozess, wenn man so will, durchlaufen. Vergleichbar vielleicht den unterschiedlichen Aufsätzen, die man in der Schule schreiben musste: entweder (erzählerisch) frei über ein Thema (z. B. mein blödestes Ferienerlebnis) oder einer bestimmten Form folgend (Erörterung, Interpretation) über schon Vorformuliertes (These, Gedicht). Letzteres war natürlich leichter bewertbar, und um Bewertung, Gewichtung, Quantifizierung von Qualitäten geht es am Ende auch dem Feuilleton.

Initial: Gibt es eine spezifisch ostdeutsche Literaturtradition, die für Ihr Schreiben wichtig ist oder der Sie sich verbunden fühlen? Wie würden Sie diese Tradition charakterisieren?

Zander: Man könnte ja sagen, „der Osten" sei in Bezug auf „den Westen" so etwas wie Simone de Beauvoirs „anderes Geschlecht". Die Perspektive dieses von vornherein zum Anderen Gemachten interessiert mich in doppelter Hinsicht und so fühle ich mich insbesondere den Werken von Autorinnen verbunden, deren Leben und Schreiben vom DDR-Sozialismus geprägt wurde, die darin jedoch nicht aufgingen, ohne sich völlig zu distanzieren, sondern immer wieder vorhandene Wirklichkeit und ideellen Anspruch miteinander konfrontierten in subjektiver Auseinandersetzung, stark aus eigenem, praktischem Alltagserleben heraus. Zu nennen wären hier insbesondere Brigitte Reimann, Irmtraud Morgner, in weiterem Sinne auch Sarah Kirsch, die sicherlich am meisten auf Abstand ging, das „ländchen" verließ, ohne deshalb eine bundesrepublikanische Dichterin zu werden oder im Entferntesten werden zu wollen. Eine im Grunde anarchische Disposition ist allen auf ihre jeweilige Weise eigen, ein Unterlaufen von und Hinwegsetzen über Bedingungen, die sie als nicht zutreffend für sich empfanden, dies alles aber nicht in der Pose verbissenen Kämpferinnentums, sondern häufig in durchaus auch bitter-böse lachendem Ungehorsam.

Solche Lebens- und Schreibhaltungen würde ich durchaus als wahl- und wesensverwandt mit meiner eigenen bezeichnen, auch als immer wieder aufgesuchte Quelle der Rückversicherung: dass es auch anders als zeitgeistig geht.

Initial: Sie sprechen von Autorinnen und ihren Lebens- und Schreibhaltungen. Inwieweit sind das auch spezifische Haltungen von Frauen? Oder anders: Inwieweit spielt Geschlecht eine Rolle für das Schreiben, eine Rolle in der Literatur?

Zander: In der Welt, in der wir leben, spielt Geschlecht in fast allen Lebensbereichen eine Rolle, es wäre seltsam, wenn ausgerechnet das Schreiben, das ja immer mit den Wechselwirkungen von Innen- und Außenwelt befasst ist, eine Ausnahme machte. Es wäre auch nicht wünschenswert, wenn Literatur versuchen würde, die Unterschiede unsichtbar zu machen. Wünschenswert wäre allerdings, dass mehr Bücher von Frauen von Männern gelesen würden, und zwar nicht nur aus schlechtem Gewissen und superkorrekter Selbstkritik und um dann ein Soll erfüllt zu haben, sondern aus dem Bedürfnis nach Verständigung und Selbstverständigung, für die Perspektivwechsel notwendig sind.

Initial: Wegen einiger Neuveröffentlichungen an Sachbüchern – etwa von Dirk Oschmann oder Katja Hoyer – und Romanen – etwa von Anne Rabe oder Charlotte Gneuß – sowie aufgrund von Resonanz im englischsprachigen Raum – wir denken hier an den International Booker Prize 2024 für Jenny Erpenbecks Roman „Kairos" – sind hierzulande neue Debatten um das Schreiben über die DDR und Ostdeutschland entbrannt. Spielen diese Debatten um die DDR-Literatur und die ostdeutsche Literatur eine Rolle für Ihre Arbeit?
Zander: Als Phänomen sind solche Debatten nie ganz uninteressant, ob sie auch relevant sind, muss zum Zeitpunkt ihrer Austragung oft unentschieden bleiben. Für meine Arbeit sind sie es eher nicht, das fällt mehr in den Bereich Hintergrundgetöse, das ich ganz gut ausblenden kann. Ich wüsste auch nicht, was ich literarisch damit anfangen soll, und andere Berechnungen stelle ich nicht an.

Initial: Wir haben den Eindruck, dass gerade Bücher jüngerer Autorinnen und Autoren wie Charlotte Gneuß, Anne Rabe oder Matthias Jügler als eine Art neue „ostdeutsche" Literatur verhandelt werden statt in erster Linie über den thematischen Fokus der Bücher. Kann es sein, dass hier einer politischen, genauer gesagt: erinnerungspolitischen, Kategorie vom literarischen Feuilleton eine Wichtigkeit zugeschrieben wird, die diese in den betreffenden Romanen vielleicht nicht unbedingt hat? Wie nehmen Sie das wahr?
Zander: Warum diese Kategorisierung gerade jüngere Autorinnen und Autoren mit Ost-Hintergrund trifft, darüber kann ich nur spekulieren. Vielleicht ist es als Ausdruck eines mehrfachen Misstrauens zu werten, für dessen Hervorrufung ihnen dann, gewissermaßen zur Strafe, ein Label verpasst wird. Zum einen steht ja immer der Verdacht im Raum, es finde da aufgrund nichteigenen Erlebens und mangelhafter Zeugenschaft, dem Makel der Nachgeborenheit, eine Art Geschichtsverfälschung statt. Zum anderen, und vielleicht fällt das noch stärker ins Gewicht, mag es der Irritation darüber geschuldet sein, dass diese junge und vermeintlich westlich sozialisierte Generation in puncto Herkunft noch einen Unterschied sieht und macht, dass die vollständige Nivellierung nicht geglückt ist, sondern im Gegenteil eher eine Wiederhinwendung zu den Ost-Anteilen der Biographie und womöglich Solidarisierung mit dem gelebten Ost-Leben der Vorgängergenerationen stattfindet – was eigentlich nicht verwundern sollte angesichts des sonstigen seit geraumer Zeit ja sehr erhöhten Stellenwertes von Identitätsfragen. Daneben wird mit angehefteten Etiketten wie „ostdeutsch" natürlich billig der Reiz des Exotischen, leicht Anrüchigen ausgespielt, was eben besonders wirkungsvoll mit jungen Gesichtern auf dem literarischen Markt funktioniert.

Dass das Ostdeutsche in den angesprochenen Romanen keine entsprechende Wichtigkeit besäße, würde ich nicht sagen, denn es scheint mir darin konstitutiv und für die jeweilige Thematik nicht subtrahierbar oder austauschbar. Die Gewichtung von Seiten des Feuilletons ist eine andere Frage, vor allem konnotativ. Was verbindet sich denn aus westdeutscher Sicht mit einer Bezeichnung wie „ostdeutsch"? Eine solche Klärung der Begrifflichkeiten müsste jeder Kategorisierung eigentlich vorangehen.

Initial: Diese Frage scheint Dirk Oschmann im Blick gehabt zu haben, als er den Osten als „westdeutsche Erfindung" charakterisierte. Vielleicht ist ein Subthema davon: der Osten als Erfindung des literarischen Marktes? Wir meinen damit ein bestimmtes Kalkül, das einerseits Verlage, andererseits vielleicht auch Autorinnen und Autoren haben: Romane zu produzieren, die die dunklen Seiten der DDR beleuchten, das heute Belastende zuallererst als DDR-Erbe identifizieren (wodurch die Transformationserfahrungen nach 1990 in den Hintergrund rücken) und eine Auseinandersetzung genau damit nahelegen, könnte man für ein Erfolgsrezept halten – zumindest, was die Verkaufszahlen der Bücher und die Aufmerksamkeit und das Lob des Feuilletons betrifft. Noch mal zugespitzt: Uns irritiert, dass eine jüngere Generation von Autorinnen und Autoren mit irgendwie ostdeutschen „Wurzeln", die sozusagen Authentizität verbürgen sollen, Erfolg damit hat, Romane zu schreiben, die einem wie Variationen des Films „Das Leben der Anderen" vorkommen – das große Familiendrama vor der effektvollen Kulisse der gruseligen DDR, bei Bedarf ergänzt um Ausflüge in die Nazizeit. Warum wird diese Art von (Mehr-Generationen-)Literatur produziert? Warum hat sie Erfolg? Wofür wird sie gebraucht?

Zander: Na ja, die Frage beantwortet sich schon selbst: Produziert wird, was Erfolg verspricht. Ich möchte damit nicht sagen, dass kein intrinsisches Interesse der jeweiligen Autoren an ihrem Thema vorliegt oder dass es eben „durch" ist, das glaube ich gar nicht, aber es ist stets eine Frage des Wie. Die dann noch mal überlagert wird von der Frage: Wie geschickt verkauft das jeweilige Verlagshaus so ein Buch? Gekauft wird ja zumeist nicht in Kenntnis des Buches, sondern dessen, was darüber zu hören war. Und Erfolg hat, was vertraute Muster in neuem Gewande bedient, das Neue, Reizvolle ist, wie gesagt, in diesem Fall, dass eine junge Generation, von der man es vielleicht nicht mehr erwartet hätte, thematisch ungefähr das Gleiche macht wie ihre literarischen Altvorderen, denen es den Vorteil bietet, in dieser Fortsetzung gleichzeitig wohlgefällig auf sich selbst blicken und sie schmähen zu können („haben wir doch alles auch schon – und besser! – bearbeitet").

Ironischerweise reproduziert dieses ritualisierte Verfahren von „Kritik und Selbstkritik" ja eine in der DDR selbst geforderte und belobigte Praxis, inklusive des Katalogs an Beelzebuben, der dann jeweils mitzuzitieren ist im litaneienhaften Ausdruck der Hoffnung auf umfassende Austreibung. Früher waren es ,westliche Dekadenz', ,Ausbeuterklasse', ,Konterrevolutionäre', heute ,Unrechtsstaat DDR', ,Stasi' und natürlich alles, was die ,Nazizeit' so an Grauen zu bieten hat. In dieser pflichtschuldigen Variationslosigkeit verkommen die historischen Inhalte zumeist zu instrumentellen Versatzstücken und verstellen eher die Sichtachsen echter Auseinandersetzung.

Initial: Kann Literatur innerostdeutsche Auseinandersetzungen anstoßen, zur selbstkritischen Aufarbeitung beitragen? Das nimmt beispielsweise die Schriftsellerin Anne Rabe für ihren 2023 erschienenen Erfolgsroman „Die Möglichkeit von Glück" in Anspruch, und Feuilleton, Politik und Sozialwissenschaft pflichten ihr durchaus bei. Es könnte einem vorkommen wie die Neuauflage eines innerostdeutschen, womöglich unausgetragenen Konflikts (in der Beschäftigung mit der DDR-Vergangenheit, den Trans-

formationserfahrungen nach 1990 und der aktuellen Lage in Ostdeutschland) zwischen denen, die weggegangen sind, und den Dagebliebenen.
Zander: Alle diese Fragen adressieren mich als Expertin – die ich jedoch nicht bin. Schon gar nicht in der Frage, was Literatur vermag. Bzw. weiß das eigentlich jeder Leser für sich: Wenn sie zu einem spricht, stößt sie das Denken an, beschäftigt einen, befördert das Darüber-Redebedürfnis, so kann sie in den jeweiligen sozialen Dunstkreis gelangen und von dort aus eventuell weitere Kreise ziehen. Das sollte man aber nicht überschätzen. Viel stärker ist die Wirkung des Halbwissens, dessen, was an Meinungen über ein bestimmtes Buch in Umlauf ist, das dann meistens keiner, der diese Fama weiterverbreitet, gelesen hat. Aber wir reden hier von Büchern, und wer bitte liest, vergleichsweise, noch Bücher? Hier einen nennenswerten Einfluss auf innerostdeutsche oder welche Auseinandersetzungen auch immer anzunehmen, wäre naiv.

Der Konflikt zwischen den Weggegangenen und den Dagebliebenen wird wahrscheinlich noch über deren Lebenszeit hinaus bestehen bleiben und von den Enkeln und Urenkeln weiter als stolze Fahne aufrechter Abkunft geschwenkt werden. Denn alle versuchen, ihr Leben zu rechtfertigen, und sei es mit den Taten oder Untaten der Vorfahren, oder wie die Übersetzerin Swetlana Geier einmal in dem schönen Dokumentarfilm „Die Frau mit den 5 Elefanten" ungefähr sagte: Kennzeichen des Menschen sei, dass er für alles eine Begründung finden könne.

JUDITH ZANDER
Schriftstellerin, Greifswald

JONATHAN HINDEMITH / NADINE JUKSCHAT / PHILIPP KENNTNER / LIVIA KNEBEL / LUCIA MÜHL / JULIAN NEJKOW / CHRISTIANE SCHMIDT

„Oxymoron" – Wege und Abwege einer empörten Gesellschaft

Ein Werkstattbericht aus Görlitz

'Oxymoron' – Paths and Detours of an Outraged Society
A Workshop Report from Görlitz

KURZFASSUNG: Ausgehend von beobachtbaren Tendenzen gesellschaftlicher Polarisierung informiert der Beitrag über ein zweiteiliges Projekt, das ein junges Forschungsteam der Volkshochschule Görlitz in Kooperation mit der Hochschule Zittau-Görlitz durchgeführt hat. In einer Interviewstudie in Kneipen der Stadt Görlitz wurden zunächst politische Stimmungen und gesellschaftliche Tendenzen eruiert. Dabei zeigte sich ein Interesse an kontroversen Gesprächen und ein Bedürfnis nach Respekt. Auf dieser Grundlage entwickelte das Team ein Debattierformat in größerem Rahmen, das in mehreren Veranstaltungen erfolgreich erprobt wurde. Neben der Präsentation ausgewählter Ergebnisse bietet der Beitrag auch Anregungen für politische Bildungsarbeit.
Schlagwörter: Demokratie; Rechtsextremismus; Krise; gesellschaftliche Spaltung; Görlitz; Kneipenforschung; politische Bildung

ABSTRACT: Based on observable trends in social polarisation, this article provides information about a two-part project carried out by a young research team from the Görlitz Adult Education Centre in cooperation with the Zittau-Görlitz University of Applied Sciences. In an interview study in pubs in the city of Görlitz, political moods and social tendencies were first analysed. This revealed an interest in controversial discussions and a need for respect. On this basis, the team developed a debate format on a larger scale, which was successfully trialled at several events. In addition to presenting selected results, the article also offers suggestions for political education work.
Keywords: Democracy; Right-wing Extremism; Crisis; Social Division; Görlitz; Pub Research; Political Education

Problemstellung

Das gemeinhin als „Ostdeutschland" bezeichnete Konstrukt gerät immer wieder, sowohl in der medialen Öffentlichkeit als auch in der Wissenschaft, in die Schlagzeilen. Gemeint sind damit die sogenannten fünf neuen Länder, die 1990 dem Geltungsbereich des Grundgesetzes beigetreten sind. Vieles scheint hier immer noch anders als in der sogenannten alten Bundesrepublik, wenngleich Angleichung angestrebt und Annäherung gelungen ist.

Ein Team von Forscher:innen der Volkshochschule Görlitz hat sich in Kooperation mit der Hochschule Zittau-Görlitz mit einem innovativen Ansatz dem Problembereich „Staatsskeptizismus in Ostdeutschland" angenähert. Hierbei handelt es sich um eine kleine qualitative empirische Untersuchung in der Stadt Görlitz, die zwischen 2021 und 2024 durchgeführt wurde. Der erste Teil der Untersuchung – Gespräche mit Kneipengästen – verfolgte einen biografisch-narrativen Ansatz und wurde mit der Grounded Theory ausgewertet. Dieser Untersuchungsteil hatte zwei Ziele: erstens mögliche Gründe für den beobachtbaren Staatsskeptizismus und dessen Implikationen aufzudecken, um zweitens ein praktisches Format der politischen Bildung zu entwickeln, um diesem Phänomen entgegenzutreten.

Der Titel „Oxymoron – Wege und Abwege einer empörten Gesellschaft" bezieht sich auf eine beobachtbare Widersprüchlichkeit in Teilen der Görlitzer Stadtgesellschaft. So haben sich beispielsweise Görlitzer Bürger:innen nach Bekanntgabe der Maßnahmen zur Bekämpfung der Covid-19-Pandemie zu Protestdemonstrationen versammelt. Hierbei konnte man beobachten, dass nach und nach, spätestens ab 2021, Gruppierungen wie „Freie Sachsen", radikale Jugendgruppen wie die „Jugend ohne Migrationshintergrund" und die AfD, vor allem der Görlitzer Kreisverband, zusammen mit Görlitzer Bürger:innen demonstrierten. Eine klare Abgrenzung von diesen, zum Teil als rechtsradikal eingestuften Gruppen, fand vor allem ab 2022 nicht mehr statt. Dies ist ein Beispiel für jene Abwege, auf die eine zunehmend empörte Gesellschaft geraten ist. Zu diesen Abwegen zählen wir im Kontext der Untersuchung auch das Wählen rechtspopulistischer und rechtsradikaler politischer Parteien, Entgrenzungen der Protestkultur, die mit einer Normalisierung rassistischer Sprache bis hin zu impliziten Aufrufen zu Gewalttaten gegenüber Andersdenkenden einhergehen,[1] die Ablehnung sogenannter Mainstream-Medien, flankiert von der Forderung nach der Abschaffung des Rundfunkstaatsvertrages, sowie die fehlende Akzeptanz demokratischer Institutionen (vgl, hierzu auch Mannewitz/Rudzio 2022; Vogel u. a. 2024).

Der übliche Blick auf die Gesamtlage „Ostdeutschlands" ist insofern problematisch, weil ihm Details entgehen. Im Konstrukt „Ostdeutschland" werden die regionalen Unterschiede in den Ländern und Kommunen kaum deutlich. Insofern erscheint es lohnend, sich Regionen in Ostdeutschland genauer anzuschauen und sie zu analysieren. Die hier durchgeführte qualitative Studie beschränkt sich auf die Stadt Görlitz, explizit

---

[1] Für derlei Abwege und Entgrenzungen gibt es zahllose Beispiele. Aus den letzten 10 Jahren seien hier nur erwähnt: der 2014 beginnende Pegida-Protest in Dresden; der Angriff auf ein Asylbewohnerheim in Heidenau 2015; die strafrelevanten Proteste gegen die Unterbringung von Asylbewerbern in Schneeberg 2015; die Planung und Durchführung von Übergriffen auf Asylbewerberheime durch die Gruppe Freital 2016; die gewalttätigen Ausschreitungen nach einem Mordanschlag in Chemnitz 2018; die Wahl des ersten AfD-Landrates in Sonneberg 2023; die zivilgesellschaftliche Unterstützung eines Rechtsextremisten als Landrat in Hildburghausen 2024; die Erfolge der AfD bei den Europawahlen und bei den Landtagswahlen in Sachsen, Thüringen und Brandenburg.

auf deren Kneipenkultur. Görlitz – Kreisstadt in der niederschlesischen Oberlausitz mit ca. 57.000 Einwohnern, Grenzstadt im Dreiländereck, bekannt durch internationale Filmdrehs und Tourismus, wirtschaftsschwach. Der Landkreis Görlitz gehört zu den ärmsten Landkreisen Deutschlands.[2] Es ist ein idealer Ort, um die benannten Problembereiche und daraus folgenden Phänomene in Ostdeutschland zu untersuchen. Hinzu kommt die seit Jahren angespannte politische Situation in Görlitz. Eine große Zahl an Bürger:innen fühlt sich von der Politik nicht mehr vertreten. Die Unzufriedenheit, die immer stärker in Systemablehnung übergeht, zeigt sich u. a. am wachsenden Zulauf zum politisch rechtsextremen Rand und an einer Verschlechterung der politischen Kultur.

Im Folgenden gehen wir zunächst knapp auf Forschungen zu rechtsextremen und demokratiegefährdenden Einstellungen, zu Ostdeutschland aus soziologischer Perspektive und zur Kneipe als Kulturraum ein. Anschließend erläutern wir, wie wir im ersten Teil unseres Projekts, bei den Interviews in Görlitzer Kneipen, vorgegangen sind, und stellen ausgewählte Ergebnisse vor. Danach gehen wir auf den zweiten Teil unseres Projekts ein, das Diskussionsformat „Görlitz debattiert", wobei wir das Vorgehen darlegen und ausgewählte Ergebnisse präsentieren. Unser Werkstattbericht endet mit einem kurzen Fazit und Ausblick.

Zum Stand der Forschung

Untersuchungen zur Messung rechtsextremer und demokratiegefährdender Einstellungen wie die Mitte-Studie (Zick u. a. 2023) melden seit Jahren einen Anstieg rechtsextremer Einstellungen in der Mitte der Gesellschaft. Bevölkerungsumfragen wie der Sachsen-Monitor (dimap 2024), der jährlich die Demokratiestabilität im Freistaat untersucht, deuten in eine ähnliche Richtung und sehen einen deutlichen Anstieg nationalistischer Einstellungen und Ressentiments in der Bevölkerung.

Das Demokratieverständnis in Teilen der Bevölkerung wird diffuser: Es wird üblicher, für die Demokratie zu sein, sich selbst als Demokrat:in zu sehen, aber klare Abstriche im Demokratieverständnis selbst zu machen. Gleichzeitig stellt sich eine Normalisierung von rechts-autoritären Einstellungen in der Bevölkerung ein. Decker u. a. betonen in der Leipziger Autoritarismus-Studie (2022) deswegen die besonders große Gefahr für die Demokratie durch rechtsextreme Einstellungen, die sich aus der Mitte der Gesellschaft heraus verbreiten. In strukturschwachen Regionen wie der niederschlesischen Oberlausitz ist diese Entwicklung besonders stark ausgeprägt.

Steffen Mau (2024) vertritt die These, dass die ostdeutsche Gesellschaft auch weiterhin als eigenständige Teilgesellschaft erkennbar bleibt. Die sogenannten Frakturen, also Brüche und Spannungen, die aus historischen, politischen, kulturellen, sozialen und wirtschaftlichen Veränderungen resultieren, spielen dabei eine zentrale Rolle. Diese

---

2 Zur wirtschaftlichen Lage in der Region vgl. Dimap (2024) sowie Gohla/Hennicke (2023).

Frakturen helfen zu verstehen, warum Ostdeutschland auch nach über drei Jahrzehnten der Wiedervereinigung in vielerlei Hinsicht anders bleibt als der Rest der BRD.

So stellt der Übergang von der DDR zur BRD im Zuge der Wiedervereinigung eine tiefgreifende Veränderung dar, die weit über das politische System hinausging und die ostdeutsche Teilgesellschaft bis heute prägt. Der „Modus der Wiedervereinigung" bot relativ wenig politisches Mitspracherecht und Gestaltungsmöglichkeiten seitens der ostdeutschen Bevölkerung. Die schwächere Verwurzelung der „Volksparteien" in der ostdeutschen Bevölkerung ist ebenso ein Ausdruck dieser schwächeren Anbindung an das politische System. Das Gefühl, das westdeutsche System „übergestülpt" bekommen zu haben, kann als Resultat einer vertanen Demokratisierungschance gesehen werden. Der Umstand, dass westdeutsche Eliten nahezu alle Bereiche in den ostdeutschen Führungsetagen besetzten und heute noch bestimmend sind, hat den Annäherungsprozess an das System zusätzlich gebremst (vgl. Mau 2024: 41 f.). Die öffentliche Diskussion über Ostdeutschland ist bis heute sehr einseitig von westdeutschen Medien bestimmt, die mit Fremdzuschreibungen und einer einseitigen, problemzentrierten Sichtweise über Ostdeutschland berichten. Das frustriert viele Ostdeutsche.

Die Beispiele sollen aufzeigen, dass sich Einstellungen wie das Misstrauen gegen „die da oben" oder das Gefühl politischer Ohnmacht im Lauf der Jahrzehnte immer wieder aktivieren ließen und als kollektiv geteilte Sichtweisen eine große Beständigkeit aufweisen. Mau beschreibt auch Unterschiede zwischen Stadt und Land in Ostdeutschland. Auf dem Land hat vor allem die Abwanderung (Braindrain, Wegzug junger qualifizierter Frauen) in Richtung Ballungsräume Folgen für demografische Strukturen, das gesellschaftliche Zusammenleben und die Lebensqualität. Die alternde und zahlenmäßig rückläufige Bevölkerung entfaltet dabei eine paradoxe Haltung, da sie eigentlich besonders auf Zuwanderung angewiesen ist, aber besonders kritisch und abwehrend auf diese reagiert. Es kommen also viele verschiedene Faktoren zusammen, die Frakturen in der Gesellschaft verstärken.

Die Polarisierungsthese einer tief gespaltenen Gesellschaft vertritt Mau allerdings nicht. Für ihn sind es vielmehr konfliktreiche Themen, die sich zum Teil an einer Ost-West-Linie aufspannen lassen wie Russlands Angriffskrieg gegen die Ukraine oder die Migrationspolitik oder die Elitendominanz, an denen sich Besonderheiten Ostdeutschlands stärker zeigen und die genannten Frakturen sichtbar werden. Problematisch ist dabei die zunehmende Radikalisierung, die sich unter anderem in der Etablierung der rechts-autoritären AfD zeigt, die diese neuralgischen Punkte der ostdeutschen Bevölkerung gezielt anspricht. Zudem sieht Mau eine starke „Veränderungserschöpfung" in der ostdeutschen Teilgesellschaft, die vor allem aus den großen erlebten Umbrüchen resultiert. Veränderungen werden deswegen in Ostdeutschland tendenziell skeptischer gesehen. Populistische Rhetorik, den „alten Zustand" erhalten oder wiederherstellen zu wollen, verfängt hier besonders gut. Eine Teilerklärung ist allerdings auch der Umstand, dass in Ostdeutschland vor allem das Kleinbürgertum dominant ist und dass Veränderungen wie durch den Klimawandel einkommensschwache Gruppen, die weniger Ressourcen besitzen, um Wandel zu bewältigen, überproportional hart treffen (vgl. Mau 2024: 36).

Heidig (2022) argumentiert in eine ähnliche Richtung. Auf aktuelle Krisen wird oft mit emotionalen Mustern aus der Vergangenheit reagiert. So wird ein Ereignis wie die

Covid-19-Pandemie von manchen als ein Freiheitskampf gegen staatliche Unterdrückung und Redeverbote gedeutet, vergleichbar mit der Situation in der DDR. Heidig spricht von einem „gefühlten Krieg", um diese affektive Wahrnehmung von Ereignissen zu betonen (ebd.: 18 f.).

Unsere Untersuchung zielte darauf, sich im Sozialraum „Kneipe" dem Forschungsgegenstand anzunähern. Die gewonnenen Erkenntnisse sollten der Volkshochschule Görlitz dabei helfen, für deren Zielgruppen passende Kommunikationsstrategien und Bildungsangebote zu gestalten. Dabei standen zwei Fragen im Zentrum des Forschungsinteresses: 1. Wie äußern sich politisch Unzufriedene in ihrem sozialen Umfeld, insbesondere in Kneipen, und welche Einsichten lassen sich gewinnen, um das Phänomen des „Staatsskeptizismus" besser zu verstehen? 2. Wie können auf Basis der gewonnenen Erkenntnisse geeignete Bildungsangebote im Bereich der politischen Bildung entwickelt werden, um die Zielgruppe effektiver zu erreichen?

Im Projekt stand der städtische Typus der „Kneipe" oder „Eckkneipe", die „Kneipe im Viertel" im Vordergrund. Als „Kulturform" (Dröge/Krämer-Badoni 1987) haben Kneipen verschiedene soziale Funktionen. Eine Besonderheit dieser Freizeiteinrichtung besteht im Alltag darin, dass die Gäste am Kneipenleben in einem geselligen Rahmen teilnehmen. Das Kneipenleben verändert sich immer mit den Gästen und durch die Gäste. Insofern lässt sich der Ort der Kneipe auch als ein Ort der kulturellen Reproduktion begreifen, an dem soziale Beziehungen gestaltet und kulturelle Praktiken reproduziert werden. Das Kneipenleben bietet somit Einblicke in gesellschaftliche Strukturen und Dynamiken (ebd.: 33 f.).

Teil 1: Interviews in Görlitzer Kneipen

Um einen ersten Eindruck im Feld zu gewinnen und erste theoretische Konzeptionen über das Phänomen und das weitere Vorgehen zu entwickeln, entschied sich das Forschungsteam zunächst für eine teilnehmende Beobachtung verschiedener Kneipen. Diese Methode ermöglichte es den Forschenden, zu erleben und zu interpretieren, wie die Feldteilnehmer:innen miteinander kommunizieren und ihre Meinungen äußern. Dabei ist die/der Forschende selbst Teil der Erkenntnisquelle, indem auch die eigene Beobachtung und Reflexion der Position im Feld berücksichtigt werden (Flick 2019: 290 f.). Anfangs bestand die Vorgehensweise darin, ohne viele Vorannahmen allein oder in Zweiergruppen ins Feld zu gehen und ein Getränk zu sich zu nehmen.

Um die Beobachtungen und die Auswahl der Kneipen stärker auf den Forschungsgegenstand einzugrenzen, wurde auf Grundlage der Erstbesuche ein Kriterienkatalog entwickelt. Zur Entwicklung relevanter Kategorien diente die Feldstudie von Dröge und Krämer-Badoni (1987). Außerdem wurden weitere Kategorien festgelegt, die äußere und innere Merkmale der Kneipen umfassen. Zu den *äußeren Merkmalen* gehörte beispielsweise die Lage der Kneipe im Stadtbezirk, Wahldaten des Bezirkes mit besonderem Blick auf die Gruppe der Nichtwähler:innen und der AfD-Wähler:innen, Einrichtung und Preisgestaltung. Mögliche Aktivitäten wie Dart- oder Kartenspielrunden wurden auch aufgenommen. Zu den *inneren Merkmalen* zählen die Vorgänge innerhalb der Kneipe. Wichtige Fragen waren: Welches Milieu ist vorzufinden? Gibt es einen Überhang an Männern oder Frauen? Wie ist die Altersstruktur? Wie offen oder verschlossen wirkt die Gästeschaft gegenüber den Forscher:innen?[3]

In der Entscheidung für einen offenen, transparenten Ansatz wurde ein halbstrukturierter Interviewleitfaden entwickelt. Wichtige Beobachtungen sind direkt in die Leitfadenentwicklung eingeflossen, wodurch die Interviews besser auf die spezifischen Forschungsfragen abgestimmt waren. Halbstrukturierte Interviews bieten in der Kneipenforschung den zusätzlichen Vorteil, dass sie Flexibilität und Struktur zugleich gewährleisten. Sie ermöglichen es den befragten Personen, frei zu erzählen und ihre Gedanken in eigenen Worten auszudrücken, während der Leitfaden sicherstellt, dass alle relevanten Themenbereiche abgedeckt werden (siehe Abb. 1).

Leitfaden Kneipeninterviews	
1	Wie geht es Ihnen heute? Was treibt Sie aktuell um?
2a	Sie sagten gerade, [x] treibt Sie um. Was beschäftigt Sie gerade noch?
2b	Wie wirkt sich [x] auf Ihren Alltag aus?
2c	Was müsste getan werden, damit sich [x] verbessert?
3	Wenn Sie auf Ihr Leben blicken, welche Themen haben für Sie eine wichtige Rolle gespielt?
4	Sie sagten, Thema [x] beschäftigt Sie besonders. Was hat das mit uns, der Gesellschaft zu tun?
5a	Gesellschaft ist ein großes Wort. Wir alle leben in ihr und viele engagieren sich. Wie bringen Sie sich in die Gesellschaft ein?
5b	Was kann getan werden, um die Gesellschaft, in der wir leben, weiter zu verbessern?
6a	Man kann sich auf unterschiedliche Art und Weise für die Gesellschaft engagieren. Welche Formen des Engagements finden Sie besonders gut und warum?
6b	Was fehlt, was könnte es noch geben?
7a	Gesellschaftliche Träger wie zum Beispiel die Volkshochschulen bieten verschiedene Veranstaltungen an, um sich austauschen zu können. Besuchen Sie eine solche Veranstaltung?
7b	[Ja] Was ist gut und was ist verbesserungswürdig an solchen Veranstaltungen?
7c	[Nein] Welche Art von Veranstaltung würden Sie sich wünschen?
8	Wir haben jetzt viel über die Vergangenheit und Gegenwart gesprochen. Wie sehen Sie der Zukunft entgegen?

Abb. 1: Leitfaden für die Kneipeninterviews.

---

[3] Im Projekt wurde eine Liste mit allen besuchten Kneipen erstellt. Kneipen, die für das Vorhaben von geringer Relevanz waren, vor allem jene mit touristischen Gästen, wurden ausgeschlossen. Kneipen, bei denen Sicherheitsbedenken nicht geklärt werden konnten, wurden ebenso aus der Auswahl entfernt. Nach dem Verfahren blieben neun potenzielle Kneipen übrig.

Die Auswertung der gewonnenen Daten erfolgte mit der Grounded Theory, einem besonders flexiblen Ansatz, der dem Prinzip der Offenheit folgt und darauf ausgerichtet ist, Theorien aus den Daten selbst zu generieren. Das Ziel war es, sich mit dieser Feldforschung einem Phänomenbereich anzunähern und ein tiefergehendes Verständnis dafür zu entwickeln.

Von November 2022 bis April 2023 wurden insgesamt 49 Interviews in sieben Kneipen in Görlitz durchgeführt. Die Altersspanne der Teilnehmer:innen erstreckte sich von ca. 30 bis Mitte 60. Über 75 Prozent der befragten Personen waren männlich, was die allgemeine Geschlechterverteilung in den besuchten Kneipen widerspiegelte. Die Dauer der meisten Interviews lag zwischen 8 und 12 Minuten, mit vereinzelten Ausreißern in beide Richtungen. Etwa 24 Prozent der Interviewanfragen waren erfolgreich. Die entspannte Atmosphäre in den Kneipen begünstigte die Interaktion mit den Gästen, die tendenziell redselig und aufgeschlossen für außerordentliche soziale Interaktionen waren. Zum Beispiel gab es eine Interviewerin, die privat Spaß am Dartspiel hat und dies zu ihrem Vorteil nutzen konnte. Ein anderer Interviewer hatte Zugangsprobleme zu einer Kneipe, die vorwiegend von einem politisch rechten Milieu besucht wird. Sein Interesse am Thema Fußball, konkret: Vereinsfußball im Pay-TV, ermöglichte es ihm, an den Abenden, an denen Spiele liefen, sich mit in die Gespräche einzubringen und so allmählich Zugang zum Feld zu gewinnen. In einer anderen Situation in einer kleinen Arbeiterkneipe wurde ein Interviewer ohne ersichtlichen Grund von einem Gast mit Smartphone mit einem YouTube-Video konfrontiert, welches Argumente gegen Umweltaktivismus aufzeigte, und aufgefordert, dazu Stellung zu nehmen. In einer anderen Kneipe wurde derselbe Interviewer bei seinem ersten Besuch noch mit Fahrradhelm im Eingangsbereich von einem Probanden mit „Hier kommt der Lützerather"[4] begrüßt. Es schien, dass seine Tätigkeit als Interviewer, sein äußeres Erscheinungsbild und sein Verhalten stereotype Zuschreibungen hervorriefen, die zu solch einer Reaktion führten.

Insgesamt zeigt die Auswertung der Interviews eine Trennung zwischen Themen, die die individuelle Mikroebene betreffen, und Themen, die auf die gesellschaftliche Makroebene verweisen (vgl. Abb. 2).

Der erste Bereich umfasst Themen, die der *individuellen Mikroebene* zuzuordnen sind, die einen direkten Einfluss auf den Alltag der befragten Personen haben. Diese Themen sind durch einen persönlichen biografischen Bezug gekennzeichnet und positiv wie negativ besetzt. Die befragten Personen setzen sich intensiv mit diesen Themen auseinander, da sie hier diejenigen sind, die Entscheidungen treffen. Ihr Handeln hat direkte Auswirkungen auf ihr eigenes Leben. Das häufigste Thema, das die befragten Personen auf der individuellen Mikroebene, also in ihrem Alltag, beschäftigt, ist der eigene „Beruf", der als stressig und zeitintensiv empfunden wird. Die eigene Arbeit wird

---

4   Lützerath war eine kleine Siedlung im rheinischen Braunkohlerevier, die 2023, nach Protesten und großen Widerstand durch Umweltaktivist:innen, zugunsten des Tagebaus abgerissen wurde. Die Proteste erzielten große medienöffentliche Resonanz und wurden Teil der Debatte darüber, wie radikal Klimaproteste sein dürfen.

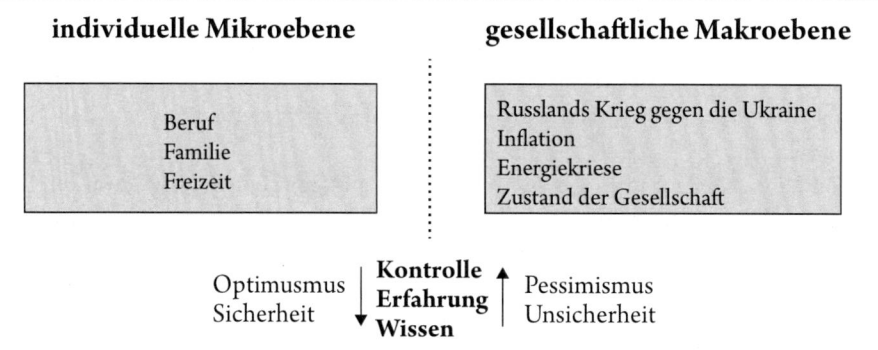

Abb. 2: Themen auf der Mikro- und Makro-Ebene des Sozialen.

oft als der wichtigste eigene Beitrag für die Gesellschaft gesehen. Für andere Formen gesellschaftlichen Engagements fehlt den meisten anscheinend die Zeit.

> „Indem ich jeden Tag arbeiten will. Das ist eigentlich mein einziges. Jeden Tag arbeiten und abends hier 'ne Runde Dart spielen. Es ist eigentlich fast jeden Tag so." (Interview 006-05)

In den Interviews wurde deutlich, dass die Arbeitsbedingungen und die damit verbundenen Herausforderungen häufig genutzt werden, um Kritik an sozialen und politischen Strukturen zu üben. Ein Beispiel hierfür ist die Situation eines Handwerkers in einem privaten Betrieb, der das Fehlen von Streikmöglichkeiten und fehlende Absicherung kritisiert.

> „[...] wir als Arbeitnehmer in einem privaten Betrieb können da auch nischt bewirken. Ich sage bei größeren die gehen in Streik. Die Post streikt jetzt wieder und da wird gestreikt. Aber wenn wir als Kollegen streiken würden, wir sind elf Kollegen, wenn wir jetzt streiken würden, es wurde auch auf uns zurückfallen. Wir müssten ja so alles wieder aufholen und das geht einfach ni, weil es ist nicht diese Absicherung dahinter hat." (Interview 011-02)

Die eigene schlechte wirtschaftliche Situation und/oder die unzureichenden Arbeitsbedingungen werden in mehreren Interviews thematisiert. Emotional verpackte Kritik an der Politik und abwärtsgerichtete soziale Vergleiche, vor allem mit Ausländer:innen und Fluchtmigrant:innen, wurden gelegentlich zum Ausdruck gebracht, vor allem in Interviews in den von uns so verorteten „Arbeiterkneipen".

> „Was mich beschäftigt, ist die Abzockerei an uns Normalos, sage ich mal. Das ist das, was mich beschäftigt. Das ist nicht richtig. Das kann nicht sein, dass wir immer mehr zahlen, zahlen, und alle anderen kriegen das Geld quasi sonst wo reingeschoben." (Interview 010-05)

Die „Familie" ist das zweithäufigste genannte Thema, wobei das Kümmern um das allgemeine Wohlergehen der Familie besonders oft genannt wird.

> „Also das Wichtigste für mich war die Familie, dass wir alle gesund sind. Das war eigentlich mein Hauptaugenmerk, dass aus meinen Kindern was wird, dass wir alle Arbeit haben." (Interview 005-02)

Weitere Themen wie „Freundschaften", „Gesundheit" und „Hobbys" sowie konkrete Alltagssituationen wie „Umzüge" oder „Reiseplanungen" wurden ebenfalls oft genannt und fallen in diesen Bereich.

Der zweite Bereich umfasst Themen, die der *gesellschaftlichen Makroebene* zuzuordnen sind. Sie betreffen zwar die Gesellschaft als Ganzes, werden aber zugleich von den befragten Personen als persönlich relevant erachtet. Hierzu zählen insbesondere „Russlands Krieg gegen die Ukraine", die Angst vor einer „Inflation" in Deutschland, die „Energiekrise" und die Bewertung des „Zustands der Gesellschaft und der Demokratie". Die befragten Personen fühlen sich oft machtlos, da sie wenig Einfluss auf die Entwicklung dieser gesellschaftlichen Probleme haben. Aus der empfundenen Handlungsohnmacht auf der gesellschaftlichen Makroebene resultiert eine stärkere Orientierung zur individuellen Mikroebene als einem Raum mit eigenen Handlungsmöglichkeiten.

> *„Ich sag es mal, man kann nicht viel ändern an der globalen Situation, ob es hier Krieg oder Pandemie gibt, man kann seinen kleinen Teil dazu beitragen, aber im Endeffekt ist man doch auf sich allein gestellt oder auf die Freunde."* (Interview 010-05)

Dennoch äußern die befragten Personen zum größten Teil Interesse an gesellschaftlichen Themen. Oft haben sie Sorgen, dass sich Krisen auf den privaten Bereich „Familie" und „Arbeit" negativ auswirken könnten. *„Und hm ja, muss schon auch gucken, dass man selber und seine Familie einfach unbeschadet, sei es mal durch die Krisen bringt."* (Interview 010-02) Zur Erhebungszeit war die Wirtschaftskrise noch kaum im Leben der befragten Personen angekommen. Somit bestand eine auffallende Diskrepanz zwischen konkreter Betroffenheit und geteilter Sorge.[5]

In den meisten Aussagen über gesellschaftliche Phänomene zeigt sich, dass die befragten Personen tendenziell wenig über die Phänomene und deren Vielschichtigkeit wissen und daher keine Lösungsansätze anbieten können. Gleichzeitig lehnt ein Teil ab, was politische Akteur:innen bezüglich der Probleme unternehmen, und zeigt Unverständnis für politische (demokratische) Vorgänge und das Ausbleiben eindeutiger politischer Entscheidungen.

> *„Ich muss nur sagen, wenn ich hör, wenn die Grünen jetzt rumsülzen, was sie wollen, alles verbessern. Und dann merken sie, aktuell geht das nicht alles. Wenn die CDU jetzt sagt, was die jetzige Partei falsch macht, die haben das die zehn oder 16 Jahre, die sie gemacht haben, haben sie ja das nicht verändert."* (Interview 001-05)

Das Gefühl eigener politischer Machtlosigkeit kommt in einigen Interviews zum Ausdruck. Oben-Unten-Vergleiche deuten auf eine soziale Selbstverortung, sich als Teil einer marginalisierten Gruppe im politischen Raum zu begreifen. Zugleich legt ein Teil der interviewten Personen die Haltung nahe, dass sich die eigene Gruppe als Kollektiv der so empfundenen politischen Marginalisierung erwehren muss.

---

5   Auch bei anderen Großkrisen jüngeren Datums, wie in der „Weltfinanzkrise" von 2007/2008 oder in der „Migrationskrise" ab 2015, war eine Diskrepanz zwischen konkreter Betroffenheit und Sorge als Muster zu erkennen.

"Leute, geht auf die Straße, es hat auch nicht viel gebracht. Also für meine Belange, nee. Klar, wenn wir uns nicht wehren, kann nichts passieren. Also zum Positiven. Man kann eigentlich nur an die Obrigkeit appellieren. Es ist so, was willsten machen?" (Interview 005-02)

Dadurch entsteht ein Unverständnis gegenüber gesellschaftlichen Vorgängen, das mitunter zu Ärger und Frustration führen kann. Im individuellen Mikrobereich verfügen die befragten Personen hingegen über Kontrollmöglichkeiten und persönliche Erfahrungen, was es ihnen ermöglicht, negative Auswirkungen abzuschätzen und Probleme aktiv anzugehen. Sie sind mit den Herausforderungen vertraut und können Lösungsansätze entwickeln.

Bei der Frage nach der Einschätzung der persönlichen Zukunft sieht mehr als die Hälfte der Befragten ihre Zukunft positiv. Ein weiteres Viertel sieht die eigene Zukunft durchweg negativ, ein letztes Viertel zeigt ein geteiltes Antwortverhalten. In Bezug auf die Einschätzung der Zukunft der Gesellschaft vergrößert sich das Lager der pessimistischen Personen. Die Frage nach der Zukunft der Gesellschaft ist oft an externe Bedingungen geknüpft, die den zukünftigen Verlauf positiv oder negativ beeinflussen können. Die persönlichen Erfahrungen und das Gefühl, die eigene Zukunft eher kontrollieren zu können, stehen bei der Beurteilung der eigenen Zukunft stärker im Vordergrund. Der negative Blick auf die gesellschaftliche Zukunft ist von Distanz und Unsicherheit zu den genannten gesellschaftlichen Phänomenen geprägt.

Die Interviews haben gezeigt, dass überregionale Themen mit starker medialer Präsenz, wie der Angriffskrieg Russlands und die Inflation, bei der Mehrheit der befragten Personen größeres Interesse weckt. Diese Themen wurden über den gesamten Erhebungszeitraum hinweg genannt. Es zeigte sich auch, dass die befragten Personen einen starken Wunsch nach gesellschaftlichem Dialog und respektvollem Austausch hatten. Sie reagierten in der Regel positiv, wenn ihnen vermittelt wurde, dass sie die Gelegenheit haben, ihre Meinungen offen zu äußern und gleichzeitig einen wertvollen Beitrag für die Gesellschaft zu leisten. Diese Erkenntnisse sollten für ein neues Debattenformat gezielt aufgegriffen werden.

Teil 2: Diskussionsformat „Görlitz debattiert"

Für die Entwicklung eines neuen Debattenformats im Bereich der politischen Bildung konnte die Kneipenforschung wichtige Impulse liefern. So zeigte sich, dass es Kneipen gab, in denen ein sehr homogenes Milieu anzutreffen war. Das neue Format zielte darauf, verschiedene Milieus zusammen an den Diskussionstisch zu bringen – gerade, weil der Wunsch, sich andere Meinungen anzuhören, geteilt wurde. Das neue Debattenformat sollte in einem kommunikativen Raum stattfinden, in dem sich die Teilnehmer:innen wohlfühlen und ungezwungen sprechen können. Während der Beobachtungen in Kneipen wurde außerdem deutlich, dass sich immer wieder neue Gäste zu den Gesprächen bzw. Interviews dazugesellten. Diese Art von Offenheit und die Bereitschaft, mit neuen

Menschen ins Gespräch zu kommen, soll im neuen Format durch Gesprächsrunden mit wechselnden Personenkonstellationen reproduziert werden.

Vor diesem Hintergrund entschied sich das Forschungsteam für ein Diskussionsformat, in dem bereits zutage getretene Meinungsverschiedenheiten thematisiert und diskutiert werden (vgl. Bochmann 2022: 11). Doch ist ein Austausch zwischen unterschiedlichen Personen aus verschiedenen Meinungskulturen überhaupt noch möglich? Diese Frage ist gegenwärtig von elementarer gesamtgesellschaftlicher Bedeutung, da sich ein Trend abzeichnet, in dem „Meinungsblasen" immer stärker auseinandergehen. Im Unterschied zum ersten Teil dieser Studie stand im zweiten Teil weniger das Erleben einer Einzelperson als das Miteinander aller im Fokus. Meinungsbildungsprozesse hängen nicht nur von der individuellen Ebene ab, sondern auch von Gespräch und Dialog. Aufgrund dessen rückte die Betrachtung von Gesprächsnormen, Dialogkultur und Austauschprozessen in den Fokus.

Pro Abend wurden ca. 20 bis 25 Teilnehmer:innen eingeladen, welche sich auf jeweils vier Diskussionstische verteilen. Wir verzichteten auf Vorstellungsrunden; es sollte den Diskutierenden selbst überlassen bleiben, was und wieviel sie von sich mitteilen möchten. Die Gesprächsrunden orientierten sich an sog. World-Cafés, einer Methode, bei der in einem geschützten Raum Kleingruppen intensiv über ein für sie relevantes Thema diskutieren. Eine Gesprächsrunde dauerte jeweils 20 Minuten, in kurzen Pausen erfolgte ein Wechsel. Pro Abend gab es drei Tischwechsel. Die Durchmischung erfolgte dabei so, dass keine Personenkonstellation mehrfach auftreten durfte. Jedes Tischgespräch wurde während der Diskussion per Aufnahmegerät anonymisiert aufgezeichnet. So ergab sich eine Vielfalt an Diskussionskonstellationen, die im Nachhinein ausgewertet werden konnte. Zudem sollte mit drei zufällig ausgelosten Teilnehmer:innen pro Abend ein Prä- und Postinterview geführt werden, um die Veranstaltungen aus Sicht der Teilnehmer:innen zu evaluieren und sowohl die subjektive Wahrnehmung der einzelnen Person als auch das Zusammenwirken aller Personen zu berücksichtigen.

Bei der Vorbereitung der Debatten tauchte im Projekt die Frage auf, ob und, wenn ja, wie wir bei den Teilnehmer:innen natürliches Verhalten beobachtbar machen können. Konkret ging es uns um Faktoren wie Wohlfühlatmosphäre, Lockerheit und Offenheit. Als zuträglich für eine aufgelockerte Stimmung erwies sich etwa der Ort, an welchem die Diskussionsabende stattfanden. Dazu wurde ein Restaurant in einem belebten Viertel in Görlitz ausgewählt. Dies sorgte nicht nur für eine gemütliche Atmosphäre, sondern knüpfte auch an den ersten Teil der Studie an, der in einem ähnlichen Ambiente, in Kneipen, stattfand. Um für einen gedanklichen Rahmen und Diskussionsanstoß zu sorgen, entschieden wir uns jeweils für ein Oberthema („Gegeneinander"; „Untereinander"; „Miteinander"). Auf den Tischen befanden sich anregende Überschriften aus Zeitungsartikeln, um die Diskussion bei Bedarf in Gang zu bringen. Neben einem Hauptmoderator gab es an den einzelnen Tischen jeweils ein/e Expert:in zu dem Thema des Abends. Diese/r erinnerte die Runde an die ausgearbeiteten Kommunikationsregeln und leitete das Gespräch ein, hielt sich ansonsten aber zurück, sobald die Diskussion begonnen hatte. Um Beobachtereffekte auszuschließen, verteilte sich das Forschungsteam flexibel im Restaurant. So konnte Eindrücke der Gesamtstimmung gesammelt werden, ohne die Gespräche zu stören. Dabei ging es nicht darum, die Diskussionsqualität zu bewerten, sondern den Umgang und das Verhalten der Teilnehmenden untereinander zu beobachten.

Die Stimmung bei den drei Veranstaltungen wurde von der Mehrheit der Beteiligten positiv wahrgenommen. Dies bestätigten die befragten Teilnehmer:innen in den Evaluationen, die Moderator:innen an den Tischen und das Kernteam. Die Diskussionsrunden verliefen angeregt. Die Moderator:innen merkten in der Auswertung an, dass sich die Teilnehmer:innen oft schwer taten, einen Einstieg zu finden, was dann die Moderator:innen übernahmen.

Bei den Gesprächsrunden wurde eine breite Palette an Themen angesprochen. Diskutiert wurden unter anderem die Corona-Impfpflicht, Montagsdemonstrationen, die AfD und die damit verbundenen Kontroversen, Migrationspolitik, sowie der Ukraine-Krieg und politische Figuren wie Donald Trump, aber auch Themen, die sich stärker auf die Region und die Stadt bezogen. Mit anderen Personenkonstellationen änderten sich auch die Inhalte. Es fiel auf, dass die Themen in schneller Folge behandelt wurden, was bemerkenswert war, da jedes dieser Themen potenziell zu intensiven und kontroversen Diskussionen hätte führen können. Es schien, als ob der schnelle Themenwechsel eine Strategie darstellte, um potenziellen Konflikten und einer Eskalation der Diskussion aus dem Weg zu gehen. Die Teilnehmenden zeigten sich respektvoll, unterbrachen sich nicht gegenseitig und formulierten klar ihre Ansichten.

Es trafen Personen verschiedener Generationen mit unterschiedlichen beruflichen Hintergründen und politischen Ansichten aufeinander. Bei einigen Gesprächsrunden fiel dies nicht stark ins Gewicht, bei anderen sorgte es wiederum für eine ungleichmäßige Diskussionsdynamik, da einige Personen bestimmte Themen besser besetzen konnten und somit mehr Gesprächsraum einnahmen. Auch der sozioökonomische Status könnte dabei eine Rolle gespielt haben. Dennoch war jede Gesprächsrunde besonders, da sich die Rahmenbedingungen durch den Personenwechsel und die unterschiedlichen Expert:innen an den Tischen von Runde zu Runde veränderten. Dies verdeutlicht, dass eine Diskussion nichts Archetypisches ist, sondern stark von ihren Partizipant:innen und den Rahmenbedingungen abhängt. Auch waren Effekte zu beobachten, die in der Durchführung im sozialen Umfeld unvermeidbar, aber schwer einzukalkulieren waren.[6] An einer der Veranstaltungen nahm der Görlitzer Oberbürgermeister Octavian Ursu teil. Interessant zu beobachten war, wie sich die Gesprächsdynamik mit einem professionellen Politiker am Tisch veränderte. Die anderen Teilnehmer:innen hörten eher zu als sich selbst zu Wort zu melden. Bei neuen Themen bat Ursu darum, als einer der ersten seine Meinung einzubringen zu dürfen. Dies verdeutlichte, dass das Format am besten unter den Bürger:innen mit einer flachen Hierarchie funktioniert.

---

[6] Einige Teilnehmer mussten zeitiger gehen, was die Durchmischung an den Diskussionstischen beeinflusste. Auch gab es ab und an Missverständnisse, da wichtige Informationen während der Diskussion nicht gehört oder vergessen wurden. Dies zeugte allerdings auch von einer hohen Beteiligung der Personen in die Debatten.

In den Evaluationen nach den Veranstaltungen zeigte sich vor allem, dass die Teilnehmer:innen es genossen, „mit Menschen ins Gespräch zu kommen, die anders ticken". Auch die wertschätzende, angenehme Atmosphäre, die Freundlichkeit und gute Organisation wurden von vielen Befragten gelobt. Viele der befragten Personen seien vorurteilsfrei und ohne große Erwartungen zu der Veranstaltung gekommen, hieß es. Die befragten Personen kritisierten mitunter, dass die Zeit der jeweiligen Gesprächsrunden zu knapp bemessen war. Ursprünglich sollte viel Abwechslung ermöglicht werden, um die Teilnehmer:innen nicht zu ermüden und einen vielfältigen Einblick zu erlangen. Da die Gespräche aber sehr angeregt waren, reichte die Zeit nicht immer aus. Kritisiert wurden auch Unterschiede bei den Tischmoderationen, da manche Einwürfe mitunter unterbrechend wirkten. Anderen Teilnehmer:innen war die Atmosphäre und auch die Aufteilung in kleine Gesprächstische zu intim. Sie hätten sich eher eine größere Gesprächsrunde gewünscht. Ein Teil der Befragten hätte sich noch stärker unterschiedlichere Meinungen gewünscht, da es wichtig sei, einen Austausch mit „anders Gesinnten" zu führen, da selbst dort Gemeinsamkeiten entstehen könnten. „Wenn man schafft, irgendwie wohlwollend miteinander umzugehen, kann das auch gelingen, so eine Debatte", sagte ein Teilnehmer. Etwa ein Viertel der Teilnehmer:innen besuchte gleich mehrere der Diskussionsabende, was als positive Resonanz auf das Debattenformat interpretiert werden kann. In einer der Evaluationen wurde geäußert: „Es hat mir Lust gemacht auf mehr, mehr solche Gespräche zu führen."

Insgesamt zeigte sich, dass die Debatten funktionierten. Die Menschen waren in der Lage, aufeinander zuzugehen und vernünftig miteinander zu reden. Wie sich der Rahmen auf das jeweilige Gespräch auswirkt, zeigte sich an den Diskussionsabenden ganz deutlich. Andere Menschen bringen andere Rahmenbedingungen mit, das führt zu ganz unterschiedlichen Ergebnissen. Die Gesprächsrunden an den Tischen haben dazu beigetragen, dass sich die Teilnehmer:innen besser kennenlernen konnten, auch wenn ihre Meinungen und Lebensumstände sehr unterschiedlich sind. Dies könnte dazu führen, dass sie sich künftig freundlicher und verständnisvoller begegnen. In einer Zeit, in der die Gesellschaft als stark gespalten empfunden wird, stellt das Debattenformat ein Angebot für Begegnungen und den Austausch zwischen verschiedenen Menschen dar, das Potenziale für eine bessere demokratische Gemeinschaft bietet.

Abb. 3: Görlitz debattiert, Teil 2: Untereinander. Thema: Politik. Görlitz 07.12.2023
Künstler: Dimitar Stoykow.

Abb. 4: Görlitz debattiert, Teil 3: Gegeneinander. Thema: Gesellschaft. Görlitz 14.12.2023.
Künstler: Dimitar Stoykow.

Fazit und Ausblick

Als 2019 eines der Mitglieder des Forschungsteams, seines Zeichens Politikwissenschaftler, eine der im ersten Teil des Projekts untersuchten Kneipen privat besuchte, wurde er in ein Gespräch über die „große Politik" verwickelt. Zunächst schien es, als sei dies ein freundliches, allgemein gehaltenes Gespräch über die Themen der Zeit: Wirtschaft,

Arbeit, Gesellschaft, Migration. Ein paar Bier später jedoch drehte sich das Gespräch überraschend in die entgegengesetzte Richtung. Zunächst fluchte der Gesprächspartner über seine Arbeit, kam dann aber schnell zu der von ihm so genannten „Asylantenwelle, die uns überschwämme". Im Politikerwissenschaftler reifte die Idee, ihm bekannte Phänomene, die scheinbar in Ostdeutschland vorherrschend sind, an ganz bestimmten Orten, in Kneipen, zu untersuchen.

Mit dem in diesem Beitrag vorgestellten Projekt haben wir versucht, die eingangs beschriebenen Phänomene, die man unter der Bezeichnung „Staatsskeptizismus" zusammenfassen könnte, sowie Risse in der Gesellschaft und deren Gründe zu erforschen. Wir entschieden uns für eine qualitative Studie auf Basis der Grounded Theory, die in Görlitzer Kneipen durchgeführt wurde. Durch die Verbindung zur Volkshochschule Görlitz bestand eine Aufgabe darin, aus den erhobenen Daten und deren Auswertung praktische Implikationen für die politische Bildungsarbeit abzuleiten.

Auf die von Mau (2024) gestellte Frage, warum der Osten anders bleibt, konnten wir im Projekt erste Antworten finden. Ebenso konnten wir ein Format der politischen Bildung entwickeln und erfolgreich testen. Insgesamt ist die Studie als ein erster Schritt der Phänomenerfassung und -beschreibung zu sehen. Die 49 geführten Interviews und die etwa 60 Teilnehmer:innen beim Debattenformat gaben dabei genauere Einblicke in die vielzitierte Phrase „So isser, der Ossi" (SPIEGEL 35/2019).

Die Landtagswahlen Anfang September 2024 stellen für Sachsen und Thüringen eine Zäsur dar. Erstmals konnte in Thüringen die AfD die meisten Sitze im Parlament erringen und gleichzeitig aufgrund ihres guten Ergebnisses eine Sperrminorität erlangen. In Sachsen wurde die AfD knapp zweitstärkste Kraft hinter der CDU. Empirische Untersuchungen wie die Kneipengespräche sind weiterhin nötig und sollten angesichts der politischen Lage in jedem Fall vertieft werden. Formate wie „Görlitz debattiert" als Instrument der politischen Bildung sind womöglich wichtiger denn je. Die Zukunft wird zeigen, inwieweit sich die politische Lage in Sachsen und Thüringen, aber auch in den anderen ostdeutschen Ländern und in der Bundesrepublik insgesamt, verändern wird.

Literatur

Bochmann, Cathleen (Hrsg.) (2022): Bürgerdialoge in Zeiten der Krise. Ethnomethodologische Fallstudien aus Sachsen. Wiesbaden: Springer VS.

Decker, Oliver / Kiess, Johannes / Heller, Ayline / Brähler, Elmar (Hrsg.) (2022): Autoritäre Dynamiken in unsicheren Zeiten. Neue Herausforderungen – alte Reaktionen? Leipziger Autoritarismus Studie 2022. Gießen: Psychosozial-Verlag.

Dimap – Das Institut für Markt- und Politikforschung (2024): Sachsen-Monitor 2023. Ergebnisbericht. Bonn: Dimap.

Dröge, Franz / Krämer-Badoni, Thomas (1987): Die Kneipe. Zur Soziologie einer Kulturform oder „2 Halbe auf mich!". Frankfurt a. M.: Suhrkamp.

Flick, Uwe (2021): Qualitative Sozialforschung. Eine Einführung. Reinbek: Rowohlt.

Gohla, Vera / Hennicke, Martin (2023): Ungleiches Deutschland. Sozioökonomischer Disparitätenbericht 2023 (FES diskurs). Bonn: Friedrich Ebert Stiftung.

Heidig, Jörg (2022): Heimat, Wut und Trauma. Sachsen und der „gefühlte Krieg". Quitzdorf: Verlag Jörg Heidig.

Mannewitz, Tom / Rudzio, Wolfgang (2022): Wahlverhalten: Soziale Merkmale und aktuelle Orientierungen. In: Dies.: Das politische System der Bundesrepublik Deutschland. Wiesbaden: Springer VS, S. 173–211.

Mau, Steffen (2024): Ungleich vereint: Warum der Osten anders bleibt. Berlin: Suhrkamp.

Vogel, Lars / Lorenz, Astrid / Pates, Rebecca (Hrsg.) (2024): Ostdeutschland: Identität, Lebenswelt oder politische Erfindung? Wiesbaden: Springer.

Zick, Andreas / Küpper, Beate / Mokros, Nico (Hrsg.) (2023): Die distanzierte Mitte. Rechtsextreme und demokratiegefährdende Einstellungen in Deutschland 2022/23. Bonn: Dietz.

JULIAN NEJKOW, M. A.
Görlitz

PHILIPP KENNTNER, B. A.
Bonn

PROF. DR. NADINE JUKSCHAT
Hochschule Zittau/Görlitz, Fakultät Sozialwissenschaften,
Furtstraße 2, 02826 Görlitz, nadine.jukschat@hszg.de

LUCIA MÜHL, B. A. (CAND.)
Hochschule Zittau/Görlitz

LIVIA KNEBEL, B. A.
Görlitz

JONATHAN HINDEMITH, B. A.
Volkshochschule Görlitz

CHRISTIANE SCHMIDT, M. A.
Volkshochschule Görlitz

ALLGEMEINER TEIL

KARL-MARTIN HENTSCHEL

Wie retten wir die Demokratie?

Warum die AfD gewählt wird und wie wir der Wut begegnen können

How to Save Democracy?
Why the AfD is Gaining Votes and How We Can Deal with Anger

KURZFASSUNG: Dieser Essay geht von der Frage aus, warum viele Wähler:innen der AfD ihre Stimme geben, obwohl sie damit gegen ihre eigenen Interessen handeln. Er identifiziert als Ursachen nicht Einwanderung, sondern langfristige gesellschaftliche Veränderungen und wachsende Ungleichheit, die das Vertrauen in die Demokratie zerstören. Nachdem der Autor Konsequenzen der AfD-Erfolge für die Parteienlandschaft skizziert, zeichnet er Umrisse eines neuen gesellschaftlichen Paradigmas, das zur Überwindung der gegenwärtigen Krisensituation beitragen soll.
Schlagwörter: AfD, Populismus, Fremdenfeindlichkeit, soziale Ungleichheit, Demokratie, Klassengesellschaft, Paradigma, Gleichgewicht

ABSTRACT: This essay takes as its starting point the question of why many voters cast their vote for the AfD, even though they are acting against their own interests. It identifies the reasons not to be immigration, but long-term social changes and growing inequality that are destroying trust in democracy. After outlining the consequences of the AfD's success for the party landscape, the author draws the outlines of a new social paradigm that should contribute to overcoming the current crisis situation.
Keywords: AfD, Populism, Xenophobia, Social Inequality, Democracy, Class Society, Paradigm, Equilibrium

Das Paradox der AfD-Wähler und das Problem der Demokratie

Dr. Holger Stienen aus Wentorf bei Lübeck, Ex-Referent der AfD-Bundestagsfraktion, amtierender Vorsitzender der AfD-Kreistagsfraktion im Kreis Herzogtum-Lauenburg, verkündete auf Facebook: „Wir brauchen mal ein paar Jahre einen totalitären Staat alter Prägung, um mit dem Gesocks aufzuräumen [...]." (zit. nach Kürschner 2024). Fachleute sprechen von einem *Paradox*: Die AfD hat ein Programm, das Reiche stark begünstigt und dessen Umsetzung für arme Menschen schlimme Auswirkungen hätte

(AfD 2016). Exemplarisch dafür sind die Forderungen nach Streichung von Sozialleistungen, gegen Mieterschutz, gegen Sozialwohnungen, für Steuersenkungen für Reiche und Großkonzerne wie die Abschaffung der Erbschaftssteuer und des Solidaritätszuschlages – beides Abgaben, die überwiegend nur von dem reichsten ein Prozent der Gesellschaft bezahlt werden. Noch absurder ist es, dass die AfD bis zu den Protesten der Bauern diesen die Hälfte ihres Einkommens wegnehmen wollte – durch Streichung der EU-Subventionen. Die Partei will eine Abschottung Deutschlands vom Weltmarkt und würde damit Millionen von Arbeitsplätzen zerstören. Auch will die AfD ausgerechnet den neuen Bundesländern, wo sie am meisten gewählt wird, die Einnahmen radikal kürzen, indem der Länderfinanzausgleich reduziert wird. Und natürlich lehnt die AfD jeglichen Klimaschutz ab – auch das 49€-Ticket oder Radwegeausbau.

Fazit: Ihr Programm richtet sich gegen ökonomisch Schwache – insbesondere gegen den ländlichen Raum und besonders gegen die neuen Bundesländer – und bevorteilt einseitig reiche Menschen, denen die Umwelt egal ist (Göllert/Reichelt 2024). Aus diesem Grund ist es verwunderlich, dass Menschen mit geringeren Einkommen und aus den neuen Bundesländern deutlich überproportional AfD wählen. Wer etwas daran ändern will, muss also verstehen, was die Ursachen sind.

Fremdenfeindlichkeit hat wenig mit Einwanderung zu tun

Erklärt wird das Paradox meist damit, dass die AfD-Wähler*innen gegen Einwanderung sind und deshalb die anderen Themen keine Rolle spielen. Aber stimmt das so? Ja, auf den ersten Blick stimmt das: Die Ablehnung von Migration geht offensichtlich einher mit *Fremdenfeindlichkeit*. Sie ist meist verbunden mit der Suche nach einem *starken Führer*, der bewusst chauvinistisch auftritt: mit Kettensäge wie Präsident Milei in Argentinien, mit sexistischen Sprüchen wie Trump oder mit nacktem Oberkörper auf dem Pferd in der Natur wie Putin.

Gut festmachen lässt sich dies an der These, dass bestimmte Religionen wie der Islam intoleranter seien als zum Beispiel das Christentum. Sie ist offensichtlich falsch. In den Jahrhunderten vor der Industrialisierung, als der Orient noch mit Damaskus und Bagdad als Zentren der alten Welt und der großen Handelsstraßen sehr reich war, während Europa eine bettelarme und wegen der dichten Wälder und vielen Sümpfe unwegsame Gegend am Rande der Welt war, war der Islam sehr weltoffen und tolerant. Das Christentum dagegen war sektiererisch und intolerant. Der schlimmste Krieg aller Zeiten in Deutschland war der Dreißigjährige Krieg, ein Religionskrieg in dessen Verlauf ein Drittel der Bevölkerung im Deutschen Reich umkam – in einigen Provinzen waren es sogar zwei Drittel.

Bei den Jägern und Sammlern diente das Revierverhalten der Verteidigung der Ressourcen der Gruppe oder des Stammes gegen Eindringlinge, die wegen der Verknappung der Ressourcen (Dürre, Wassermangel, Hungersnot usw.) in benachbarte Territorien einfielen, um zu überleben. Später, nach der Staatenbildung, wurden auch Mitmenschen, die anders waren, zu Feinden: andere Religionen wie die Katholiken oder die Juden, anders Aussehende wie die Roma oder fiktiv konstruierte Feinde wie die Hexen – so in den Jahrzehnten nach dem Dreißigjährigen Krieg. In den USA richtete sich der Chauvinismus gegen Indianer, Schwarze, Iren, Italiener, Juden, Chinesen, Japaner, Mexikaner und schließlich gegen die „Latinos" überhaupt. Dieser Ausgrenzungsmechanismus hat also nur indirekt mit Einwanderung zu tun, wie man es heute in Europa und der USA häufig vermutet. Denn die Wahl rechtschauvinistischer Politiker findet weltweit statt – so in Indien, Brasilien, in Argentinien, in vielen arabischen Staaten, in Russland, aber auch in Ungarn, Polen und Italien. In den meisten dieser Staaten wandern Menschen eher ab oder aus als ein. Migranten sind also nicht Ursache, wohl aber eine Projektionsfläche für die Fremdenfeindlichkeit.

Vertrauensverlust in die Demokratie und die Frage der Ungleichheit

Entscheidend ist allerdings, dass das Vertrauen in die Demokratie im neuen Jahrtausend erheblich abgenommen hat. Wurde im Jahr 2000 noch die Hälfte der Menschheit mehr oder weniger demokratisch regiert, so kommen die entsprechenden Untersuchungen heute nur noch auf 30 Prozent. Ein rapider und erschreckender Rückgang der Demokratien. Eine Umfrage des NDR im Oktober 2023 hat ergeben, dass 54 Prozent, also nur noch gut die Hälfte der Bürger damit zufrieden ist, wie in Deutschland die Demokratie funktioniert (NDR 2024). In Mecklenburg-Vorpommern sind es nur noch 32 Prozent. Dabei halten grundsätzlich drei Viertel (77 Prozent) die Demokratie für die beste Staatsform (NDR 2024).

Schaut man genauer hin, dann hängt die Antwort vor allem von der sozialen Lage der Menschen ab. 47 Prozent schätzen ihre wirtschaftliche Lage als gut oder sehr gut ein. Von diesen Menschen sind zwei Drittel (70 Prozent) mit der Art und Weise zufrieden, wie die Demokratie funktioniert. Dagegen bezeichnen 16 Prozent ihre Lage als schlecht oder sehr schlecht. Und bei diesen Menschen ist es genau umgekehrt. Zwei Drittel von ihnen (70 Prozent) sagen, dass die Demokratie nicht gut funktioniert (Göllert/Reichelt 2024). Das ist ein signifikanter Unterschied. Wohlhabende finden Demokratie gut, Arme zweifeln an ihr. Man kann es auch so ausdrücken: Wenn die Ungleichheit in einer Gesellschaft wächst, dann wächst auch das Misstrauen in die Demokratie.

Dass die Menschen in Argentinien an ihrer Demokratie zweifeln, kann man angesichts der Krise mit Hyperinflation und hoher Arbeitslosigkeit gut verstehen. Aber warum zweifeln Menschen in Deutschland? Sind wir nicht eines der bestregierten Länder der Welt? Wir haben gut zu essen, noch nie wurden die Menschen so alt und wir haben zuletzt pro Kopf 10-mal so viel exportiert als China und immerhin dreimal so viel wie die USA und unserer früherer Angstkonkurrent Japan (CIA 2024). Was ist also los, dass die Menschen so unzufrieden sind?

Wenn wir umso glücklicher würden, je mehr Wohlstand wir haben, dann wäre das nicht erklärbar. Aber so ist es nicht. Die Menschen vergleichen sich vor allem erstens mit ihren Nachbarn und zweitens damit, wie es gestern war. Nach dem Krieg ging es 40 Jahre bergauf – das war das goldene Zeitalter des Kapitalismus, in Deutschland sprach man vom Wirtschaftswunder. Zum einen stieg der Wohlstand und zum ersten Mal fühlte sich die Masse der Arbeiter als „Bürger". Zum anderen aber nahm in allen westlichen Demokratien die Ungleichheit ab. Ganz besonders in den USA mit einem Spitzensteuersatz, der über 30 Jahre lang über 90 Prozent lag. Wer mehr als 1,5 Millionen Dollar nach heutigem Geld verdiente, musste 90 Prozent davon abgeben. Heute unvorstellbar. Auch in Deutschland lagen die Steuersätze Anfang der 1950er Jahre so hoch und dazu kam der Lastenausgleich – alle Reichen mussten die Hälfte ihres Vermögens abgeben! Ebenfalls heute unvorstellbar (Hentschel/Eibl 2024).

Im Jahre 1980 war in Deutschland so eine Mittelschicht von 40 Prozent der Bevölkerung entstanden, der ein Drittel des gesamten Vermögens gehörte – hauptsächlich ein Teil ihrer Häuser. Und auch die Facharbeiter und die Angestellten ohne Haus fühlten sich nun eher als Mittelschicht. Soziologen bezeichnen das als Zwiebelgesellschaft – eine breite Mitte mit einer kleinen Spitze nach unten und einer kleinen Spitze nach oben. Man unterschied keine Klassen mehr, sondern nur noch Milieus.

Aber dann kamen die Ölkrise, der Neoliberalismus und schließlich die große Finanzkrise. In den letzten 30 Jahren landete das zusätzliche Vermögen überwiegend bei einer kleinen Schicht von einigen Tausend Multimillionären und etwa 200 Milliardärsfamilien. Und die meisten dieser Familien haben diesen Reichtum geerbt – mehr als die Hälfte gehörte schon im Kaiserreich zu den oberen ein Prozent, ein Viertel erwarb sein Vermögen während des Naziregimes (Albers u. a. 2020).

Aber die Menschen fühlen sich nicht nur ungerecht behandelt. Es kam in den letzten Jahren einfach zu viel auf sie zu. Soziologen sprechen von einer „Verlust-Eskalation" (Markwardt 2024). Die große Finanzkrise und die anschließende Euro-Krise erschütterten das Vertrauen in die Sicherheit der Wirtschaft. Immer lauter läuten nun die Alarmglocken der Klimawissenschaftler. Dann kam auch noch die Corona-Pandemie dazu. Dann zuletzt noch der Ukraine-Krieg und die Gaskrise. Nur 9 Prozent der Menschen glauben heute noch, dass es den Kindern einmal besser gehen wird als uns.

Die Menschen erwarten „Führung"

In so einer Situation entsteht ein fundamentales Bedürfnis nach Handlungsfähigkeit und Kontrolle (Decker/Weißschädel 2020). In Krisensituationen suchen die Menschen eine Autorität. Wenn sie die nicht finden, glauben sie leicht Verschwörungsmythen. Streit, Kritik und Diskussionen in der Demokratie um die bessere Politik signalisieren für viele Menschen dann nur noch Schwäche der Führung. Nicht jede Autorität ist verwerflich. Die neue Autorität kann links und demokratisch sein wie Roosevelt, der in den USA das Sozialsystem durchsetzte. Es kann auch ein Wahnsinniger sein wie Hitler, der das Land ins Verderben führte.

Die Scholz-Regierung versuchte dem Wunsch nach Handlungsfähigkeit gerecht zu werden. Hatte Merkel auf Grund der Ängste und Befindlichkeiten die Probleme lieber ausgesessen, so kam jetzt ein Gesetz nach dem anderen. Erst Corona – dann Ukraine, dann die Sicherung der Energie im letzten Winter – alles mit Verve durchgezogen. Gleichzeitig wurde sozialpolitisch umgesteuert mit der Erhöhung des Mindestlohns, mit Bürgergeld, Wohngeld, Kindergeld sowie dem Deutschlandticket. Dazu kamen über 20 Gesetze, um Deutschland klimaneutral zu machen: Netzausbau, Speicherausbau, Windflächenausweisung, PV-Gesetz, Heizungsgesetz, Mieter/Vermieter-Gesetz usw. Zum ersten Mal sanken 2023 die Emissionen rascher als gedacht – mehr als 10 Prozent in einem Jahr (Umweltbundesamt 2024).

Und doch kippte im Sommer 2023 die Stimmung. Wer viel macht, ärgert auch viele. Die Regierung drang medial nicht mehr durch. Vermutlich spielte die Uneinigkeit in der Koalition, die auch noch öffentlich ausgetragen wurde, dabei eine zentrale Rolle. Die FDP rutschte unter die 5-Prozent-Marke und fing an, undiszipliniert Querschläge auszuteilen. Dazu kam das Belohnungssystem im Internet, das jede Provokation, jede Aufregung, jede verrückte Meldung mit Clicks und damit mit Werbeeinnahmen belohnt. Und die Richtigstellungen werden dann nie mehr gelesen. Im Fußball wird in einer solchen Situation der Trainer gewechselt. Tatsächlich zog nun der Kanzler die Reißleine. Es fragt sich nur, mit welchem Ergebnis.

Die neue Klassengesellschaft

Es reicht aber nicht, auf das schlechte Management in der Politik hinzuweisen. Die Krise geht tiefer. Der Soziologe Andreas Reckwitz analysiert, dass die fast klassenlose Mittelstandsgesellschaft der Nachkriegszeit (Zwiebelgesellschaft) mit einer breiten Mittelschicht und einer kleinen Spitze nach oben und einer kleinen Spitze nach unten auseinandergebrochen ist in eine neue Klassengesellschaft (Reckwitz 2019). Die alte, durch Fabrikarbeit, Fordismus, starke Gewerkschaften und Betriebsräte geprägte Gesellschaft wurde abgelöst durch eine postmoderne Bildungsökonomie. Nun tragen Forschung, Entwicklung, Design und Marketing mehr zum Wert der Produkte bei als die materielle Herstellung. Das gilt sogar für profane Gegenstände wie einen Nike-Turnschuh. Deshalb besteht der Wert einer Firma nicht mehr vorrangig aus Immobilien und Maschinen, sondern aus Patenten, Labeln, Markenrechten und dem Knowhow der Mitarbeiter. Die Zahl der Industriearbeiter hat sich seit 1960 von 45 % auf 20 % mehr als halbiert, die der Informationsarbeiter verdreifacht!

Reckwitz identifiziert in der postkapitalistischen Moderne, wie er unsere Gesellschaft nennt, vier Klassen: 1. Die neue Mittelklasse der Akademiker, die mittlerweile 30 % der Bevölkerung umfasst. 2. Die alte Mittelklasse der Bürger – Facharbeiter, Handwerker, Bauern und Angestellte – mit Berufsausbildung, die diese Bundesrepublik und auch die DDR nach dem Krieg aufgebaut haben. 3. Die neue prekäre Klasse, die einmal aus häufig arbeitslosen Gelegenheitsarbeitern besteht, die oft ganz oder teilweise von Transferleistungen abhängig sind, und zum anderen aus der Service-Klasse – den Paketzustellern, Sicherheitsdiensten, Reinigungsdiensten usw. 4. Und schließlich gibt es das eine Prozent, die Oberklasse, bestehend aus den Reichen, den sehr reichen Multimillionären und der neuen Nadelspitze obendrauf, der Liga der Hyperreichen – den Milliardären.

Diese Klassen haben auch noch sehr unterschiedliche Wertvorstellungen. Während die neue Mittelklasse Selbstverwirklichung anstrebt und befriedigende, anregende Jobs sucht, gilt für die alte Mittelklasse mehr der alte Wert des Pflichtbewusstseins, während die prekäre Klasse nur geringe Erwartungen hat und eher nach dem Prinzip des „muddling-through" und des Hedonismus lebt.

Entscheidend für die aktuelle Politik ist aber, dass mittlerweile die Akademiker, die neue Mittelklasse, die Politik dominieren – auch in den vom Selbstverständnis her früheren Arbeiterparteien wie der Linken und der SPD. Nicht nur im Parlament, auch in den Medien, in vielen Gemeinderäten, in den Bürgerinitiativen, Verbänden, Gewerkschaften und den NGOs dominieren die Akademiker. In den Betrieben wird man ohne Hochschulabschluss kaum noch Gruppenleiter, während früher kompetenten Facharbeitern der Weg über den Meister, den Hallenmeister bis ins mittlere Management offenstand. Das gleiche gilt für die Handwerksbetriebe und sogar für die Bauernhöfe, die zunehmend von „Studierten" übernommen werden.

Der US-Philosoph Michael J. Sandel hat das Phänomen Trump damit erklärt, dass die Demokraten den Menschen weismachen wollten, dass mehr Bildung die Lösung der neuen sozialen Konflikte und der Klassenspaltung sei (Sandel 2020). Obama fuhr von Hochschule zu Hochschule und sagte den Studenten, dass jeder nur fleißig studieren muss und dann eine Chance hat. Im Ergebnis führte das zu einem gnadenlosen Wettbewerb um die Qualifikationen. Aber zwei Drittel der Gesellschaft, die keinen Hochschulabschluss haben, werden dadurch abgewertet und fühlen sich zunehmend abgehängt. Wer in Deutschland nicht aufs Gymnasium kommt, ist schon mit 10 Jahren ein Mensch zweiter Klasse – und fühlt sich auch so. Das erklärt, warum die intellektuellenfeindlichen Ausfälle von Trump so gut ankommen. Warum viele Menschen den „Experten" im Fernsehen nicht mehr glauben. Warum Zweifel an der Wissenschaft oft Anklang finden. Warum ein Bauer neulich sagte, schlimmer als die Grünen seien die studierten Ökobauern usw. Warum Verschwörungstheorien gern geglaubt werden.

Aus der Beobachtung vieler Beteiligungsprozesse habe ich gelernt, dass nur ein Teil der Gesellschaft mehr Teilhabe und Deliberation anstrebt – also mehr Demokratie will. Das gilt insbesondere für den besser gestellten Teil der Mittelklasse. Dagegen erwarten die Unterschichten vor allem Gerechtigkeit und sozialen Zusammenhalt.

Natürlich ist die Wirklichkeit wie immer komplexer. Natürlich gibt es sehr erfolgreiche Handwerker und viele reiche Bauern. Natürlich gibt es Akademiker, die am Hungertuch nagen. Oft ist der Weg von den gut bezahlten Jobs der Wissensökonomie in internationalen Konzernen bis hin zu den mit Mindestlohn vergüteten Jobs der Service-Klasse gar nicht so weit. Und insbesondere viele Frauen mit Kindern müssen trotz guter Ausbildung diese Erfahrung machen. Trotzdem ermöglicht die Reckwitzsche Klassenanalyse ein gutes Verständnis der gesellschaftlichen Gräben Anfang des 21. Jahrhunderts.

Die Auswirkung auf die Parteienlandschaft

Zunächst einmal ist festzustellen, dass die dargestellte Entwicklung hin zur *postmodernen Wissensökonomie* ein weltweiter Vorgang ist. Thomas Piketty, vermutlich der meistgelesene Ökonom der Gegenwart, hat die Wahlergebnisse in allen sogenannten „entwickelten Staaten" seit den 1950er Jahren verglichen und festgestellt, dass überall die ehemals linken Arbeiterparteien zunehmend zu Parteien des Bildungsbürgertums geworden sind (Piketty 2020). Das war insbesondere eine Folge des Bildungsschubs und des Wertewandels der 68er-Bewegung. Dieser Effekt ist in allen reichen Ökonomien zu finden, von den USA über Europa bis hin nach Japan und Neuseeland. In allen Ländern wurden die linken Parteien zunehmend geprägt von der neuen Mittelklasse. Dadurch haben Themen wie die Gleichstellung von Frauen, von Homosexuellen, von Minderheiten, die Abschaffung des Abtreibungsverbots, der Blasphemie-Paragrafen und andere kulturelle Themen an Bedeutung gewonnen. So wurden sie immer mehr zu Parteien des Bildungsbürgertums – teilweise auch in Konkurrenz mit neu entstandenen alternativen und grünen Parteien.

Piketty hat bei der Auswertung der Wahlergebnisse in den wohlhabenden Staaten weltweit nachweisen können, dass spätestens seit der Jahrtausendwende die linken ehemaligen Arbeiterparteien umso mehr gewählt werden, je höher der Bildungsabschluss der Wählenden ist. Auf der anderen Seite nimmt der Einfluss der Intellektuellen auch in den alten konservativen Parteien zu, aber hier spielt das Einkommen für die Wahlentscheidung eine wichtigere Rolle. Diese Entwicklung fand aber nicht in den Schwellenländern und den Ländern des globalen Südens statt – dort haben sich die Parteien völlig anders positioniert.

Entscheidend für unser Thema ist aber die Tatsache, dass es keine Partei mehr gab und gibt, die mit ausreichender Vehemenz die Unterschicht – die neue prekäre Klasse – vertritt, was zu einer dramatisch zurückgehenden Wahlbeteiligung der Unterschichten in allen betroffenen Staaten geführt hat, während die Wahlbeteiligung des Bildungsbürgertums und der Oberschicht unverändert hoch ist. Die alte Mittelklasse wurde weiterhin durch Teile der Abgeordneten in der SPD und den Unionsparteien oder entsprechenden Parteien in anderen Staaten vertreten. Je größer aber die kulturelle Entfremdung zwischen alter Mittelklasse und den Parteien – also der Facharbeiterschaft zur SPD und der Handwerkerschaft zur CDU – wurde, desto mehr entstand ein Vakuum, in das die rechtspopulistischen Politiker geschlüpft sind.

Wo es populistischen Kräften gelang, zeitweilig die konservativen Parteien zu übernehmen (wie in Großbritannien, in Italien oder jetzt in den USA), konnten sie zeitweilig sogar regieren, entfremden sich aber auf lange Sicht von der Neuen Mittelklasse. Deshalb war es für Trump entscheidend, die Unterschichten zu mobilisieren. Dazu sind die Intellektuellenfeindlichkeit und die Migrantenfeindlichkeit die entscheidenden Bindeglieder. Denn während sich die Oberschicht und die Angehörigen der Mittelschicht der Migranten meist relativ problemlos in die Mehrheitsgesellschaft integrieren, stehen die Migranten ohne Ausbildung in direkter Konkurrenz zur prekären Klasse um die Service-Jobs.

Auf der Suche nach einem neuen Paradigma

Andreas Reckwitz zufolge hat jede Phase des Kapitalismus ein eigenes zeitgemäßes *Paradigma* (Weltsicht), also eine dominierende Erzählung, die das politische Handeln prägt – und zwar sowohl das der linken wie der konservativen Parteien. Die Durchsetzung eines neuen Paradigmas ist jeweils Ergebnis einer Krise des vorangegangenen Paradigmas. In einer solchen Krise befinden wir uns zurzeit offensichtlich.

Nach der Weltwirtschaftskrise 1929 setzte sich zuerst in den USA ein *sozial-korporatistisches Paradigma* durch, das nach dem Krieg auch in Europa dominant wurde. Es war die Antwort auf die Folgen der Weltwirtschaftskrise und die wachsenden sozialen und damit auch politischen Probleme im Kapitalismus. Es reichte von Franklin D. Roosevelt und den skandinavischen Wohlfahrtsstaaten bis zu Konrad Adenauer und De Gaulle. Es ist geprägt durch den Ausbau des Sozialstaats (vorwiegend linke Agenda – aber eben auch durch die Konservativen) und durch kulturelle Konformität („Was denken bloß die Nachbarn von uns?" – vorwiegend konservative Agenda – aber auch im sozialdemokratischen Milieu).

Dieses Paradigma geriet in den 1960er Jahren in die Krise und wurde dann in den 1980er Jahren durch das *Paradigma des apertistischen* (öffnenden) *Liberalismus* abgelöst – von den „Reagonomics" über New Labour bis zur deutschen rot-grünen Regierung um die Jahrtausendwende. Diese Phase war durch einen Glauben an Fortschritt und Globalisierung, durch eine liberale und zunehmend unsoziale Wirtschaftspolitik (Neoliberalismus), aber auch durch eine liberale progressive Kultur- und Rechtspolitik geprägt – wobei die linken und konservativen Parteien jeweils nur einige Aspekte des Paradigmas vertraten, andere dagegen ablehnten.

In den Klassengesellschaften vor dem Ersten Weltkrieg (Adel, Bürgertum, Arbeiter und Bauern) dominierte das aufsteigende Bürgertum, während die Arbeiter nichts zu sagen hatten und sich unterdrückt fühlten und es auch waren. Dagegen basierten sowohl das sozial-korporatistische Paradigma der Nachkriegszeit wie das liberal-apertistische Paradigma ab den 1980er Jahren auf dem Vertrauen und der Hoffnung auf bessere Zeiten: Alle können es schaffen. Das Wachstum generiert Reichtum und dadurch wird es künftig allen besser gehen. Die Welt wird friedlicher und wohlhabender.

Dieser Wachstumsoptimismus ist nun verlorengegangen – einmal durch die *große Finanzkrise* und die darauffolgende Euro-Krise, aber auch dadurch, dass der *Klimawandel* und damit die Grenzen des Wachstums ins allgemeine Bewusstsein gelangt sind. Es stellt sich nun die Frage, wie das neue Paradigma für die kommenden Jahre aussehen wird.

Das Dilemma des Populismus

Die Rechtspopulisten nutzen diese Krise und versuchen die Demokratie als handlungsunfähig darzustellen. Aber sie haben keinen Plan, wie die Krise gelöst werden kann. Sie können eine illiberale Demokratie herstellen, in dem sie wie in Polen oder Ungarn die Gewaltenteilung ausschalten und den Öffentlichen Rundfunk zerstören. Sie können eine

Kulturwende gegen die Rechte von Minderheiten, von Frauen, von Einwanderern organisieren. Aber die sozial-ökonomisch-ökologischen Probleme können sie nicht lösen.

Denn die geplante Abschottung Deutschlands ist für ein Land, das 50 % seiner Produktion exportiert, eine absurde Vorstellung. Zum Stoppen der Migration hat der Ökonom und Ungleichheitsforscher Branko Milanović Entscheidendes gesagt (Milanović 2018): Relevante Auswanderung findet statt, wenn der Einkommensunterschied größer als 3:1 ist. Der Unterschied zwischen Mitteleuropa und Zentralafrika ist aber 13:1. Wenn wir daran nichts ändern, werden weder Mauern noch Meere Menschen davon abhalten, hierher zu kommen. Das muss auch Giorgia Meloni in Italien gerade feststellen. Und eine Remigration von 20 Millionen Menschen wäre nur möglich, wenn man sie umbringt. Außerdem könnten wir ohne Einwanderer unsere Wirtschaft gar nicht mehr aufrechterhalten. Und wer soll die Renten finanzieren? Das Ergebnis von populistischen Regierungen war deshalb regelmäßig die Ruinierung der Staatsfinanzen trotz massiver sozialer Einschnitte und eine Schädigung der Wirtschaft, insbesondere der Wissensökonomie.

Es ist wichtig, diese Inkompetenz der Rechtspopulisten immer wieder offenzulegen. Zwar löst das allein nicht das Problem. Denn die Menschen wählen die AfD nicht, weil sie Lösungen hat. Aber sie wollen schon eine Antwort auf die Probleme. Zumindest ein Viertel unserer Bevölkerung – in den neuen Bundesländern sogar ein Drittel – hat nach 15 Jahren Dauerkrise – Finanzkrise, Migration, Klimawandel, Corona, Ukraine – den Eindruck, dass die Regierungen es nicht hinbekommen. Vor allem aber fehlt ein überzeugendes Narrativ, ein Paradigma, das schildert, wohin die Regierung die Gesellschaft hinbewegen will.

Wie könnte ein neues Paradigma aussehen?

Andreas Reckwitz glaubt, dass das neue Paradigma für unsere Gesellschaft ein *regulativer einbettender Liberalismus* sein wird. Ich würde es lieber *Gleichgewichtsparadigma* nennen. Denn wir müssen nach 200 Jahren dynamischem Wachstum der Bevölkerung, des Energie- und des Ressourcenverbrauchs die Gesellschaft wieder in ein Gleichgewicht mit dem Planeten und der Natur bringen. Aber egal, wie das neue Paradigma heißt, viel interessanter ist die Frage, was soll das sein?

Das folgende, von mir skizzierte Paradigma ist ein Entwurf – ein Gedankenmodell – und vielleicht eine Chance, aus der Krise – dem Dilemma – herauszukommen. Es hat, wie jedes Paradigma, drei Dimensionen: die kulturelle, die sozial-ökonomisch-ökologische und die politische.

Die kulturelle Dimension

Die zukünftige Gesellschaft sollte gekennzeichnet sein durch den Gedanken des *Gleichgewichts* anstatt des permanenten Wachstums. Die Menschheit ist Teil eines weltweiten Ökosystems. Daraus ergibt sich eine stärkere Betonung der *Lebensqualität* statt des

Wettbewerbsgeistes, aber auch das Wiederbeleben einer positiven Kultur der Gemeinschaft gegenüber dem Primat des Individualismus.

Zur positiven Kultur gehört auch ein Selbstbewusstsein, dass wir in der Lage sind, für alle Menschen ein gutes Leben zu gestalten. Auch ohne Wachstum von Bevölkerung und Ressourcenverbrauch können wir die Lebensqualität durch unseren Erfindungsreichtum weiter steigern. Dazu muss der Pessimismus überwunden werden, der in linksintellektuellen Kreisen mittlerweile weit verbreitet ist. Wichtig ist auch eine Kultur der *gegenseitigen Anerkennung*, der Würdigung jeder Arbeit und aller Leistungen – um den Graben zwischen den Klassen auch kulturell einzuebnen. Dazu muss auch der Begriff „Solidarität" wieder aufgewertet werden.

Weiterhin brauchen wir eine Rückbesinnung auf den *Wert der öffentlichen Güter* und der öffentlichen Dienstleistungen wie Bildung, Betreuung, Gesundheitswesen, Rente, aber auch Wasser, Wärme, Strom, Internet, Bus, Bahn und, last not least, öffentliche „gepflegte" städtische und ländliche Lebensräume und die Erhaltung der Natur.

Die sozial-ökonomisch-ökologische Dimension

Nötig ist ein *Wiedererstarken des Sozialstaats*, aber auch ein realer *Abbau der Ungleichheit* durch eine progressive Besteuerung der hohen Einkommen und der Vermögen der Superreichen, um der Klassenspaltung die Grundlage zu entziehen. Wenn das nicht gelingt, dann landen wir in einer *Sanduhrgesellschaft* mit einer wachsenden Unterklasse und einer wachsenden neuen Mittelklasse und einer kleinen, aber mächtigen Sahnespitze der Superreichen obendrauf. Das könnte die Demokratie weiter destabilisieren. Denn frustrierte abgehängte Unterschichten sind in allen modernen Demokratien von populistischen Autoritäten gegen die „arroganten" Akademiker mobilisierbar.

Die *Klimapolitik* muss deshalb durch ein wirksames *Klimageld* flankiert werden. Wenn der Eindruck entsteht, dass Klimapolitik nur etwas für die Reichen ist, die sich Photovoltaik, Elektroautos und Wärmepumpen leisten können, dann wird sie scheitern.

Einen Ausstieg aus der Globalisierung kann sich kein Land mehr leisten. Das bedeutet in der Konsequenz *internationale Regulierung* statt nationaler Abschottung. Deswegen braucht die EU eine neue demokratische Verfassung. Nötig ist auch eine internationale Regulierung der Finanzmärkte und der Steuerregeln und das Austrocknen der Steueroasen. Dazu bedarf es eines internationalen Steuerabkommens, wie es die Vollversammlung der UN bereits gefordert hat. Leider sind sich die EU-Staaten oft nicht einig und die EU bremst.

Immer wieder wird die Frage gestellt, ob eine Gleichgewichtsgesellschaft – also die Abkehr vom Wachstum – nicht den Sozialstaat in Frage stellt. Ich denke nicht. Denn der moderne Sozialstaat wurde möglich durch zwei Faktoren: Einmal die fortschreitende Arbeitsteilung. Heute werden weniger als 20 % der Arbeit für die Produktion von Waren benötigt. Die Rechnungen zum Beispiel des Fraunhofer IWES haben ergeben, dass die Transformation zwar den Bedarf an Ressourcen und Energie drastisch reduziert, aber ökonomisch eine rentable Investition mit einer Rendite von 4–7 % darstellt (Hentschel

u. a. 2020). Zweitens wurde der moderne Sozialstaat ermöglicht durch die Fähigkeit, bis zu 50 % und sogar mehr (Skandinavien) des BNE umzuverteilen (Piketty 2020). Zum Vergleich: Bis zum Ersten Weltkrieg hatte die Staatstätigkeit nur einen Umfang von ca. 10 % des BNE. Es gibt keinen Grund, warum dies in einer demokratisch verfassten Gleichgewichtsgesellschaft nicht möglich ist. Der Sozialstaat kann also nicht nur finanziert, sondern auch entsprechend dem Produktivitätsfortschritt ausgebaut werden.

Ein besonders wichtiger Teil des Paradigmas ist eine *Assoziation für Demokratie und Entwicklung*. Gemeint ist eine Wirtschaftsgemeinschaft zwischen Europa und Afrika nach dem Vorbild der ursprünglichen EWG, wie sie von Achille Mbembe, dem zurzeit bedeutendsten Philosophen Afrikas, gefordert wird. Basis der Mitgliedschaft sollen demokratische Standards sein, die durch ein Gericht geprüft werden und zum Ausschluss eines Staates aus der Gemeinschaft führen können. Das bedeutet auch die Abkehr von der paternalistischen Entwicklungshilfe und eine gezielte Struktur- und Entwicklungsförderung durch autonome, demokratisch gewählte Regierungen. Ohne Gleichgewicht und einen akzeptablen Mindestlebensstandard in Afrika kann auch Europa nicht ins Gleichgewicht kommen.

Die politische Dimension

Die Demokratie muss 250 Jahre nach Montesquieu endlich gründlich reformiert werden, um neue Attraktivität zu gewinnen (vgl. zum Folgenden auch Hentschel 2019). Vielleicht kann aus der Verbindung von *Losdemokratie* und *direkter Demokratie* eine neue systematische Einbindung der Bürger in die öffentlichen Prozesse gelingen. Das besondere an den neumodischen Bürgerräten besteht darin, dass hier erstmals alle Klassen der Gesellschaft repräsentativ beteiligt werden. Jede Person hat eine Stimme, von der Schulabbrecherin bis zur Professorin. Noch besser aber wäre es, wenn die Möglichkeit bestünde, solche Bürgerräte durch Volksinitiativen einzuberufen. Und noch besser wäre es, wenn über von zwei Dritteln der Anwesenden verabschiedete Beschlüsse eines solchen Bürgerrates eine Volksabstimmung stattfindet, wenn sie nicht vom Parlament befriedigend aufgegriffen werden. So würde aus einem Bürgerrat mit rein beratender Stimme ein Tribunat, eine neue Institution im Machtgefüge der Demokratie. Ein weiterer wichtiger Schritt zu mehr Bürgernähe ist auch die *Dezentralisierung* (Kommunalisierung) der öffentlichen Aufgaben.

Weiterhin muss die Regierung künftig alle politischen Richtungen repräsentieren (*Konsensregierung*), da der permanente Kampf der Opposition gegen die Regierung das Vertrauen in die Demokratie immer wieder beschädigt und die Gewaltenteilung untergräbt. Das würde auch eine ständige Weiterentwicklung der Parteiprofile ermöglichen, damit die Parteien die sich verändernde Klassen- bzw. Milieustruktur der Gesellschaft jeweils zeitnah abbilden können.

Nötig sind auch neue Formen der *Transparenz*, mit der Abschaffung des Steuergeheimnisses, des Amtsgeheimnisses usw. – auch als Gegensatz zur Privatisierung von öffentlichen Aufgaben. Diskutiert wird auch eine Weiterentwicklung der Gewaltenteilung durch eine *Publikative* (Medienrat, der autonom auf Basis einer Medienverfassung agiert), eine *Regulative* (Steuerung der Wirtschaftsordnung, Kartellrecht) und die *Monetative* (mit einer Finanzverfassung, in der Beschäftigungspolitik und Geldwertstabilität gleichwertig sind). Schließlich bedarf die postkapitalistische Gesellschaft einer neuen Form der *Wirtschaftsdemokratie*.

Auch wenn die Migration nicht die Ursache der AfD-Zuneigung ist (diese ist vielmehr eine Folge von Abstiegs- und Zukunftsängsten und des Gefühls mangelnder Anerkennung), so passt das Feindbild Einwanderer doch in die rechtskonservative Agenda. Entscheidend, um dem zu begegnen, ist daher, die Konflikte zu minimieren durch eine reibungslose Integration: Dazu gehören fünf „So schnell wie möglich …": 1. Deutsch lernen; 2. in die Schule oder in den Kindergarten aufgenommen werden; 3. eine Wohnung finden (raus aus der Massenunterkunft); 4. Arbeit und Ausbildung vermitteln; 5. Sicherheit gewährleisten.

Fazit und Ausblick: Der Tipping-Point

Wenn es gelingt, ein neues Narrativ für das Paradigma der Gleichgewichtsgesellschaft erfolgreich durchzusetzen, wird die Gesellschaft also wieder stärker reguliert und das Sozialsystem wieder stabilisiert werden. Zugleich soll aber die Demokratie gestärkt, die Grundrechte und Freiheiten beibehalten und ausgebaut werden. Kernanliegen sollte es sein, die drei großen Klassen (alte Mittelklasse, neue Mittelklasse und prekäre Klasse) zusammenzuführen, die sozialen Unterschiede abzumildern und die gesellschaftliche Notwendigkeit aller Tätigkeiten in der Gesellschaft anzuerkennen. Natürlich ist die Verständigung auf ein neues Paradigma und der Übergang in die Gleichgewichtsgesellschaft ein Prozess, der länger dauern wird. Dabei stellt sich die Frage, was uns diese vage Perspektive in der aktuellen Auseinandersetzung mit dem Populismus hilft.

In der Wirklichkeit ist das aber kein Widerspruch. Denn die großen gesellschaftlichen Veränderungen sind immer singuläre Ereignisse. Jahrelang passiert nichts, dann kommt ein Tipping-Point wie 1990 oder die Finanzkrise 2007 oder Fukushima. Und plötzlich stehen viele Optionen offen. Ein solcher Tipping-Point kann zum Beispiel die Einberufung eines Verfassungskonvents der EU sein, wie ihn der Bürgerrat zur Zukunft Europas und das EU-Parlament bereits gefordert haben.

Gerade die starke Verunsicherung von Teilen der Gesellschaft fordert jetzt alle politisch denkenden und handelnden Akteure dazu heraus, die Situation und die Herausforderungen neu zu reflektieren. Vielleicht ist die aktuelle (auch internationale) Debatte über die Wiedereinführung einer Vermögenssteuer für Überreiche der Zündfunke.

Und dabei ist das Ringen um ein neues Paradigma selbst schon ein entscheidender Beitrag in der Auseinandersetzung mit dem Populismus. Zum Glück gibt es gut ausgearbeitete Pläne für die Gestaltung der Zukunft. Das unterscheidet uns von 1990, als niemand wusste, was zu tun war. Wir sollten daher die Debatte um die Zukunft mit Selbstbewusstsein und Optimismus führen.

Literatur

AfD (2016): Programm für Deutschland. Das Grundsatzprogramm der Alternative für Deutschland. Stuttgart. URL: https://www.afd.de/wp-content/uploads/2023/05/Programm_AfD_Online_.pdf (Abruf: 30.09.2024).

Albers, Thilo – Bartels, Charlotte – Schularick, Moritz (2020): Wealth and its distribution in Germany, 1895–2018. Berlin 8.3.2020. URL: https://econtribute.de/wp-content/uploads/ECONtribute_The_Distribution_of_Wealth_eng_study.pdf (Abruf: 07.08.2023).

CIA (2024): World fact book. URL: https://www.cia.gov/the-world-factbook/field/exports/country-comparison/ (Abruf: 30.09.2024.).

Decker, Oliver – Weißschädel, Anne (2020): „Ein fundamentales Bedürfnis nach Handlungsfähigkeit und Kontrolle". In. wissenschaftskommunikation.de, URL: https://www.wissenschaftskommunikation.de/ein-fundamentales-beduerfnis-nach-handlungsfaehigkeit-und-kontrolle-44187/ (Abruf: 28.1.2024).

Fratzscher, Marcel (2023): Das AfD-Paradox und die politische Nähe zu anderen Parteien. DIW aktuell, Nr. 89, September 2023. URL: https://www.diw.de/documents/publikationen/73/diw_01.c.879721.de/diw_aktuell_88.pdf (Abruf: 28.01.2024).

Fraunhofer IWES (2014): Geschäftsmodell Energiewende. Argument, Januar 2014. URL: fraunhofer.de/content/dam/zv/de/forschungsthemen/energie/Studie_Energiewende_Fraunhofer-IWES_20140-01-21.pdf (Abruf: 07.11.2023).

Göllert, Lisa – Reichelt, Patrick (2024): Umfrage: Ohne Wohlstand kaum Zufriedenheit mit Demokratie, 27.11.2023. URL: https://www.ndr.de/ndrfragt/Umfrage-Ohne-Wohlstand-kaum-Zufriedenheit-mit-Demokratie,demokratie212.html (Abruf: 28.01.2024).

Hentschel, Karl-Martin (2019): Demokratie für morgen – Roadmap zur Rettung der Welt. München: UVK.

Hentschel, Karl-Martin – Eibl, Alfred (2024): Steuer-Revolution – Ein Konzept zur Rückverteilung von Reichtum, zu mehr Gerechtigkeit und Klimaschutz. Hamburg: VSA.

Hentschel, Karl-Martin u. a. (2020): Handbuch Klimaschutz – Wie Deutschland das 1,5-Grad-Ziel einhalten kann. München: Oekom-Verlag.

Homepage des Kreises Herzogtum Lauenburg: Politik und Verwaltung – Kreistag. URL: https://www.kreis-rz.de/Politik-und-Verwaltung/Kreistag/index.php?object=tx,3149.1&ModID=9&FID=1814.126.1&NavID=1814.86&La=1 (Abruf: 28.01.2024).

Kürschner, Jan (2024): Die größte Gefahr für unsere Demokratie ist die extreme Rechte. URL: https://jan-kuerschner.de/die-grosste/ (Abruf: 30.09.2024).

Markwardt, Nils (2024): „Es findet eine Verlust-Eskalation statt". In: Die Zeit, 16.1.2024. URL: https://www.zeit.de/kultur/2024-01/andreas-reckwitz-soziologie-verlustparadox-liberale-demokratie (Abruf: 31.1.2024).

Milanović, Branko (2018): Europas Fluch des Wohlstandes. In: Makronom, 5.7.2018. URL: https://makronom.de/branko-milanovic-migration-ungleichheit-europas-fluch-des-wohlstands-26757 (Abruf: 01.02.2024).

NDR (2024): #NDRfragt – Ist unsere Demokratie gut genug? 18.351 Teilnehmende, Oktober 2023. URL: https://storage.googleapis.com/public.ndrdata.de/ndrfragt/reports/NDRfragt_Umfrage_Demokratie_2023_alle_Ergebnisse.pdf (Abruf: 31.01.2024).

Piketty, Thomas (2020): Kapital und Ideologie. München: C. H. Beck.

Reckwitz, Andreas (2019): Das Ende der Illusionen – Politik, Ökonomie und Kultur in der Spätmoderne. Berlin: Suhrkamp.

Sandel, Michael S. (2020): Vom Ende des Gemeinwohls – Wie die Leistungsgesellschaft unsere Demokratien zerreißt. Frankfurt: Fischer.

Umweltbundesamt (2024): Treibhausgas-Emissionen in Deutschland. URL: https://www.umweltbundesamt.de/daten/klima/treibhausgas-emissionen-in-deutschland#textpart-1 (Abruf: 28.01.2024).

KARL-MARTIN HENTSCHEL, DIPL.-MATHEMATIKER
Am Steinkamp 7, 24226 Heikendorf
karl.m.hentschel@mehr-demokratie.de

CHRISTOPH HAKER

Rechtspopulismus und Rechtsextremismus an Hochschulen

Zur Debatte um Wissenschaftsfreiheit

Right-Wing Populism and Right-Wing Extremism at Universities
The Debate on Academic Freedom

KURZFASSUNG: Hochschulen betonen zunehmend, dass demokratische Normen und Verfahren sowie gelebte Vielfalt an Hochschulen Grundlagen für gute Forschung und Lehre sind. Hierfür spielt der Wert der Wissenschaftsfreiheit eine zentrale Rolle. Gleichzeitig sind an Hochschulen rechtspopulistische/-extreme Tendenzen zu beobachten, die diesen Grundlagen und diesem Wert entgegenstehen. Der Beitrag fragt, was empirisch über Rechtspopulismus/-extremismus an Hochschulen bekannt ist und wie Hochschulen rechtsextremen Tendenzen begegnen können. Auf der Suche nach spezifisch wissenschaftlichen Umgangsweisen wird ein Rahmen entwickelt, in dem diese Debatte um Wissenschaftsfreiheit geführt werden kann. Dieser Aspekt wird zentral gesetzt, weil sich rechtspopulistische/-extreme Akteur:innen gerade im Kontext Hochschule auf Wissenschaftsfreiheit berufen.
Schlagwörter: Betroffenheit, Diversität, Hochschulforschung, Rechtsextremismus, Rechtspopulismus, Wissenschaftsfreiheit

ABSTRACT: German universities are increasingly focusing on democratic standards as well as diversity as principles for good research and teaching. The value of academic freedom plays a central role in this context. At the same time, radical right-wing populist and right-wing extremist tendencies can be observed at universities. These findings counter the mentioned principles and value. The article examines what is empirically known about radical right-wing populism and right-wing extremism at German universities. It also addresses the question of how universities can counter these extremist tendencies. In the search for specific academic approaches, the article develops a framework that aims to provide orientation in this debate on academic freedom. This aspect is central because radical right-wing populists and right-wing extremists tend to legitimize their positions within the context of universities by citing academic freedom.
Keywords: diversity, higher education, right-wing extremism, radical right-wing populism, academic freedom

2024 veröffentlichte das Präsidium der Hochschulrektorenkonferenz (HRK) ein Statement unter dem Titel „Wissenschaft braucht freiheitliche Demokratie und Rechtsstaatlichkeit" (HRK 2024). Darin wird die freiheitliche Demokratie als Voraussetzung der "wissenschaftlichen Leistungsfähigkeit" benannt. Das Präsidium beruft sich insbesondere auf den Wert der Wissenschaftsfreiheit und den Schutz vor Diskriminierung (siehe auch Rosenthal 2024). Das Statement versteht ein hohes Maß an demokratischen Normen und Verfahren sowie gelebte Vielfalt an Hochschulen als Grundlagen dafür, die Qualität von Forschung und Lehre steigern zu können. Gleichzeitig werden innerhalb der Wissenschaft verstärkt rechtspopulistische/-extreme Tendenzen beobachtet (Radvan 2024; Rauch/Zimmerer 2024; Rosenthal 2024), die diesen Grundlagen entgegenstehen. Eine besondere Herausforderung ergibt sich aus Ambivalenzen in der Debatte um Wissenschaftsfreiheit. Sie ist nicht nur ein Abwehrrecht gegen extrem rechte Aktionen auf diesem Feld (Steinbeis 2024), sondern dient einigen Wissenschaftler:innen auch dazu, sich von der Verantwortung für die gesellschaftlichen Folgen ihrer Wissenschaft loszusagen (Wilholt 2012). In Bezug auf rechtspopulistische/-extreme Positionen kommt hinzu, dass diese versuchen, ihre Positionierungen an Hochschulen mit dem Wert der Wissenschaftsfreiheit zu legitimieren.

Wissenschaftsfreiheit umfasst im Folgenden sowohl die Zielsetzung und Durchführung von Forschung als auch die Wahl der Mittel für die Forschungspraxis und die Artikulation ihrer Ergebnisse. Forschungsfreiheit in diesem Sinn ist nicht nur negative Freiheit, verstanden als Abwesenheit äußerer Zwänge, sondern auch positive Freiheit, verstanden als Herstellung sozialer, politischer und ökonomischer Bedingungen, unter denen freie Forschung möglich wird (Wilholt 2012; Schubert 2023).

Rechtsextremismus ist durch sein hohes Maß an *„Gewaltakzeptanz"* (Heitmeyer u. a. 2020: 20) und seine *„Ideologie der Ungleichwertigkeit"* (ebd.) mit der skizzierten Form von Wissenschaftsfreiheit unvereinbar. Das Merkmal der Gewaltakzeptanz, das auch tatsächliche Gewaltausübung einschließt (ebd.), steht im Gegensatz zu freiheitlich demokratischen Verfahren und rationalen Diskursen. Die vielen „Abwertungen von ‚Anderssein' sowie eine Betonung von Homogenität" (ebd.) im Rechtsextremismus stehen Vielfalt im Sinne einer pluralistischen und offenen Hochschule entgegen. Zu diesen Abwertungen gehören laut Konsensdefinition (Decker/Brähler 2006) Chauvinismus, Antisemitismus, Fremdenfeindlichkeit und Sozialdarwinismus.[1] Es handelt sich hierbei um keine abgeschlossene Liste, was sich etwa in der Auseinandersetzung mit *Antifeminismus* in der Rechtsextremismusforschung (Kalkstein u. a. 2022) zeigt. Gerade die Ungleichwertigkeitsannahmen bilden eine wichtige Schnittmenge zwischen Rechtsextremismus und Rechtspopulismus. Kern der rechtspopulistischen „Abgrenzungsideologie" (Decker/Lewandowsky 2017: 24) ist die Annahme, ein imaginiertes Volk sei durch fremde Personen und Ideen und durch Andersartigkeit in seiner vermeintlich natürlichen Ordnung bedroht.[2] Entscheidend für den vorliegenden Text ist, dass sowohl

---

1   Die Merkmale *Befürwortung einer rechtsgerichteten Diktatur* und *Verharmlosung des Nationalsozialismus*, die auch Teil der Konsensdefinition sind, sind zwar untrennbar mit Abwertungen verbunden, beziehen sich aber nicht explizit auf eine als ungleichwertig betrachtete Gruppe.
2   Da die Bezeichnung Rechtspopulismus als Haltung, Stil oder Strategie (Decker/Lewandowsky 2017; Salzborn 2017) sich auf gut beobachtbare Aussagen und Handlungen bezieht, wenn z. B. mit abwertenden Volk/Fremde-Unterscheidungen operiert wird, lassen sich diese zwar deutlich als rechtspopulistisch klassifizieren, es kann aber unklar bleiben, ob dahinter ein rechtsextremes Weltbild steckt oder nicht.

Rechtspopulismus als auch Rechtsextremismus der von der HRK skizzierten epistemologischen Grundannahme entgegenstehen, eine demokratische, vielfältige und damit freiere Hochschule komme zu besseren wissenschaftlichen Ergebnissen, weshalb ich die Bezeichnung Rechtspopulismus/-extremismus wähle.

Die genannten normativen Annahmen der HRK sowie die Thematisierung rechtspopulistischer/-extremer Tendenzen an Hochschulen sind Anlass für die Frage, wie Rechtspopulismus/-extremismus an Hochschulen in Erscheinung tritt und wie diese Hochschulen der Herausforderung begegnen können? Die folgende Argumentation konzentriert sich auf den epistemologischen Aspekt demokratischer und vielfältiger Hochschulen einerseits und die dortigen rechtspopulistischen/-extremen Tendenzen andererseits. Ich werde im ersten Abschnitt empirische Befunde systematisieren und zusammenführen. Dieser Lagebericht bietet einen breiten Überblick und bezieht nicht nur Ergebnisse zu Rechtspopulismus/-extremismus an Hochschulen, sondern auch zu Diskriminierungen ein. Denn die Forschungsergebnisse zu Diskriminierungen an Hochschulen schärfen den Blick dafür, dass die Grundlagen einer demokratischen und vielfältigen Hochschule vielfach nicht gegeben sind und Rechtspopulismus/-extremismus deshalb einen Nährboden finden kann. Im zweiten Abschnitt zeige ich Möglichkeiten für praktische Umgangsweisen auf. Diese Verengung orientiert sich einerseits an der Frage, wie Rechtspopulismus/-extremismus begegnet werden kann. Sie macht andererseits auch deutlich, dass Hochschulen zu einem Ort politischer und demokratischer Bildung werden sollten, wenn sie geeignete Umgangsweisen mit Rechtspopulismus/-extremismus finden wollen. In Bezug auf den epistemologischen Aspekt ist hier insbesondere die Norm der Wissenschaftsfreiheit relevant. Sie dient sowohl als ein möglicher Orientierungspunkt für die politische Bildung, als auch als Abwehrrecht gegen rechtspopulistische/-extreme Erscheinungsformen an Hochschulen. Der dritte Teil behandelt die Debatte um Wissenschaftsfreiheit. Hier wird ein Rahmen skizziert, in dem Akteur:innen, einer wissenschaftsimmanenten Logik folgend, mit rechtspopulistischen/-extremen Akteur:innen und Positionen umgehen können, gerade wenn sich diese auf Wissenschaftsfreiheit berufen.

1 Rechtspopulismus/-extremismus an Hochschulen – ein Lagebericht

Hier stehen zunächst Ergebnisse der Einstellungsforschung zu Rechtspopulismus/-extremismus und anti-demokratischen Einstellungen im Vordergrund. Die Studien zu politischen Einstellungen an Hochschulen sind im Vergleich zu den großen Bevölkerungsbefragungen (Decker u. a. 2024, Zick u. a. 2023) weit weniger umfänglich und differenziert. Es wird allerdings deutlich, dass das von der (extremen) Rechten gezeichnete Bild politisch linker Hochschulen (vgl. Haker u. a. 2023a, Haker u. a. 2022) falsch ist (Bargel 2008) und Diskriminierungen an Hochschulen verbreitet sind (vgl. Heitmeyer u. a. 2020: 122; Meyer u. a. 2022).

Studierende lassen sich in ihrer Mehrzahl einer demokratisch orientierten Mitte zuordnen (Bargel 2008). Das Studierendensurvey sieht zwischen 2004 und 2016 einen stabilen Wert von 1% anti-demokratischer Einstellungen (vgl. Multrus u. a. 2017: 22) und für 2016 10% „mit einem eingeschränkten demokratischen Habitus" (ebd.: 23). Zwischen 1995 und 2007 haben rechtspopulistische/-extreme Einstellungen zugenommen, Bargel bezeichnet sie als „extremere Positionen" mit „einer nationalistischen Tönung" (Bargel 2008: 17): Die Ziele einer „Abwehr kultureller Überfremdung (seit 1995 von 10% auf 17% gestiegen) und die Begrenzung der Zuwanderung von Ausländern (von 21% auf 25%)" (ebd.: 19) finden deutlich mehr Zustimmung. In aktuellen Studien weisen 15% der Studierenden populistische Tendenzen auf, wobei diese nicht eindeutig mit anti-demokratischen Einstellungen in Zusammenhang zu bringen sind (vgl. Multrus u. a. 2022).

Gleichzeitig werden die häufigsten Diskriminierungserfahrungen von Studierenden an Hochschulen aufgrund ihres „Geschlechts" und ihres „Migrationshintergrunds" gemacht (Meyer u. a. 2022: 10). Solche Diskriminierungen sind zentrale Elemente rechtspopulistischer/-extremer Ideologien und Verhaltensweisen. Hinzu kommt, dass „Antisemitismus [...] eine seit langem vernachlässigte Realität an vielen Hochschulen" ist (Bernstein u. a. 2024; siehe auch Heitmeyer u. a. 2020: 122). Antisemitische Einstellungen sind unter Studierenden, die sich selbst im politisch rechten Spektrum positionieren, besonders verbreitet (Hinz u. a. 2024). Rechtspopulistische/-extreme Studierende weisen mit 20% eine erhöhte Gewaltakzeptanz auf (Bargel 2008). Während in den 1990er Jahren noch deutlich die Ingenieurs-, Rechts- und Wirtschaftswissenschaften im Fokus rechtsextremer Studierender standen (Demirovic/Paul 1996; Heitmeyer u. a. 2020: 121f.), gibt es in den letzten Jahren Hinweise auf eine verstärkte Einflussnahme auf pädagogische Studiengänge und Berufe (Thole u. a. 2022; Kremsner u. a. 2023). Besorgniserregend ist dabei, dass es sich durchweg um Studiengänge handelt, die rechtspopulistische/-extreme Positionierungen in Schlüsselpositionen der Gesellschaft stärken können (Heitmeyer u. a. 2020: 123; Rosenthal 2024). Für diesen Schritt rechtspopulistischer/-extremer Studierender in „höhere Ebenen der ökonomischen, politischen und auch medialen Hierarchien" (ebd.) spielen Burschenschaften und studentische Verbindungen eine zentrale Rolle (Pallinger 2018; Kurth 2020), die eine Kontinuität rechtspopulistischer/-extremer Positionen an Hochschulen erzeugen (Heither 2013).

Über das Personal an Hochschulen ist viel weniger bekannt. Hövermann u. a. (2022: 27) weisen einerseits darauf hin, dass „Befragte mit Abitur/Fachholschulreife deutlich die geringste Zustimmung" zu anti-demokratischen Einstellungen zeigen und Menschen in akademischen Berufen, „eindeutig die geringsten Zustimmungswerte" aufweisen (ebd.: 43; siehe auch Kiess u.a. 2004: 116f.; Zick/Mokros 2023: 77f.). Gleichzeitig ist bekannt, dass gerade unter Personen mit höherer Bildung die Fähigkeit und Neigung zu sozial erwünschten Antwortverhalten steigt (Zick/Mokros 2023: 77). Hinzu kommt, dass die von Hövermann u. a. benannten Gefahren für die Entwicklung anti-demokratischer Einstellungen – insbesondere mangelnde materielle Sicherheit, Anerkennungsverluste und fehlende langfristige Sicherheitsperspektiven sowie ein subjektiv negatives Lohnempfinden (Hövermann u. a. 2022: 70–73) – an Hochschulen durchaus präsent sind. Dies zeigt sich an der großen Zahl von befristeten Anstellungen bei wissenschaftlichem Personal (Sommer u. a. 2022: X) und in Technik und Verwaltung (Hobler/Reuyß 2020: 36) sowie einer verbreiteten kritische Bewertung des Einkommens (ebd.: 86–91). Die politische Orientierung und die geteilten Werte von Hochschulpersonal stellen Forschungslücken dar, die zumindest die bisherige theoretische Annahme in Frage stellen, ob demokratische und akademische Werte in modernen Gesellschaften zusammenfallen (de Angelis u. a. 2023).

Im Projekt „Wissenschaftsbezogener Rechtspopulismus/-extremismus"[3] erforschen Lukas Otterspeer und ich konkrete Erscheinungsformen von Rechtspopulismus/-extremismus an Hochschulen. Eine explorative Feldbeschreibung anhand einer Medienanalyse hat gezeigt, dass sich rechtspopulistische/-extreme Vorkommnisse dort keineswegs auf Studierende beschränken. Im Folgenden skizziere ich bereits veröffentlichte Ergebnisse (Haker/Otterspeer 2023a).

Für die explorative Feldbeschreibung wurden 119 Fälle von wissenschaftsbezogenem Rechtspopulismus/-extremismus über eine strukturierte Datenbankrecherche für den Zeitraum vom 01.01.2013 bis 31.12.2022 identifiziert. Die Analyse zielt auf eine differenzierte Beschreibung des Phänomens, die eine mögliche Bandbreite aufzeigt und ein Forschungsfeld absteckt (ebd.: 375 f.). In einem kontrastiven Vergleich der Fälle haben wir Gegensatzpaare entwickelt, die eine gewisse Komplexität des Gegenstandsbereichs verdeutlichen (ebd.: 387 f.): Rechtspopulismus/-extremismus an Hochschulen zeigt sich *passiv/aktiv* – etwa als passive Mitgliedschaft in einer rechtsextremen Vereinigung oder als Aktion auf dem Campus; *im Modus akademischer Praxis / in Opposition zur akademischen Praxis* – etwa in Vorträgen rechtspopulistischer/-extremer Akteur:innen oder als Störung des akademischen Betriebs; *allgemein/personenbezogen* – etwa durch das allgemeine Werben für eigene Positionen oder als Angriff auf konkrete Wissenschaftler:innen; *intern/extern* – etwa durch Mitglieder der Hochschule oder durch externe Personen; *verdeckt bzw. anonym/offen* – etwa in der anonymen Verbreitung rechtsextremer Symbole oder durch das öffentliche Einstehen für rechtspopulistische/-extreme Positionen; *in Forschung und Lehre / in Verwaltung und Technik* – etwa durch wissenschaftliches oder durch nicht-wissenschaftliches Personal; *auf dem Campus / neben dem Campus* – etwa durch Bedrohungen in der Mensa oder durch Angriffe auf studentische Veranstaltung außerhalb des Campus; *sich bürgerlich bzw. konservativ gebend / offen neonazistisch* – etwa durch die Betonung althergebrachter Werte und Normen oder durch gewalttätige Angriffe aus dem neonazistischen Milieu; *analog/digital* – etwa durch Sticker auf dem Campus oder durch die Verwendung von Memes in Messengern. Diese Liste erhebt keinen Anspruch auf Vollständigkeit und nicht alle Merkmale kommen in jedem Fall zum Tragen. Die folgenden zwei Fallbeispiele verdeutlichen die mögliche Bandbreite, die sich aus diesen Gegensatzpaaren ergibt.

---

3 Das Projekt „Wissenschaftsbezogener Rechtspopulismus/-extremismus an Hochschulen – Umgangsweisen und Handlungsempfehlungen" wird mit der Laufzeit September 2023 – Februar 2025 von der Otto Brenner Stiftung gefördert. Die Projektkoordination und -durchführung liegt bei Lukas Otterspeer und Christoph Haker.

In unserem Korpus findet sich eine dpa Meldung, die am 12.06.2017 auf Welt Online unter dem Titel „Rechtsextreme bedrohen Studenten in Halle" veröffentlicht wurde (WELT 2017). Zu diesem Fall lässt sich folgender Augenzeugenbericht recherchieren:

> „Plötzlich kam eine Gruppe von ca. 5, junge Männer und eine Frau, darunter der bekannte Neonazi Mario M. aus dem Mensagebäude heraus und marschierten als Gruppe zielstrebig auf einen Tisch zu, an dem zwei Studierende (ein Mann und eine Frau) saßen und zu Mittag aßen. Ich habe die Gruppe sehr schnell [...] als Mitglieder der ‚Kontrakultur Halle', dem lokalen Ableger der rechten ‚Identitären Bewegung' erkannt. Sie umstellten den Tisch und fingen an lautstark die beiden, insbesondere jedoch den jungen Mann, zu bedrohen, bis hin zu ‚Wenn ich dich nachts treffe, mach ich dich kalt', zu einem körperlichen Austragen des, Streites zu zweit aufzufordern und zu beleidigen u. a. mit ‚Fotze', ‚Scheißlinksextremisten' und ‚Zeckenschlampe'. Die Frau, die zu Kontrakultur gehört, filmte dabei. Die beiden Bedrohten blieben ruhig. Nur wenige der vielen, die das Geschehen mitbekamen, ca 10 Leute, standen nun auf und forderten die ‚Identitären' auf zu gehen. Mario M. hatte derweil schon Quarzsandhandschuhe an und machte aggressive Gebärden. Sie machten keine Anstalten zu gehen. Dann trafen mehrere Polizist:innen ein, die jemand gerufen hatte, trennten die Gruppen und vernahmen die Beteiligten, sowie ein paar Zeugen und nahmen Personalien auf." (Seppelt 2017)

Dieser Fall lässt sich als *aktiv* charakterisieren, da es zu deutlichen Beleidigungen und Bedrohungen kommt. Er steht in *Opposition zur akademischen Praxis* und erscheint zunächst *personenbezogen*, wobei er in seiner Wirkung in der Mensa und durch den starken *offenen* Charakter auch als *allgemein* zu bewerten ist. Da der Angriff in einer Mensa erfolgt, ist der Fall *auf dem Campus* zu verorten und findet *analog* statt. Die Filmaufnahmen deuten aber auf mögliche folgende *digitale* Angriffe hin. Insbesondere die historische Kontinuität der (extrem) rechten Gewalt(drohung) und Verbreitung von Angst, lassen diesen Fall *neonazistisch* erscheinen. Unklar bleibt in diesem Material, ob es sich bei den rechtsextremen Akteur:innen um Hochschulmitglieder oder Externe handelt.

Am 17.11.2017 ist in der Sächsischen Zeitung über einen Juraprofessor aus Leipzig zu lesen:

> „Rauscher hatte am Montag über sein privates Twitterkonto einen Artikel der Süddeutschen Zeitung zu Rechtsextremismus unter jungen Polen verlinkt und dazu geschrieben: ‚Polen: ‚Ein weißes Europa brüderlicher Nationen.' Für mich ist das ein wunderbares Ziel!'. Am Tag darauf veröffentlichte Rauscher den Tweet: ‚Wir schulden Afrikanern und Arabern nichts. Sie haben ihre Kontinente durch Korruption, Schlendrian, ungehemmte Vermehrung und Stammes- und Religionskriege zerstört und nehmen uns nun weg, was wir mit Fleiß aufgebaut haben.'
> Auf Twitter war daraufhin eine Welle der Empörung losgebrochen. Am Mittwoch deaktivierte Rauscher seinen Twitter-Account und versandte die Nachricht: ‚Die Anfeindungen, vor allem aber die an Dritte gerichteten Versuche des Rufmordes veranlassen mich, meinen Account zu beenden.' Es stehe ‚schrecklich um die Meinungsfreiheit in diesem Land'." (Sächsische Zeitung 2017)

Dieser Fall ist anders gelagert. Der benannte Professor tritt hier *aktiv* auf. Da es sich um seinen privaten Twitter-Account handelt, agiert er zwar zunächst *in Opposition zur akade-*

mischen Praxis. Es ist aber zu bedenken, dass Postings auf Twitter (heute X) durchaus zum gängigen *Modus akademischer Praxis* gehören und das Sächsische Wissenschaftsministerium seinen Verzicht auf dienstrechtliche Konsequenzen unter anderem mit Rauschers Wissenschaftsfreiheit begründet hat (Taz 2017). Die Äußerungen sind als *allgemein* und *offen* zu bewerten, da sie für alle einsehbar sind und nicht auf konkrete Personen zielen. Der private Twitter-Account ist zwar ein hochschul*externes* Medium, Rauscher selbst ist aber Hochschulmitglied. Insbesondere die studentische Kritik an Rauscher zeigt, dass es sich auch um einen hochschul*intern* wirkenden Fall handelt. Damit spielt sich der Fall sowohl *auf dem Campus* als auch *neben dem Campus* ab, was mit seinem *digitalen* Charakter zu tun haben dürfte. Insbesondere Rauschers positive Bezüge auf die Meinungsfreiheit lassen ein *sich bürgerlich bzw. konservativ gebendes* Bild entstehen.

Diese beiden Fälle illustrieren nicht nur die Bandbreite des Forschungsfeldes zum wissenschaftsbezogenen Rechtspopulismus/-extremismus. Gemeinsam haben sie trotz aller Unterschiede die rechtspopulistischen/-extremen Einstellungsmuster, die beim Posting auf Twitter inhaltlich transportiert und bei der Bedrohung in der Mensa durch den Hintergrund der beteiligten Personen deutlich werden. Sie teilen zudem das Merkmal der Gewaltakzeptanz und weisen gerade in ihrer Unterschiedlichkeit auf die von Heitmeyer, Freiheit und Sitzer diagnostizierte *„Ausdifferenzierung* und *Dynamisierung* rechter Bedrohungsallianzen" (Heitmeyer u. a. 2020: 266) hin. Gerade diese Bandbreite an rechtspopulistischen/-extremen Erscheinungen stellt eine Herausforderung für die politische Bildung an Hochschulen dar.

2 Mögliche Umgangsweisen mit Rechtspopulismus/-extremismus an Hochschulen

Unsere Studie zu wissenschaftsbezogenem Rechtspopulismus/-extremismus an Hochschulen (Haker & Otterspeer 2023b: 380) zeigt, dass Betroffene vielfach eine Sprachlosigkeit und Vereinzelung im Umgang mit (extrem) rechten Vorkommnissen beschreiben. Sie, das Kollegium, das Institut und/oder die Hochschule als Organisation sind nicht in der Lage, die (extrem) rechten Positionen klar zu benennen und/oder es gibt Schwierigkeiten, das Thema zu besprechen. Der Umgang mit Rechtspopulismus/-extremismus wird in die Hände Einzelner gelegt und nicht ins Zentrum organisationalen Handelns gerückt. Wenngleich die Analyse damit Blockaden aufzeigt, finden Betroffene auch Umgangsweisen, um ihre Vereinzelung aufzuheben und sprachfähig zu werden (Haker/Otterspeer 2023a: 386f.). Zu den Strategien gehören Weiterbildungen, hohe didaktische Transparenz in der Lehre, Codes-of-Conduct, Team-Teaching, Vorträge und Forschungsarbeit, sowohl informeller als auch organisierter Austausch unter Studierenden und Dozierenden und (hochschul)öffentliche Positionierungen, die von Hochschulleitungen unterstützt werden. Für all diese Dinge werden im Idealfall auch Ressourcen bereitgestellt.

Neben diesen Strategien der Betroffenen gibt es bereits konzeptionelle Vorschläge für Umgangsweisen mit Rechtspopulismus/-extremismus an Hochschulen, die hier zusammengefasst werden. Weiterbildungen könnten fest im Angebot für das Personal verankert werden und sowohl eine juristische, fachwissenschaftliche als auch hochschuldidaktische Dimension enthalten.[4] Dabei kann es wichtig sein, externe Fortbildungs- und Beratungsangebote zu fördern, da diese nicht in die Hierarchien der Hochschule eingebunden sind (Damat 2023: 69). In den Professionalisierungsmodulen oder im Studium Generale könnten verbindlich Seminare zum Thema angeboten werden. An einigen Hochschulen gibt es bereits geschützte Räume für unterschiedliche Gruppen, etwa FLINTA*. Da das Konzept dieser „Safer Spaces" selbst Ziel (extrem) rechter Angriffe ist (im kulturpädagogischen Kontext Haker u. a. 2023b), wäre es angemessen, dass Hochschulen sowohl ideelle Unterstützung als auch Ressourcen dafür zur Verfügung stellen, damit Betroffene sich austauschen können. Auch sollten Schutzkonzepte für Forschungsbereiche und Personen entwickelt werden, die angegriffen werden (Gutsche 2022: 99; bukof/afg 2023; Radvan/Dyhr 2023a: 14 ff.). Durch selbstkritische Positionspapiere der Hochschulleitungen und durch eine feste Verankerung von Rechtsextremismusprävention und Maßnahmen gegen Rechtsextremismus in Leitbildern, Beratungsangeboten und Diversitätsstrategien[5] könnte eine Organisationskultur geschaffen werden, die offen dafür ist, Missstände und Herausforderungen anzusprechen und partizipativ (Radvan/Dyhr 2023a: 15) zu bearbeiten. Hierzu gehört insbesondere die rechtliche Beratung des eigenen Personals (Bernstein u. a. 2024; Einwächter 2022: 24) und auch eine mögliche Verschärfung des Hausrechts (Gutsche 2022: 98 f.; bukof/afg 2023; Radvan/Dyhr 2023a: 19). Es wäre für Hochschulen aufgrund der vorhandenen Ressourcen und Expertise sicher ein Leichtes, die oben skizzierte Forschungslücke zu schließen und sich auf einer wissenschaftlichen Ebene intensiv mit den (extrem) rechten Einstellungen und Verhaltensweisen zu beschäftigen sowie ein Monitoring einzurichten (Bernstein u. a. 2024; Gutsche 2022: 95 f.; Radvan/Dyhr 2023a: 15). Über diese Maßnahmen hinaus ist insbesondere die Abgrenzung von (extrem) rechtem wissenschaftlichem Personal wichtig. Als einen bescheidenen Schritt forderte die Geschichtswerkstatt Göttingen (1995: 150), nicht mit Akteur:innen der intellektuellen und neuen Rechten zu publizieren. Zu einem solchen Schritt auf wissenschaftlicher Ebene gehört es auch, (extrem) rechten Akteur:innen keine Bühnen zu bieten (bukof/afg 2023).

Eine besondere Herausforderung für die Umgangsweisen mit Rechtspopulismus/-extremismus zeigt sich in Bezug auf Wissenschaftsfreiheit. Diese wird einerseits als Abwehrrecht gegen rechtspopulistische/-extreme Vorkommnisse an Hochschulen ins Feld geführt (etwa von Rosenthal 2024). Gerade in Bezug auf den Grundwert der Wissenschaftsfreiheit zeigt sich andererseits, dass rechtspopulistische/-extreme Akteur:innen Wissenschaftsfreiheit für sich beanspruchen und als Norm ins Feld führen, um gleich-

---

4   Siehe hierzu Bernstein u. a. 2024; Einwächter 2022: 24 f.; Gutsche 2022: 96 f.; bukof/afg 2023; Radvan & Dyhr 2023a: 17 f.; Radvan & Dyhr 2023b.
5   Vgl. hierzu Einwächter 2022: 24; Gutsche 2022: 97 f.; bukof/afg 2023; Radvan/Dyhr 2023a: 16 ff.

zeitig ihre rechtspopulistischen/-extremen Positionen zu artikulieren und Forschungsfelder oder Wissenschaftler:innen anzugreifen und zu delegitimieren.[6]

Damit bildet die Debatte über die Grenzen der Wissenschaftsfreiheit einen zentralen Teil des präventiven Umgangs mit wissenschaftsbezogenem Rechtspopulismus/-extremismus und politischer Bildung an Hochschulen (siehe auch bukof/afg 2023: 3). Um Prävention zu stärken, möchte ich nun einen Rahmen anbieten, innerhalb dessen die theoretische Debatte um Wissenschaftsfreiheit geführt werden kann. Ich konzentriere mich auf diese Debatte, weil das Argument, eine pluralistische und offene Hochschule führe zu besseren wissenschaftlichen Ergebnissen, wesentlich mit ihr verknüpft ist.

3 Wissenschaftsfreiheit: Zur Normativität der Wissenschaft

In Bezug auf den Lagebericht und die möglichen Umgangsweisen mit wissenschaftsbezogenem Rechtspopulismus/-extremismus greife ich einen Teilaspekt heraus: rechtspopulistische/-extreme Positionierungen, die die Norm der Wissenschaftsfreiheit für sich ins Feld führen. Dazu gehören etwa rechtspopulistische/-extreme öffentliche Äußerungen von Professor:innen, der rechtspopulistische/-extreme Antiakademismus (Haker u. a. 2022) und ebensolche Hochschulpolitik (Steinbeis 2024).

Der Begriff der Wissenschaftsfreiheit ist vielschichtig, er hat sowohl rechtliche, moralische, politische, soziale, epistemologische und ontologische Dimensionen (Wilholt 2012; Henning 2024; Schubert 2023). *Juristisch* ist Wissenschaftsfreiheit im Grundgesetz verankert, *moralisch* stellt Freiheit in modernen Gesellschaften einen zentralen Wert an sich dar, *politisch* kann eine freie Wissenschaft als Grundlage demokratischer Urteile verstanden werden und ein demokratisches politisches System als Basis für freie Wissenschaft, in seiner *sozialen* Dimension ist Wissenschaftsfreiheit eng an die Autonomie des wissenschaftlichen Systems gebunden und *epistemologisch* wird davon ausgegangen, dass freie Wissenschaft bessere Wissenschaft ist. Diese Dimensionen verdichtet Henning (2024: 90) zu einer quasi-*ontologischen* Bestimmung von Wissenschaft durch Wissenschaftsfreiheit: „Dort, wo Wissenschaft in ihrem freien Gang behindert wird, [...] ist sie *gar keine* Wissenschaft."

Im Anschluss an die eingangs angeführte These der HRK beziehe ich mich im Folgenden auf die epistemologische Dimension von Wissenschaftsfreiheit. Im Zentrum steht das Argument, dass freie Wissenschaft mehr und besser erkennt und so eine quantitativ und qualitativ hochwertigere Wissenschaft ist. Hierzu gehört auch die These, dass Offenheit, Inklusivität und demokratische Verfasstheit von Hochschulen praktische Bedingungen guter Wissenschaft sind (Celikates u. a. 2021; Wilholt 2012; Schubert 2023). Um diese Verbindung nachzuvollziehen, ist das Konzept der *bedingten Autonomie* (Haker/Otterspeer 2021a) hilfreich. Danach sind Freiheitsgewinne immer sozial bedingt. Bedingte Autonomie ist eine nicht-dichotome Reflexionskategorie (Müller 2018),

---

[6] Siehe hierzu Haker/Otterspeer 2023b: 113; Haker u. a. 2023a; Näser-Lather 2020; Schubert 2023; Steinbeis 2024; zur „Ambivalenz als Strategie" außerhalb des wissenschaftlichen Feldes siehe Quent 2021: 283.

die nicht zwischen frei/unfrei unterscheidet, sondern nach der Steigerung möglicher Freiheitsgrade innerhalb sozialer Zusammenhänge fragt. Dies macht in Bezug auf Wissenschaftsfreiheit Sinn, weil Wissenschaftler:innen nie völlig frei in ihrer Zielsetzung, Durchführung, Mittelwahl und Artikulation waren (Henning 2024; Wilholt 2012).

Dies ist wohl auch der Grund, warum Wissenschaftsfreiheit in ihrer Tradition meist als bedrohte Freiheit thematisiert wird. Ein frühes Argument für diese epistemologische Dimension ist von John Stuart Mill ableitbar. Mit Blick auf Meinungsfreiheit argumentiert er gegen die Unterdrückung von Meinungen:

> „Denn wenn die Meinung richtig ist, so beraubt man sie der Gelegenheit, Irrtum gegen Wahrheit auszutauschen; ist sie dagegen falsch, dann verlieren sie eine fast ebenso große Wohltat: nämlich die deutlichere Wahrnehmung und den lebhafteren Eindruck des Richtigen, der durch den Widerstreit mit dem Irrtum entsteht" (Mill 2020: 55).

Dass es Mill um Irrtum und Wahrheit geht, legt die Analogie zur Wissenschaft nahe. Interessanterweise legt er Wert auf den Widerstreit verschiedener Meinungen, deren Wahrheitsgehalt für die Genese wahren Wissens nicht relevant ist. Nicht nur als wahr anerkanntes Wissen, sondern auch widerlegtes, als unwahr eingeordnetes Wissen kann also zu einem Erkenntnisfortschritt beitragen. Damit ist der Wahrheitsgehalt einer Aussage kein entscheidender Maßstab für die Freiheit, sie im wissenschaftlichen Kontext zu äußern.[7] Feyerabend setzt die Argumentation Mills fort (Wilholt 2012: 78 f.), wenn er schreibt: *„Kein Gedanke ist so alt oder absurd, daß er nicht unser Wissen verbessern könnte"* (Feyerabend 1986: 55).

Mill und Feyerabend verfolgen ein Konzept negativer Freiheit (Berlin 2022). Sie interessiert damit weniger, wo die Grenzen der Ausübung von Freiheit liegen, sondern vielmehr, wie Freiheit begrenzt wird. Dabei bezieht Mill sich vor allem auf Staat und Gesellschaft (Mill 2020; für aktuelle Beispiele siehe Schubert 2021) und Feyerabend auf die etablierten Regeln des wissenschaftlichen Betriebs als erkenntnishemmende Einschränkung von Freiheit.[8]

Mit dem Verständnis von Wissenschaftsfreiheit als negativer Freiheit ließen sich allerdings auch rechtspopulistische/-extreme Positionen an Hochschulen legitimieren. Wenn kein Gedanke so absurd ist, dass er durch wissenschaftsinterne oder -externe Mechanismen ausgeschlossen werden sollte, stellt sich die Frage: Tragen nicht auch die (extrem) rechten Vorfälle dazu bei, dass lebhafte und qualitativ hochwertigere Debatten geführt werden? Sind nicht die Publikationen, Podiumsdiskussionen, Veranstaltungsreihen und Workshops zum Thema der Beweis, dass (extrem) rechte Tendenzen an Hochschulen einen Diskurs befördern?

---

7   Unwahre Aussagen werden im Wissenschaftssystem i. d. R. sanktioniert, weil sie etwa nicht durch ein peer-review-Verfahren kommen, oder die Verfasser:innen von Unwahrheiten damit rechnen müssen, nicht zu Konferenzen eingeladen zu werden und keine Anstellung zu bekommen. Diese Sanktionen legitimieren sich aber nicht mit dem Wert der Wissenschaftsfreiheit, sondern mit anderen wissenschaftlichen Werten, wie zum Beispiel intersubjektive Nachvollziehbarkeit, Evidenz oder Fallibilismus.

8   Vgl. hierzu Feyerabend 1986: 16; solche Regeln finden sich auch bei Reitz 2016 und Schubert 2021. Für eine aktuelle Kritik dieses negativen Begriffs von Wissenschaftsfreiheit siehe Schubert 2023.

Ich argumentiere im Folgenden dafür, dass auch innerhalb des skizzierten negativen Verständnisses von Wissenschaftsfreiheit Einschränkungen dieser Freiheit möglich werden, wenn davon auszugehen ist, dass die Freiheit immer bedingte Freiheit ist. Zur Überleitung dient dabei folgender Zusammenhang: Es muss Forscher:innen möglich sein, eigene Irrtümer zu erkennen und zu korrigieren und diese Irrtümer sind gerade im Widerstreit vielfältiger Positionen und Perspektiven erkennbar. Insofern Wissen auch von der gesellschaftlichen Position abhängt, ist es wichtig, möglichst viele gesellschaftliche Perspektiven an Hochschulen zuzulassen, die überhaupt einen Widerstreit ermöglichen. Damit kann solchen Positionen und Perspektiven die gegenwärtig marginalisiert sind, ein besonderes Erkenntnispotenzial zugesprochen werden (Loik 2024) und Hochschulen hätten die Aufgabe, sich zu diversifizieren (Schubert 2023).

Das theoretische Argument für die Einschränkung von Freiheit ist bekannt. Poppers Paradox der Toleranz lautet: „Uneingeschränkte Toleranz führt mit Notwendigkeit zum Verschwinden der Toleranz" (Popper 1970: 359). Die Grenzen der Wissenschaftsfreiheit liegen also dort, wo die vertretenen Positionen die Freiheit selbst bedrohen. Zu diesen Positionen gehört für Popper (ebd.) erstens die Verweigerung rationaler Diskurse und damit die Verweigerung, mit Mill (2020: 63) gesprochen, seine „Missgriffe durch Diskussion und Erfahrung richtig zu stellen". Zweitens erwähnt Popper (1970: 359) Positionen, die zu Gewalt gegen andere aufrufen. In Bezug auf das erstgenannte Kriterium zeigt sich zumindest bei der sogenannten Neuen Rechten, dass hier Positionen vertreten werden, die den Fallibilismus offen ablehnen. So wird ein Sich-Überzeugen-Lassen als Gefahr skizziert (Haker/Otterspeer 2021b: 263). In Bezug auf das zweite Kriterium hat der Lagebericht gezeigt, dass rechtspopulistische/-extreme Akteur:innen an Hochschulen ein hohes Maß an Gewaltakzeptanz mit sich bringen.

Allerdings kann eine Entscheidung für Intoleranz im Namen des Paradoxes der Toleranz nur hochgradig kontextabhängig getroffen werden (Hubacher Haerle/Beckstein 2019). Damit wird die theoretische Argumentation in eine empirische Frage überführt: Welche (extrem) rechten Vorkommnisse führen dazu, dass andere Menschen an Hochschulen Freiheitseinschränkungen in Bezug auf Zielsetzung, Durchführung, Mittelwahl und Äußerung ihrer Forschung erfahren? Sie lässt sich nur vermittelt durch die Erfahrungen der Betroffenen von rechtspopulistischer/-extremen Angriffen beantworten. Hier besteht ein Forschungsbedarf, dem die Untersuchungen zu Rechtspopulismus/-extremismus an Hochschulen aktuell nicht gerecht werden (Haker/Otterspeer 2023b). Mein Lagebericht weist einen deutlichen Bias auf, da zwar insbesondere rechtspopulistische/-extreme Einstellungen von Studierenden untersucht werden, nicht aber die Auswirkungen rechtspopulistischer/-extremer Äußerungen und Handlungen auf einzelne Hochschulmitglieder und die Hochschulöffentlichkeit.

Wilholt (2012: 203; siehe auch Schubert 2023) verweist darauf, dass der epistemologische Wert von Freiheit, wie etwa Mill ihn betont, sich nur verwirklichen kann, wenn sich eine Gemeinschaft konstituiert, deren Mitglieder auf der Suche nach Wissen in ein offenes, kommunikatives, wechselseitig kritisches und diverses Verhältnis zueinander eintreten. Hochschulen sollten sich daher als ermöglichende Instanzen begreifen, die unter Berücksichtigung intersektionaler Ungleichheitsverhältnisse versuchen, Zugänge zu akademischer Bildung und Erkenntnis zu schaffen. Dies lässt sich erstens daraus ableiten, dass nicht etwa konkrete Gesetze, sondern gesellschaftliche Verhältnisse innerhalb und außerhalb der Hochschule viele Gruppen daran hindern, Zugang zu Hochschulen und an ihnen Erfolg zu haben.[9] Diese Verpflichtung, Zugänge und Hilfsangebote zu schaffen, ergibt sich zweitens daraus, dass Hochschulen als Gatekeeper zum Grundrecht der Wissenschaftsfreiheit fungieren. Es ist ein deutlich exklusiveres Grundrecht als etwa die Meinungs- oder Religionsfreiheit, da es nicht allen Bürger:innen zugesprochen wird. Drittens hat die vorausgegangene wissenschaftstheoretische Argumentation gezeigt, dass Vielfalt und Pluralismus zur Erkenntnisfähigkeit der akademischen Gemeinschaft beitragen und somit im genuinen Interesse von Hochschulen liegen.

Damit schließt sich der Rahmen zur Debatte um Wissenschaftsfreiheit im Kontext von Rechtspopulismus/-extremismus an Hochschulen: Wissenschaftsfreiheit bezieht sich nicht auf den Wahrheitsgehalt einer Aussage, sondern auf die Bedingungen, unter denen Wissenschaft betrieben werden kann. Erstens ist festzuhalten, dass es gute Gründe braucht, um die Wissenschaftsfreiheit Einzelner einzuschränken und dass diese Gründe in den freiheitsförderlichen oder -einschränkenden Bedingungen an einer Hochschule sowie in den Freiheitsgraden einzelner ihrer Mitglieder gesucht werden können. In der Debatte um Wissenschaftsfreiheit sollte daher zweitens sowohl ihre Ermöglichung und Einschränkung beachtet werden. Es geht bei der Ermöglichung darum, ob eine offenere, inklusivere und demokratischer Hochschule möglich wird und bei der Einschränkung darum, ob mögliche Positionen, die den wissenschaftlichen Widerstreit befördern könnten, verstummen oder ausgeschlossen werden. Drittens darf es sich nicht nur um eine wissenschaftstheoretische Debatte handeln, sondern es stellen sich empirische Fragen: Wie verbreitet sind rechtspopulistische/-extreme Einstellungen, Äußerungen und Handlungen an Hochschulen? Wie wirkt sich Rechtspopulismus/-extremismus auf die Hochschulgemeinschaft und Betroffene aus? Gerade die Betroffenenperspektive gibt Aufschluss darüber, welche rechtspopulistischen/-extremen Positionierungen sich in konkreten Fällen als nicht zu akzeptierenden Angriff auf Wissenschaftsfreiheit erweisen. Das heißt ausdrücklich nicht, dass die Positionen von Betroffenen rechtspopulistischer/-extremer Äußerungen und Handlungen hinreichend für die Einschränkung von Wissenschaftsfreiheit sind[10], sie sind aber ein notwendiges Element, um den Kontext zu verstehen, in dem Hochschulen sich ggf. für die Intoleranz entscheiden.

---

9 Mit Bezug auf reflexive Rechtsextremismus- und Diskriminierungsforschung siehe Mietke u. a. 2023; in Bezug auf Lehrpraktiken siehe Steinhardt 2024.
10 Zur Geschichte der Betroffenheitskritik siehe Hannig 2021; für einen differenzierten Betroffenheitsbegriff siehe Paul/Seier 2024.

4 Was können Hochschulen tun?

Ich habe mich in den empirischen und wissenschaftstheoretischen Ausführungen mit der Frage beschäftigt: „Wie tritt Rechtspopulismus/-extremismus an Hochschulen in Erscheinung und wie könnten sie dieser Herausforderung begegnen?" Grundlage der Antworten sind Erkenntnisse darüber, dass solche Einstellungen an Hochschulen vorhanden sind, dass diese keine diskriminierungsfreien Orte sind und dass es immer wieder zu rechtspopulistischen/-extremen Aussagen und Handlungen, Angriffen und Gewalttaten kommt. Es gibt bereits Hinweise, Handreichungen und Empfehlungen, wie Hochschulen mit Rechtspopulismus/-extremismus umgehen können und sollten. Eine spezifische Reaktion ist eine proaktiv geführte Debatte um Wissenschaftsfreiheit, die auch ihre epistemologische Dimension berücksichtigt. Da diese Debatte im Kern eine normative Debatte um den Wert der Wissenschaftsfreiheit für gute Forschung ist und in einem engen Verhältnis zur Öffnung, Inklusivität und Demokratisierung von Hochschulen steht, sollte sie Bestandteil der politischen Bildung an Hochschulen sein. Dies gilt gerade deshalb, weil sich rechtspopulistische/-extreme Akteur:innen auf diesen Wert berufen, um antipluralistische und exkludierende Positionen zu vertreten. Für ein solches Element der politischen Bildung an Hochschulen ist es erstens notwendig, dass Hochschulen diese Diskriminierungen und (extrem) rechten Angriffe empirisch erforschen. Zweitens sollten sie die Bedeutung von Wissenschaftsfreiheit für die Genese und Geltung wissenschaftlichen Wissens ernst nehmen, etwa indem sie dieses Recht auch bei forschenden Studierenden anerkennen und sie in ihrer Wissenschaftsfreiheit bestärken. Das Thema Wissenschaftsfreiheit sollte in allen Studiengängen curricular verankert sein. Drittens sollten Hochschulen ihren exklusiven Zuschnitt reflektieren und Wissenschaftsfreiheit durch die Öffnung der Hochschulen für vielfältige Perspektiven und durch Minderheitenschutz positiv ins Werk setzen. Dies liegt in ihrem genuin wissenschaftlichen Interesse.

Literatur

Berlin, Isaiah (2022): Zwei Freiheitsbegriffe. In: Schink, Philipp (Hg.): Freiheit. Zeitgenössische Texte zu einer philosophischen Kontroverse. Berlin: Suhrkamp, S. 71–133.

Bernstein, Julia / Müller, Stefan / Berger, Deidre (2024): Antisemitismus an Hochschulen. In: Die Neue Hochschule, H. 1, S. 7.

Bargel, Tino (2008): Wandel politischer Orientierungen und gesellschaftlicher Werte der Studierenden: Studierendensurvey – Entwicklungen zwischen 1983 und 2007. Berlin: Bundesministerium für Bildung und Forschung.

Bundeskonferenz der Frauen- und Gleichstellungsbeauftragten an Hochschulen e. V. (bukof) & Frauen- und Geschlechterforschungseinrichtungen Berliner Hochschulen (afg) (2023): Diskriminierende Angriffe im Hochschulkontext – Handlungsempfehlungen für Hochschulleitungen. URL: https://bukof.de/wp-content/uploads/23-05-15-bukof-afg-Handlungsempfehlungen-fuer-Hochschulleitungen-zu-diskriminierenden Angriffe im Hochschulkontext.pdf (Abruf: 06.03.2024).

Celikates, Robin / Hoppe, Katharina / Loick, Daniel / Nonhoff, Martin / von Redecker, Eva / Vogelmann, Frieder (2021): Wissenschaftsfreiheit, die wir meinen. In: ZEIT, 18.11.2021. URL: https://www.zeit.de/2021/47/wissenschaftsfreiheit-universitaeten-cancel-culture-kathleen-stock (Abruf: 06.03.2024).

Damat, Gamze (2023): Beratung und Prävention bei demokratiefeindlichen Vorfällen an Hochschulen. In: Demokratie gegen Menscheinfeindlichkeit 8, H. 1, 64–72.

De Angelis, Moira / Harles, Dorothea / Mauermeister, Sylvi / Aust, Robert (2023): Gesellschaftlich-demokratische Teilhabe: trotz hochschulischer oder durch hochschulische Bildung? In: Das Hochschulwesen 71, H. 1+2, S. 6–17.

Decker, Oliver / Brähler, Elmar (2006): Vom Rand zur Mitte. Rechtsextreme Einstellungen und ihre Einflussfaktoren in Deutschland. Berlin: FES.

Decker, Oliver / Kiess, Johannes / Heller, Ayline / Brähler, Elmar (Hg.) (2024): Vereint im Ressentiment. Gießen: Psychosozial.

Decker, Oliver / Lewandowsky, Marcel (2017): Rechtspopulismus in Europa: Erscheinungsformen, Ursachen und Gegenstrategien. In: Zeitschrift für Politik 64, H. 1, S. 21–38

Demirovic, Alex / Paul, Gerd (1996): Rechte Tendenzen unter Studierenden an hessischen Hochschulen. In: Falter, Jürgen W. / Jaschke, Hans-Gerd / Winkler, Jürgen R. (Hg.): Rechtsextremismus. Ergebnisse und Perspektiven der Forschung. Wiesbaden: VS, S. 138–151.

Einwächter, Sophie G. (2022): Feindlichkeit gegenüber Wissenschaftler*innen – Kartierung eines Phänomens. In: Demokratie gegen Menscheinfeindlichkeit 7, H. 2, 10–28.

Feyerabend, Paul (1986): Wider den Methodenzwang. Frankfurt a. M.: Suhrkamp.

Geschichtswerkstatt Göttingen (1995): „Weimar läßt grüßen." Die Göttinger Akademie der Wissenschaften verleiht ihren Historikerpreis an einen „Neuen Rechten". In: Zeitschrift für Sozialgeschichte des 20. und 21. Jahrhunderts 10, H. 3, S. 138–150.

Gutsche, Peps (2022): Handlungsempfehlungen zum Umgang mit (extrem) rechten Positionen an Hochschulen. In: Demokratie gegen Menschenfeindlichkeit 7, H. 1, S. 89–102.

Haker, Christoph / Lehnert, Esther / Otterspeer, Lukas / Thole, Werner (2023a): Wissenschaftsbezogener Rechtspopulismus/-extremismus. Eine Podiumsdiskussion. In: Villa, Paula-Irene (Hg.): Polarisierte Welten. Verhandlungen des 41. Kongresses der Deutschen Gesellschaft für Soziologie 2022. URL: https://publikationen.soziologie.de/index.php/kongressband_2022/article/view/1687 (Abruf: 06.03.2024).

Haker, Christoph / Otterspeer, Lukas (2021a): Bedingte Autonomie, nicht Neutralität – „Neutrale Schulen Hamburg" (AfD) und ihre Kritik. In: Drerup, Johannes / Yacek, Douglas / Zulaica y Mugica, Miguel (Hg.): Dürfen Lehrer ihre Meinung sagen? Demokratie, Bildung und der Streit über das Kontroversitätsgebot. Stuttgart: Kohlhammer, S. 208–227.

Haker, Christoph / Otterspeer, Lukas (2021b): Die epistemische Dimension des Rechtspopulismus. Eine Kritik des Wissenschafts- und Bildungsverständnisses der Neuen Rechten. In: Sehmer, Julian / Simon, Stephanie, Ten Elsen, Jennifer / Thiele, Felix (Hg.): recht extrem? Dynamiken in zivilgesellschaftlichen Räumen. Wiesbaden: VS, S. 249–273.

Haker, Christoph / Otterspeer, Lukas (2023a): Wissenschaftsbezogener Rechtspopulismus/-extremismus an Hochschulen – eine Feldexploration und Herausforderungen in der Lehre. Zeitschrift für Soziologie der Erziehung und Sozialisation 43, H. 4, S. 373–390.

Haker, Christoph / Otterspeer, Lukas (2023b): Wissenschaftsbezogener Rechtspopulismus/-extremismus an Hochschulen – Perspektiven von Betroffenen. In: Zeitschrift für Rechtsextremismusforschung 3, H. 1, S. 102–117.

Haker, Christoph / Otterspeer, Lukas / Schildknecht, Lukas (2022): Antiakademismus heute. In: Wissen schafft Demokratie, H. 12, S. 82–93.

Haker, Christoph / Otterspeer, Lukas / Thole, Werner (2023b): Einladung zum Draußen-Bleiben. Safer Spaces sind nicht nur Schutzraum, sie sind eine Methode der Herrschafts- und Erkenntniskritik. In: ITES-Werkstattblog. URL: https://www.ites-werkstatt.de/einladung-zum-draussen-bleiben/ (Abruf: 06.03.2024).

Hannig, Florian (2021): Eine kurze Geschichte der Betroffenheit(skritik) in der Bundesrepublik. In: Merkur 75, H. 871, S. 28–37.

Henning, Tim (2024): Wissenschaftsfreiheit und Moral. Berlin: Suhrkamp.

Heither, Dietrich (2013): Burschenschaften. Köln: PapyRossa.

Heitmeyer, Wilhelm / Freiheit, Manuela / Sitzer, Peter (2020): Rechte Bedrohungsallianzen. Berlin: Suhrkamp.

Hinz, Thomas / Marczuk, Anna / Multrus, Frank (2024): Studentisches Meinungsklima zur Gewalteskalation in Israel und Gaza und Antisemitismus an deutschen Hochschulen. Cluster of Excellence „The Politics of Inequality", Working Paper Nr. 16. Konstanz: KOPS.

Hobler, Dietmar / Reuyß, Stefan (2020): Arbeits- und Beschäftigungsbedingungen an Hochschulen in Deutschland. Berlin: DGB. URL: https://www.dgb.de/++co++bb03675a-4e8f-11eb-b39d-001a4a160123/DGB-Hochschulreport_Beschaeftigtenbefragung.pdf (Abruf: 06.03.2024).

Hövermann, Andreas / Kohlrausch, Bettina / Voss-Dahm, Dorothea (2022): Wie Arbeit, Transformation und soziale Lebenslagen mit anti-demokratischen Einstellungen zusammenhängen. Düsseldprf: Böckler. URL: https://www.boeckler.de/fpdf/HBS-008256/p_fofoe_WP_241_2022.pdf (Abruf: 06.03.2024).

Präsidium der Hochschulrektorenkonferenz (HRK) (2024): Wissenschaft braucht freiheitliche Demokratie und Rechtsstaatlichkeit. URL: https://www.hrk.de/presse/pressemitteilungen/pressemitteilung/meldung/wissenschaft-braucht-freiheitliche-demokratie-und-rechtsstaatlichkeit-5036/ (Abruf: 06.03.2024).

Hubacher Haerle, Pablo / Beckstein, Martin (2019): Das Paradox der Toleranz zwischen politischer Theorie und zivilgesellschaftlicher Praxis. In: Zeitschrift für Politische Theorie 10, H. 2, S. 169–192.

Kalkstein, Fiona / Pickel, Gert / Niendorf, Johanna / Höcker, Charlotte / Decker, Oliver (2022): Antifeminismus und Geschlechterdemokratie. In: Decker, Oliver / Kiess, Johannes / Heller, Ayline / Brähler, Elmar (Hg.) (2022): Autoritäre Dynamiken in unsicheren Zeiten. Gießen: Psychosozial, S. 245–270.

Kiess, Johannes / Dilling, Marius / Heller, Ayline / Brähler, Elmar (2024): Soziale Ungleichheit, Deprivation, sozialräumlicher Kontext und rechtsextreme Einstellung. In: Decker, Oliver / Kiess, Johannes / Heller, Ayline / Brähler, Elmar (Hg.) (2024): Vereint im Ressentiment. Gießen: Psychosozial, S. 101-131.

Kremsner, Gertraud / Schimek, Bernhard / Kaluza, Claudia / Müller, Matthias / Proyer, Michelle (2023): Rechtspopulismus als Herausforderung für eine diversitätssensible und inklusionsorientierte Lehrer*innenbildung – Reflexionen von Hochschullehrenden. In: Hinz, Andreas / Jahr, David / Kruschel, Robert (Hg.): Inklusive Bildung und Rechtspopulismus. Grundlagen, Analysen und Handlungsmöglichkeiten. Weinheim Basel: Beltz, S. 167–181.

Kurth, Alexandra (2020). Expertise zum Thema: Aktivitäten rechter/rechtsextremer Gruppierungen im Bereich politische Bildung mit besonderem Fokus auf die Burschenschaften der Deutschen Burschenschaft (DB). München: Deutsches Jugendinstitut.

Loik, Daniel (2024): Die Überlegenheit der Unterlegenen. Eine Theorie der Gegengemeinschaften. Berlin: Suhrkamp.

Meyer, Jasmin / Strauß, Susanne / Hinz, Thomas (2022): Die Studierendenbefragung in Deutschland: Fokusanalysen zu Diskriminierungserfahrungen an Hochschulen. In: DZHW Brief, H. 8, URL: https://www.dzhw.eu/pdf/pub_brief/dzhw_brief_08_2022.pdf (Abruf: 30.08.2024).

Mietke, Hannah / Van de Wetering, Denis / Sellenriek, Juliane / Thießen, Ann-Kathrin / Zick, Andreas (2023): Wie kann eine kritische Rechtsextremismus- und Diskriminierungsforschung aussehen? Reflexionen hegemonialer Positionierungen. NaDiRa Working Papers 8, URL: https://www.dezim-institut.de/fileadmin/user_upload/Demo_FIS/publikation_pdf/FA-5525.pdf (Abruf: 30.08.2024).

Mill, John Stuart (2020): On Liberty/Über Freiheit. Ditzingen: Reclam.

Müller, Stefan (2018): Reflexivität als Bezugsproblem der Lehrerbildung. In: Böhme, Jeanette / Cramer, Colin / Bressler, Christoph (Hg.): Erziehungswissenschaft und Lehrerbildung im Widerstreit? Verhältnisbestimmungen, Herausforderungen und Perspektiven. Bad Heilbrunn: Klinkhardt, S. 173–185.

Multrus, Frank / Majer, Sandra / Bargel, Tino / Schmidt, Monika (2017): Studiensituation und studentische Orientierung. Berlin: BMBF.

Multrus, Frank / Strauß, Susanne / Hinz, Thomas (2022): Die Studierendenbefragung in Deutschland: Fokusanalysen zu populistischen Tendenzen unter Studierenden. DZHW Brief, H. 7. URL: https://www.dzhw.eu/pdf/pub_brief/dzhw_brief_07_2022.pdf (Abruf: 30.08.2024)

Näser-Lather, Marion (2020): Wissenschaftler_innen vs. Gender Studies. Argumentationen, Wirkungen und Kontexte einer ‚wissenschafts'-politischen Debatte. In: Henninger, Annette / Birsl, Ursula (Hg.): Antifeminismen. „Krisen"-Diskurse mit gesellschaftsspaltendem Potential? Bielefeld: transcript, S. 105–148.

Pallinger, Ina (2018): Rechte Burschen – Seilschaften auf dem Weg in den Bundestag. In Häusler, Alexander (Hg.): Völkisch-autoritärer Populismus. Der Rechtsruck in Deutschland und die AfD. Hamburg: VSA, S. 85–92.

Paul, Barbara / Seier, Andrea (2024): Betroffenheit verteidigen. (Selbst-)Politisierung in Kunst und audiovisueller Kultur. In: Paul, Barbara / Seier, Andrea (Hg.): Betroffenheit. Praktiken der (Selbst-)Politisierung in Kunst und audiovisueller Kultur. Berlin: Neofelis, S. 7–56.

Popper, Karl R. (1970): Die offene Gesellschaft und ihre Feinde, Band 1. Der Zauber Platons. Bern: A. Francke.

Quent, Matthias (2021): Ambivalenzen und Rechtsradikalismus. In: Groß, Bernhard / Krieger, Verena / Lüthy, Michael / Meyer-Fraatz, Andrea (Hg.): Ambige Verhältnisse: Uneindeutigkeit in Kunst, Politik und Alltag. Bielefeld: transcript, S. 277–292.

Radvan, Heike (2024). Rechtsextreme Einflüsse an Hochschulen – was lässt sich dagegen tun? RBB Kultur, 30.01.2024. URL: https://www.ardaudiothek.de/episode/wissen/rechtsextreme-einfluesse-an-hochschulen-was-laesst-sich-dagegentun/rbbkultur/13114705/ (Abruf: 30.08.2024)

Radvan, Heike / Dyhr, Susanne (2023a): Handlungskonzept gegen (extrem) rechte Einflussnahme an der Brandenburgischen Technischen Universität Cottbus-Senftenberg. URL: https://www-docs.b-tu.de/presse/public/Handlungskonzept-gegen(extrem)rechte-Einflussnahme-an-der-BTU_RZ.pdf (Abruf: 06.03.2024).

Radvan, Heike / Dyhr, Susanne (2023b): Handreichung zum Umgang mit (extrem) rechten und diskriminierenden Erscheinungsformen in der Lehre. URL: https://www-docs.b-tu.de/fg-methoden-theorien-sozialearbeit/public/PDF/Anlage_HK_Empfehlungen_f%C3%BCr_die_Lehre_BTU_Cottbus.pdf (Abruf: 06.03.2024).

Rauch, Geraldine / Zimmerer, Jürgen (2024): Die Demokratie muss auch in der Wissenschaft verteidigt werden. In: Jan-Martin Wiarda Blog, 23.02.2024. URL: https://www.jmwiarda.de/2024/02/23/die-demokratie-muss-auch-in-der-wissenschaft-verteidigt-werden/ (Abruf: 30.08.2024).

Reitz, Tilman (2016): Von der Kritik zur Konkurrenz. Die Umstrukturierung wissenschaftlicher Konflikte und ihre Wissenseffekte. In: sub\urban. Zeitschrift für kritische Stadtforschung 4, H. 2/3, S. 37–58.

Rosenthal, Walter (2024): Doppelzüngiges Spiel. In: DSW-Journal, H. 1, S. 44–45.

Sächsische Zeitung (2017): Leipziger Professor drohen nach rechten Äußerungen Konsequenzen. 17.11.2017.

Salzborn, Samuel (2017): Rechtsextremismus und Rechtspopulismus. In: Sozialmagazin, H. 11-12, S. 7–12.

Schubert, Karsten (2021). Auf dem Weg zu einer kritischen Theorie der Wissenschaftsfreiheit. In: Theorieblog.de, 15.10.2021. URL: https://www.theorieblog.de/index.php/2021/10/auf-dem-weg-zu-einer-kritischen-theorie-der-wissenschaftsfreiheit/comment-page-1/ (Abruf: 06.03.2024).

Schubert, Karsten (2023): Zwei Begriffe der Wissenschaftsfreiheit. Zum Verhältnis von Wissenschaft und Politik. In: Zeitschrift für Praktische Philosophie 10, H. 1, S. 39–78.

Seppelt, Enrico (2017): Identitäre Bewegung: rechter Angriff in der Harz Mensa. In: Du bist Halle, 12.06.2017. URL: https://dubisthalle.de/identitaere-bewegung-rechter-angriff-in-der-harz-mensa (Abruf: 06.03.2024).

Sommer, Jörn / Jongmanns, Georg / Book, Astrid / Rennert, Christian (2022): Evaluation des novellierten Wissenschaftszeitvertragsgesetzes. URL: https://www.bmbf.de/SharedDocs/Downloads/de/2022/abschlussbericht-evaluation-wisszeitvg.pdf?__blob=publicationFile&v=2 (Abruf: 06.03.2024).

Steinbeis, Maximilian (2024): Die Verwundbare Demokratie. Strategien gegen die populistische Übernahme. München: Hanser.

Steinhardt, Isabel (2024): Lehrpraktiken, Sozialisation und Selektion im Sozialraum Hochschule. In: öing, Nerea / Jenert, Tobias / Neiske, Iris / Osthushenrich, Judith / Trier, Ulrike / Weber, Tassja / Altroggen, Knut (Hg.): Hochschullehre postdigital: Lehren und Lernen neu gestalten. Bielefeld: wbv, S. 38–53.

Taz (2017): Rechter Juraprofessor darf bleiben. In: Taz, 8.12.2017, URL: https://taz.de/Rassismus-vorwuerfe-an-der-Uni-Leipzig/!5469143/ (Abruf: 30.08.2024).

Thole, Werner / Simon, Stephanie / Wagner, Leonie (2022): Neue Rechte, Rechtspopulismus und Soziale Arbeit. Ein Zwischenstand. In: Sozial Extra 46, H. 4, S. 244–250.

WELT (2017): Rechtsextreme bedrohen Studenten in Halle. In: WELT, 12.06.2017. URL : https://www.welt.de/regionales/sachsen-anhalt/article165473330/Rechtsextreme-bedrohen-Studenten-in-Halle.html (Abruf: 30.08.2024).

Wilholt, Torsten (2012): Die Freiheit der Forschung. Begründungen und Begrenzungen. Berlin: Suhrkamp.

Zick, Andreas / Küpper, Beate / Mokros, Nico (Hg.) (2023): Die distanzierte Mitte. Rechtsextreme und demokratiegefährdende Einstellungen in Deutlschand 2022/2023. Bonn: Dietz.

Zick, Andreas / Mokros, Nico (2023): Rechtsextreme Einstellungen in der Mitte. In: Zick, Andreas / Küpper, Beate / Mokros, Nico (Hg.) (2023): Die distanzierte Mitte. Rechtsextreme und demokratiegefährdende Einstellungen in Deutlschand 2022/2023. Bonn: Dietz, S. 53–89.

DR. PHIL. CHRISTOPH HAKER

Fach Soziologie, Institut für Humanwissenschaften, Universität Paderborn

christoph.haker@uni-paderborn.de

CORNELIA HEINTZE

Auf getrennten Wegen?
Wie und wo sich die sozialstaatlichen Pfade von Deutschland und Österreich unterscheiden

On separate paths?
How the Welfare State Paths of Germany and Austria Differ

KURZFASSUNG: Deutschland und Österreich kommen aus der Tradition eines konservativen, stark fragmentierten Sozialstaates, der die soziale Sicherung an den beruflichen und familiären Status bindet und die Steuerung korporatistisch organisiert. Diese Sozialarchitektur ist längst dysfunktional, weil hyperbürokratisch und öffentlich kaum steuerbar. Zugleich konserviert sie überholte Privilegien. Österreichische Politik stellt sich dem teilweise, wie die Transformation der traditionell statusgebundenen Alterssicherung in eine Erwerbstätigenversicherung, die Zusammenlegung von Krankenkassen und die automatische Auszahlung staatlicher Leistungen (Klimabonus, Familienbeihilfe) zeigen. In Deutschland fehlt ein vergleichbarer Gestaltungswille. Privilegien werden eisern verteidigt, die traditionelle Sozialarchitektur bleibt unangetastet und Problemlösungen der Vermarktlichung anvertraut.
Schlagwörter: Sozialstaat, Sozialversicherung, Rente, Krankenversorgung, Klimabonus, Kinderförderung

ABSTRACT: Germany and Austria come from the tradition of a conservative, highly fragmented welfare state that links social security to occupational and family status and organizes governance in a corporatist manner. This social architecture has long been dysfunctional because it is hyper-bureaucratic and cannot be publicly controlled. At the same time, it preserves privileges that have fallen out of time. Austrian politics is addressing this issue, at least in part. Paradigmatic examples are the transformation of the traditionally status-linked old-age pension scheme into an employment insurance scheme, the merging of health insurance funds and the automatic payment of state benefits (climate bonus and family allowance). Germany lacks a comparable will to shape the future. Privileges are stubbornly defended, the traditional social architecture remains untouched and solutions to problems are entrusted to marketization.
Keywords: Welfare state, social insurance, pension, health care, climate bonus, child support

Für zukünftige Herausforderungen besser gerüstet – Einführung und Einordnung

Wir leben in einer Zeit sich wechselseitig verschränkender und verstärkender Krisen – national, international, global. Die Folgen sind längst in der Lebenswelt der Menschen angekommen. Vertrauen schwindet und Verunsicherung breitet sich aus, was Angst und Wut nährt. Rechte und rechtsextreme Parteien wissen die Ängste für ihre Zwecke zu nutzen, indem sie sie auf Sündenböcke ableiten und die Systemfrage von rechts stellen. Ein vielfältig leistungsfähiger und für die bevorstehenden Herausforderungen gut gerüsteter Sozialstaat ist in dieser „*Zeitenwende*" essentiell. In der deutschen Debatte findet dies bisher kaum Berücksichtigung. Es dominiert die neuerliche Beschwörung der Mär vom aufgeblähten Sozialstaat. Dieser bedürfe einer Schrumpfkur, da nur so der weitere wirtschaftliche Abstieg verhindert werde könne. In den 1980er Jahren wurde so die Privatisierungswelle der 1990er Jahre vorbereitet und nach der Jahrtausendwende die Agenda-2010-Politik der Schröder-Jahre. Daran will die Union mit einer Agenda-2030-Politik anknüpfen, wie CDU-Generalsekretär Carsten Linnemann am 26.04.2024 erklärte (CDU 2024).

Um die Mär vom aufgeblähten Sozialstaat zu stützen, wird auf anekdotische Einzelfälle sowie das absolute Ausgabenwachstum rekurriert. In der Abgrenzung des Sozialbudgets, das neben den öffentlichen Ausgaben auch die Ausgaben anderer Finanzierungsträger umfasst (BMAS 2024), stiegen die Ausgaben absolut von 448,3 Mrd. € (1992) auf 1.186,7 Mrd. € (2022). Gleichzeitig jedoch ist die Bevölkerung sowohl gewachsen als auch gealtert und hat sich die Wirtschaftskraft (BIP) erhöht (vgl. Tabelle 1). Berücksichtigt man unabweisbare Mehrbedarfe aufgrund von Sonderfaktoren – Stichworte: Corona-Pandemie 2020/22 und Energiekrise von 2022/23 – blieb die Sozialleistungsquote annähernd konstant.[1] Dies bei einer tendenziell rückläufigen Bedeutung des Staates (Gebietskörperschaften und Sozialversicherung) als Kostenträger. Mitte der 1990er Jahre wandte er für die soziale Sicherung noch fast 22 % des BIP auf, nach der Corona-Pandemie waren es 20,4 % (2022). Beim Wachstum der Sozialausgaben liegt Deutschland international zurück. Um 26 % wuchsen die öffentlichen Sozialausgaben im Zeitraum von 2002 bis 2022; nur Griechenland und die Niederlande verzeichnen eine noch geringere Ausgabenzunahme (Dullien/Rietzler 2024).

Einer empirischen Überprüfung hält die Behauptung von den übermäßig stark gestiegenen Sozialausgaben also nicht stand. Daraus folgt mitnichten, dass es nur darum geht, drohende Leistungskürzungen abzuwehren und einige Bereiche finanziell etwas besser auszustatten. Tatsächlich nämlich ist der deutsche Sozialstaat für die Bewältigung der Herausforderungen, die aus der Alterung der Gesellschaft, der Zunahme chronischer Erkrankungen und den Gesundheitsrisiken der voranschreitenden Klimakrise (vgl. Daden u. a. 2024) erwachsen, denkbar schlecht gerüstet. Die Leistungserbringung ist hoch-bürokratisch mit dem Ergebnis, dass viele Berechtigte entweder aus Scham auf

---

1 Eurostat, Datenbank ESSOSS: [spr_exp_sum]; Update 18.06.2024.

ihnen zustehende Leistungen verzichten oder an den bürokratischen Hürden scheitern. Die Steuerung des Mitteleinsatzes ist nicht auf das bestmögliche Erreichen wohlfahrtsstaatlicher Ziele gerichtet, sondern folgt anderen Logiken. Diese reichen vom Hochhalten ordnungsrechtlicher Prinzipien über die Privilegiensicherung bestimmter gesellschaftlicher Gruppen bis zur Förderung kommerzieller Geschäftsmodelle.

Der deutsch-österreichische Vergleich setzt hier an. Während die Bundesrepublik Deutschland ab Ende der 1980er Jahre und verstärkt nach dem Beitritt der DDR immer weitere Bereiche der sozialen Infrastruktur den Logiken von Markt und Wettbewerb aussetzte, schlug Österreich in wichtigen Teilbereichen einen anderen Kurs ein. Die These geht dahin, dass Österreich mit einer Strategie der Leistungsintegration statt Vermarktlichung heute über einen besser für zukünftige Herausforderungen gewappneten Sozialstaat verfügt. Das Niveau der öffentlichen Leistungen ist höher, die Bereitstellung effektiver und die Bürokratiekosten fallen aufgrund der Verschlankung staatlicher Strukturen geringer aus. Dies ohne die wirtschaftliche Leistungsfähigkeit zu beeinträchtigen, wie die Angaben in Tabelle 1 zeigen.

Die Abwendung von Deutschland als traditionellem Vorbild basiert nicht nur, aber wesentlich auf zwei Faktoren: Auf der einen Seite fielen die linksgeneigten Parteien (SPÖ, Grüne) dem neoliberalen Zeitgeist nur partiell anheim, während sie in Deutschland auf breiter Front infiziert wurden.[2] Der Anspruch, fortschrittliche Politik im Interesse der Bevölkerungsmehrheit zu betreiben, blieb hier auf der Strecke. Auf der anderen Seite haben in Österreich auch die rechtsgeneigten Parteien Anteil daran, dass der Staat heute besser aufgestellt ist. Auf einige dieser Zusammenhänge wird unten eingegangen.

Der Hauptfokus liegt auf der Herausarbeitung eines gemeinsamen Musters, das die Politikausrichtung in unterschiedlichen Themenfeldern prägt. Die Facetten der Auseinanderentwicklung, die dazu aufgerufen werden, reichen von der Organisation der Sozialversicherungen über das Alterssicherungssystem und Einzelaspekte von Gesundheit bis zu den Themen Kindergrundsicherung und Klimageld, an denen die Ampel-Koalition nicht nur deshalb gescheitert ist, weil ihr durch das Urteil des BVG zur Schuldenbremse die finanzpolitische Geschäftsgrundlage entzogen wurde.[3] Das Problem reicht tiefer. Österreich liefert eine Kontrastfolie, von der – abgesehen von der Alterssicherung[4] – kaum Notiz genommen wird. Die politischen Entscheidungsträger rekurrieren eher auf weit entlegene Schein-Vorbilder. Ein Beispiel liefert die Vermarktlichung der Krankenhausversorgung mit Übernahme des australischen Systems der Fallpauschalen

---

2   Bis zur Linkspartei. Paradigmatisch steht dafür ihre Rolle bei der Privatisierung öffentlicher Wohnungsbestände in Berlin. Eingeleitet wurde die Privatisierung unter einer CDU-geführten Großen Koalition in den 1990er Jahren, nach 2002 ging sie unter einer Rot-Roten Koalition aber ungebremst weiter. Die Linke trug die neoliberale Entstaatlichungspolitik widerstandslos mit. Zur Phase bis 2007 siehe Oellerich (2009).
3   Ohne SPD und Grüne wäre es nicht gelungen, das neoliberale Projekt einer Selbstfesselung des Staates via Schuldenbremse mit Verfassungsrang auszustatten. In Österreich scheiterte ein paralleles Vorhaben von ÖVP, FPÖ und Neos am Widerstand von SPÖ und Grünen.
4   Dass und warum das österreichische Pensionssystem für die Gesamtbevölkerung höhere Leistungen bietet, war am 7. Mai 2024 sogar Thema in der Politsatiresendung DIE ANSTALT. Der gelungene Vergleich findet sich unter: https://www.zdf.de/comedy/die-anstalt/die-anstalt-vom-7-mai-2024-100.html; 16.07.2024).

als Preissystem. Die Fehlsteuerung der Leistungserbringung wurde so ver- statt entschärft (vgl. Naegler/Wehkam 2018; Bündnis Krankenhaus statt Fabrik 2020; Heintze 2020: 25 ff.; Simon 2020; Heintze 2022). Lange dominierte die Realitätsleugnung. Erst als nach der Corona-Pandemie immer mehr Kliniken in die roten Zahlen rutschten und ein schleichender Kollaps der Krankenhausversorgung drohte, wurde das Scheitern eingeräumt. Seit Juni 2024 befindet sich nun ein Gesetz zur Krankenhausreform in der parlamentarischen Beratung, das eine teilweise Ersetzung der Fallpauschalen durch Vorhaltepauschalen beinhaltet. Ob und wann die Neuregelung kommt, ist unklar.

Das Problem der Vergleichbarkeit

Ländervergleiche sehen sich mit kritischen Fragen der Vergleichbarkeit konfrontiert. Gerade unter diesem Gesichtspunkt bildet Österreich jedoch ein interessantes Referenzmodell. Zwar hat das Land nur ein Zehntel so viele Einwohner, teilt mit Deutschland aber viele Gemeinsamkeiten. Es beginnt bei der Sprache, Kultur und Geschichte. Der Staatsaufbau ist jeweils föderal organisiert mit 16 Bundesländern inklusive drei Stadtstaaten in Deutschland und neun Bundesländern inklusive einem Stadtstaat in Österreich, wobei für die Gemeinden als unterste staatliche Ebene das Prinzip der kommunalen Selbstverwaltung gilt. Das Demokratiemodell folgt den Prinzipien der parlamentarischen Demokratie mit Verhältniswahlrecht und einem Bundespräsidenten mit vorrangig repräsentativen Pflichten. Wie alle mitteleuropäischen Länder kommen Deutschland und Österreich aus der Tradition eines konservativen Sozialstaates, der die soziale Sicherung an den beruflichen wie familiären Status bindet, die Finanzierung über Versicherungen und die Steuerung korporatistisch über Sozialversicherungen und berufsständische Kammern von Ärzten. Apothekern usw. organisiert. Auch die Struktur des Parteiensystems weist Gemeinsamkeiten auf, zugleich aber zwei für die Politikformulierung bedeutsame Unterschiede. *Erstens* ist das Parteiensystem bezogen auf die Markt-Staat-Achse etwas weiter links von dem in Deutschland zu verorten.[5] *Zweitens* ist es um die Frauenpräsenz in den politischen Vertretungsorganen besser bestellt. Mit Stand von Juni 2024 liegt Österreich unter 186 Staaten auf Platz 26, Deutschland auf Platz 45 (IPU 2024).

---

5 So finden sich in der ÖVP Gesundheitspolitikerinnen, die Positionen vertreten, die im deutschen politischen Spektrum weit links zu verorten wären, etwa wenn die Ex-Ministerinnen Andrea Kdolsky und Maria Rauch-Kallat in Interviews mehr Zentralisierung, die Entmachtung der Ärztekammern und die Umstellung auf eine Steuerfinanzierung fordern (z. B. Magazin Profil vom 5.5.2023: https://www.profil.at/oesterreich/woher-kommt-die-gesundheits-krise/402449496; 09.08.2024). In der Konsequenz positioniert sich auch die rechtsextreme FPÖ nicht so marktradikal wie die AfD. Im EU-Parlament gehören die Parteien unterschiedlichen Fraktionen an. Die AfD der am äußersten rechten Rand befindlichen Fraktion „Europe of Sovereign Nations", die FPÖ den nicht ganz so rechten „Patriots for Europe." (https://results.elections.europa.eu/de/aufschlusselung-nationale-parteien-fraktion/2024-2029/; 20.07.2024).

Effektivierung statt Vermarktlichung –
Wie Bürokratieabbau auch gelingen könnte

Der in Österreich seit Mitte der 1990er Jahre eingeschlagene Pfad zielt nicht auf mehr Staat, sondern auf eine Effektivierung der öffentlichen Leistungserbringung. Über das Sozialversicherungs-Organisationsgesetz vom 13.12.2018 (BGBl. I Nr. 110/2024) wurden Sozialversicherungsanstalten zusammengelegt und die drei Sozialversicherungszweige der Kranken-, Unfall- und Pensionsversicherung unter einem Dach vereinigt. Dies erfolgte unter der Rechtsregierung aus ÖVP und FPÖ, die Ende 2017 von Sebastian Kurz (ÖVP) eingegangen worden war und über dem Ibiza-Skandal im Mai 2019 implodierte. Die Neu-Organisation beinhaltete auch die Schaffung einer Art Einheitskrankenkasse für alle abhängig Beschäftigten und Teile der Selbständigen mit planmäßigem Start zum 1.1.2020, die Gesundheitskasse Österreich (ÖGK). Seither gibt es nur noch drei Krankenkassen, wobei die ÖGK rd. 85% der Bevölkerung versichert. Zum Vergleich: In Deutschland versichern 95 untereinander im Wettbewerb stehende gesetzliche Kassen (Stand: 1.1.2024) rd. 89% der Bevölkerung; rd. 11% sind privat vollversichert. In Österreich also hat die politische Rechte im Sozialversicherungsbereich dazu beigetragen, die staatlichen Strukturen effizienter zu gestalten, um auf diesem Wege Bürokratie abzubauen. In Deutschland fehlen entsprechende Beiträge. Zwar ertönt stetig der Ruf nach Entbürokratisierung, gemeint ist aber nur, dass die Privatwirtschaft von lästigen Vorschriften und Berichtspflichten entlastet werden soll. Bezogen auf die sozialen Sicherungssysteme zielt rechte Politik gerade nicht auf eine Entbürokratisierung durch z. B. die Zusammenführung von Kassen oder die Abschaffung der Privaten Krankenkassenvollversicherungen usw. Linksgeneigte Parteien könnten Entbürokratisierung entsprechend durchdeklinieren, tun es aber nicht und bleiben damit in der Defensive.

Gegenläufig zu Österreich halten die Entscheidungsträger in Deutschland an der traditionellen Versäulung mit fünf je separaten Sozialversicherungszweigen[6] plus diverser Sondersysteme vom Beamtenbeihilfesystem bis zur Künstlersozialkasse fest. Zugleich schufen sie entweder innerhalb dieser Systeme Raum für die Entfaltung der Logiken von Markt und Wettbewerb oder sie haben, – Beispiel: Rente – durch die staatliche Förderung privater Versicherungsprodukte das öffentliche System geschwächt. Integrierte Leistungserbringung in der Ausrichtung an den konkreten Bedarfen, z. B. der von Behinderten, wird proklamiert, scheitert aber an diesen Strukturen. Die Sozialversicherungszweige führen je für sich ein Eigenleben. Flexible Leistungsbündelungen sind entweder rechtlich nicht möglich oder die Umsetzung ist mit zu hohen bürokratischen Anforderungen verbunden. Die Vermarktlichung verschlimmert das Problem, weil entweder – dafür steht der Krankenhaussektor – die Leistungserbringung nicht am Patientenwohl ausgerichtet ist, sondern die Patienten umgekehrt der Generierung von Gewinnen dienen oder – dafür steht die Altenpflege – der Zugang zu den gedeckelten

---

6   Die Entwicklung reicht bis ins Kaiserreich zurück. 1883 wurde eine Krankenversicherung geschaffen, es folgten die Unfallversicherung (1884), die Rentenversicherung (1889), die Arbeitslosenversicherung (1927) und als jüngster Zweig 1994 die an die Krankenversicherung angegliederte Pflegeversicherung.

und zu 100 % vermarktlichten Leistungen auch noch einem Irrgarten gleicht, in dem sich Pflegebedürftige ohne fremde Hilfe kaum zurechtfinden.

Komplett der Vermarktlichung unterzogen wurde die im Elften Sozialgesetzbuch (SGB XI) geregelte Pflegeversicherung. Dieser jüngste, 1994 geschaffene Sozialversicherungszweig, beinhaltet eine eingebaute Logik der Zurückdrängung öffentlicher Leistungserbringung schon dadurch, dass die frei-gemeinnützige und die kommerzielle Leistungserbringung Vorrang hat (SGB XI, § 11, Abs. 2). Bei den ambulanten Diensten kam ein Ausbau öffentlicher Leistungserbringung so nie in Gang; 2021 betrug der Marktanteil gerade einmal 1,5 %. Bei den Heimen wiederum erfolgte eine Marginalisierung in Richtung Restgröße: Anfang der 1990er Jahre lag der kommunale Anteil noch bei 28,6 %, 2021 waren es kümmerliche 5,7 % (Gesundheitsberichterstattung des Bundes; eigene Auswertung). Die Marktführerschaft ging durch Strategien nicht zuletzt des Lohndumpings an kommerzielle Dienstleister über. Während in Österreich die Flächentarifbindung in der Langzeitpflege unabhängig von der Trägerschaft bei annähernd 100 % liegt,[7] weist Deutschland nur beim Öffentlichen Dienst und den nicht-kirchlichen Wohlfahrtsverbänden eine hohe Tarifbindung auf; den Kirchen wird weiterhin das Festhalten an einem antiquierten Sonderarbeitsrecht gestattet und die private For-Profit-Fraktion ist eine tarifvertragsfreie Zone. Um die negativen Folgen des Lohndumpings einzufangen, wuchs die Notwendigkeit für staatliche Interventionen. Zunächst wurde nur indirekt durch die Schaffung eines Rechtsrahmens, den die Gewerkschaft Ver.di und tarifvertragswillige Arbeitgeber nutzen sollten, interveniert.[8] Der Versuch scheiterte an den kirchlichen Arbeitgebern, die um ihr Sonderarbeitsrecht bangten (vgl. Heintze 2023: 15 f.). Da die Situation mit Blick auf den gewachsenen Pflegenotstand immer unhaltbarer wurde, griff der Gesetzgeber schließlich direkt ein. Durch die Schaffung einer Tariftreueregelung erzwang er die Beendigung des Lohndumpings in der Altenpflege. Seit dem 1. September 2022 muss eine Pflegeeinrichtung, um als solche zugelassen zu sein, entweder selbst tarifgebunden sein oder ihre Pflegefachkräfte mindestens in Höhe von in der Region anwendbaren Pflege-Tarifverträgen entlohnen;[9] für ungelernte Kräfte gilt ein Pflegemindestlohn. Soweit das Kalkül der politischen Entscheidungsträger bei Schaffung der Pflegeversicherung darin bestand, sich durch Delegation an Marktkräfte der Verantwortung für die Marktergebnisse entziehen zu können, ging dies gründlich schief.

---

[7] Anfang der 1990er Jahre unterschied sich die Flächentarifbindung gesamtwirtschaftlich wenig: Deutschland erreichte 85 %, Österreich 95 %. Während in Österreich sodann ein Anstieg auf 98 % erfolgte, gab es in Deutschland eine stetige Erosion auf jetzt noch knapp 50 %. Eine Erklärung besteht darin, dass in Deutschland staatliche Maßnahmen zur Stützung einer hohen Tarifvertragsbindung wie z. B. der Erleichterung von Allgemeinverbindlichkeitserklärungen fehlen; in Österreich erfolgen diese automatisch (Heintze 2023: 10–18).

[8] Über das Arbeitnehmer-Entsendegesetzes (§ 7a AEntG) wurde versucht, einen noch auszuhandelnden Tarifvertrag für allgemein verbindlich zu erklären (Pflegelöhneverbesserungsgesetz; BT-Drs. 19/13395).

[9] Mit dem Gesundheitsversorgungsweiterentwicklungsgesetz (GVWG) fand dies Eingang in das Pflegeversicherungsrecht (SGB XI, §§ 72 und 82c). Zur praktischen Handhabung siehe Ver.di https://gesundheit-soziales-bildung.verdi.de/mein-arbeitsplatz/altenpflege/ 23.7.2024.

Österreich lehrt, was ein umlagefinanziertes Rentensystem leisten kann

In Deutschland war die Schwächung der Gesetzlichen Rente durch die „Reformen" der Jahre 2001 bis 2004 orchestriert von einer interessengeleiteten Propaganda, die den Abbau des Leistungsniveaus und den Aufbau kapitalgedeckter Zusatzsäulen erfolgreich als alternativlos kommunizierte. Die Integration von Selbständigen und Beamten in das gesetzliche System schafft es dagegen bis heute nicht auf die politische Agenda. Dies jedoch war Kern der österreichischen Reformen des Zeitraums von 1998 bis 2005. Das statusgebundene Pensionssystem wurde in eine Art universalistische Erwerbstätigenversicherung transformiert und so in seiner Zukunftsfähigkeit gestärkt.

Politisch war die Transformation ein höchst komplexer Prozess. Zunächst wurden durch eine SPÖ-geführte große Koalition die gewerblich Selbständigen (1998), dann die Landwirte (1999) und verkammerten Berufe (Ärzte, Apotheker, Anwälte) durch finanzierungs- und leistungsseitige Harmonisierungen in das allgemeine Pensionssystem einbezogen. Der Einbezug auch der Beamten gestaltete sich schwierig. Beamte genießen Vertrauensschutz, was den Griff zu Stichtagsregelungen und sehr langen Übergangsfristen notwendig machte. Mit dem *Pensionsharmonisierungsgesetz vom 18. November 2004* (BGBl I 2004/142), das am 1. Januar 2005 in Kraft trat, gelang unter einer ÖVP-FPÖ-Regierung allerdings auch dies. Die Kämpfe um die Reform waren heftig bis hin zur Durchführung eines Generalstreiks seitens der Gewerkschaften im Jahr 2003. Er richtete sich gegen Verschlechterungen wie z. B. die Erhöhung des Pensionseintrittsalters.[10] Als Ergebnis der Kämpfe im Parlament und außerhalb gelang nichts weniger als eine Art Sozialrevolution zu einem Zeitpunkt, wo eine Rot-Grüne-Regierung in Deutschland ganz anders unterwegs war.

Österreich liefert den Beweis dafür, dass und wie es gelingen kann, ein umlagefinanziertes System trotz niedriger Geburtenrate so zu gestalten, dass es Lebensstandardsicherung mit dem Schutz vor Altersarmut wirksam verbindet. Das Kernversprechen zielt auf Lebensstandardsicherung nach der 45/65/80-Formel: Nach 45 Versicherungsjahren soll bei Pensionseintritt mit 65 Jahren die Bruttoersatzrate 80 % betragen. Der Tendenz nach wird das Versprechen eingelöst. Im OECD-Vergleich glänzt das Land mit einem der höchsten Leistungsniveaus, während Deutschland unterdurchschnittlich abschneidet (OECD, Pensions at a Glance fortlaufend bis 2023). Die OECD stellt verschiedene Modellrechnungen an. Demnach lag das Netto-Niveau in Österreich nach 40 Beitragsjahren 2022 im Mittel bei 87,4 % gegenüber 55,3 % in Deutschland (OECD 2023, Tab. 5.2: Gross and net pension benefit level by earnings profile). Zur Stabilisierung ist wie in Deutschland ein Zuschuss aus dem Bundeshaushalt erforderlich. Er liegt etwas über dem deutschen Niveau.[11]

---

10 An dem Generalstreik – erstmals wieder seit den 1950er Jahren – beteiligten sich rd. 780 Tsd. Beschäftigte. (ÖGB, Streikstatistik). In der Sache war er ein Erfolg; geplante Pensionskürzungen konnten zu einem Gutteil abgewehrt und wichtige Verbesserungen durchgesetzt werden. Zur Rolle der Gewerkschaften in diesem Kampf siehe Belabed (2006).

11 Im Jahr 2023 deckte der Bundeszuschuss incl. der Ausgaben für die „Mindestpension" und die Bezuschussung von Selbständigen rd. 26 % der Ausgaben (https://www.dnet.at/opis/Pensionsversicherung.aspx;

Gemessen am BIP fallen die öffentlichen Alterssicherungsausgaben von Deutschland vergleichsweise gering aus. Im Durchschnitt der Jahre 2006–2022 waren es nur 9,5 % verglichen mit 12,6 % in Österreich. Eine Debatte um die Kürzung des BIP-Anteils gibt es in Österreich gleichwohl ebenso wenig wie eine Debatte um die Senkung der seit vielen Jahren stabilen Beitragssätze. Weitgehend ist Konsens, dass die nachhaltige Finanzierung einer guten Pension einen auskömmlichen Beitragssatz erfordert. Er liegt mit 22,8 % rd. vier Prozentpunkte über dem deutschen Niveau. Diese vier Prozentpunkte entsprechen dem, was abhängig Beschäftigte in Deutschland von ihrem Einkommen aufwenden, sofern sie die mit staatlichen Zulagen geförderte private Anlageform der „Riester"-Produkte nutzen. Zu beachten ist die Überparität der Arbeitgeber. Ihr Beitragssatz beträgt 12,55 %, der der abhängig Beschäftigten 10,25 %. In Deutschland würde umgehend das Argument zu hoher Lohnnebenkosten, die Arbeitsplätze kosten und die wirtschaftliche Wettbewerbsfähigkeit bedrohen, in Stellung gebracht. Unabhängig von der Frage, wie stichhaltig das Argument ist, greift es nicht, denn obwohl die Arbeitgeber-Beiträge für Pension (12,55 %) und Arbeitslosenversicherung (3 %) in Österreich höher sind als in Deutschland (9,3 % und 1,3 %), ist die Beitragsbelastung der Arbeitgeber insgesamt geringer. Dies resultiert aus dem Umstand, dass die Beiträge zur Krankenversicherung weniger als halb so hoch sind wie in Deutschland.[12] Zwei Faktoren erklären die Differenz: Erstens gelingt die Ausgabenkontrolle besser, zweitens liegt der über Steuern finanzierte Anteil höher als Mitte der 1990er Jahre. In Deutschland ist es umgekehrt.[13]

Die „Riester-Rente"[14] sollte einen Ausgleich schaffen für die Kürzung des Leistungsniveaus bei der gesetzlichen Rente und so Menschen mit geringem Einkommen vor Altersarmut schützen. Diese Funktion erfüllt sie nicht und konnte sie aufgrund ihrer Konstruktion auch nicht erfüllen. Dort, wo kapitalgedeckte zweite Säulen funktionieren, nimmt der Staat regulierend eine starke Rolle ein. In Schweden z. B. werden 2,5 % des Einkommens in kapitalgedeckte Fonds eingezahlt. Es gibt eine Standardlösung über den Staatsfonds AP7. Er wird vom überwiegenden Teil der Beschäftigten genutzt und bietet – dies bei minimalen Verwaltungskosten von weniger als einem 1 % – eine gute Verzinsung (Anderson 2021: 17). Wer die Opt-Out-Möglichkeit nutzt, hat die Wahl zwischen rd. 800 offiziell zugelassenen Fonds, die so strikte Vorgaben erfüllen müssen, dass es für die Geschäftsmodelle vieler Riester-Produkte das Aus bedeuten würde. In

---

22.08.2024). In Deutschland betrugen die Bundeszuschüsse 112,4 Mrd. €, was einem Anteil von rd. 22 % am Budget der DRV entsprach. (DRV, Endgültigen Ergebnis des Rechnungsjahres 2023 vom 19.07.2024: https://www.deutsche-rentenversicherung.de/DRV/DE/Ueber-uns-und-Presse/Presse/Meldungen/2024/240719-bundesmittel-bundeszuschuss.html; 3.8.2024).

12 In Deutschland kommen (2024) zum allgemeine Beitragssatz von 14,6 % noch Zusatzbeiträge von durchschnittlich 1,7 %. In Österreich beträgt der Beitragssatz 7,65 %. Siehe https://www.missoc.org/missoc-information/missoc-vergleichende-tabellen-datenbank/; 21.08.2024.

13 Mitte der 1990er Jahre lag der Steuerfinanzierungsanteil in Deutschland bei gut 12 %. Bis 2019 hat er sich auf 6,6 % annähernd halbiert und stieg pandemiebedingt auf 11,7 % im Jahr 2022. In Österreich liegt der Steuerfinanzierungsanteil zwar traditionell höher, ist während der zurückliegenden beiden Dekaden aber weiter gewachsen (2004: 28,2 %; 2019: 30,4 %; 2022: 35 %). (Eurostat, Gesundheitsausgaben – ausgewählte Funktionen der Gesundheitsversorgung nach Finanzierungssystemen [hlth_sha11_hchf]; Update 02.08.2024).

14 Namensgeber ist der Ex-Gewerkschaftler und SPD-Politiker Walter Riester, der unter Kanzler Gerhard Schröder von 1998 bis 2002 als Sozialminister fungierte.

Deutschland betragen die Verwaltungskosten im Schnitt 10 % und die Rendite ist so niedrig, dass sie noch nicht einmal die Inflation ausgleicht (Finanzwende 2024). Der Realität des Scheiterns der unter Rot-Grün vorgenommenen Weichenstellung verweigert sich das SPD-geführte Sozialministerium bis heute.[15]

Ein zentrales Defizit des deutschen Systems besteht im Fehlen einer Mindestrente. Im rechtlichen Sinne gibt es diese auch in Österreich nicht, faktisch allerdings dort, wo trotz langer Versicherungszeiten der erworbene Pensionsanspruch bestimmte Richtwerte nicht erreicht. Aktuell (Stand 2024) erhalten Pensionisten, deren monatliches Einkommen als Alleinstehende/-r weniger als 1.217,96 € und als Paar weniger als 1.921,46 € beträgt, einen „*Ausgleichszulagenbonus*". Bei 30 Beitragsjahren beträgt der maximale Bonus 180,31 €/mtl. Ab mindestens 40 Beitragsjahren beträgt der Richtsatz für Alleinstehende 1.583,22 € (maximaler Bonus: 459,85 €) und für Ehepaare oder eingetragene Partnerschaften 2.137,04 € (maximaler Bonus: 459,36 €). Der Bonus wird 14-mal im Jahr ausgezahlt und muss beantragt werden.

Rund herum optimal ist auch das österreichische System nicht. Eine zentrale Schwäche besteht in dem hohen Pension-Gap von im Jahr 2023 41 %. Folge: Die Pension der Frauen lag 2023 durchschnittlich um 880 € unter der der Männer (Momentum-Institut 2023: 23). Diese Ungerechtigkeit bedarf der politischen Bearbeitung, wobei die Lösung primär außerhalb des Pensionssystems liegt. Frauen bringen es auf eine kürzere Erwerbsphase als Männer, sind während der Erwerbsphase häufig nur in Teilzeit beschäftigt und ihr Regelpensionseintrittsalter liegt noch bei 60 Jahren; bis 2033 steigt es auf das der Männer von 65 Jahren. Um die Frage, mit welcher Strategie dem bei Frauen erhöhten Risiko von Altersarmut[16] wirksam begegnet werden kann, wird im Vorfeld der Nationalratswahlen vom 29.09.2024 heftig gerungen. Die ÖVP will eine Großeltern-Karenz einführen. Großeltern, die Enkelkinder betreuen, sollen vom Staat entlohnt werden. Man hofft, dass die Töchter dann ihre Erwerbsbeteiligung ausweiten, also Vollzeit statt Teilzeit arbeiten, und vorzugsweise Omas das Angebot nutzen, um ihre Pension aufzustocken. SPÖ, Grüne und Gewerkschaften lehnen den Vorstoß ab mit der Begründung, hier werde eine neue Falle für Frauen aufgebaut; das Geld solle besser in den Ausbau der noch defizitären KITA-Infrastruktur investiert werden (Fink/Mittelstaedt 2024). Interessant erscheint aus deutscher Perspektive, dass es hier nicht um Sozialabbau geht, sondern um die Frage, ob für die Entschärfung eines bestehendes Problems die kon-

---

15   Zunächst (Alterssicherungsbericht von 2005: 8) wurde behauptet, man habe mit der Einführung einer kapitalgedeckten zusätzlichen Altersvorsorge für die Zukunft die „*richtigen Weichenstellungen*" getroffen. Im Alterssicherungsbericht von 2016 (BMAS 2016) wird die Riester-Rente weiter als Erfolg dargestellt, obwohl die Zahl der Verträge seit 2014 rückläufig ist. Aktuell schließlich rechtfertigt das BMAS in einer Antwort auf eine kleine Anfrage der AfD-Fraktion Verwaltungskosten von 10 % als „*angemessen und sachgerecht*." (BT-Drs. 20/12289 vom 16.07.2024: 3) und verweigert sich einer klaren Antwort auf die Frage nach dem Kundennutzen der auf dem Markt befindlichen Riester-Produkte (ebd.: 13).

16   Im Durchschnitt der Jahre 1995–2000 lag die Armutsgefährdungsquote älterer Frauen (60+) bei 26 % und damit höher als in Deutschland (15,5 %). Dies hat sich in der Zeitspanne von 2018 bis 2023 umgekehrt. Jetzt liegt Deutschland mit 20,5 % gegenüber 17,9 % in Österreich vorn. (Eurostat, Datenbestand „Quote der von Armut bedrohten Personen nach Armutsgefährdungsgrenze, Alter und Geschlecht – EU-SILC und ECHP Erhebungen [ilc_li02]; Update 20.06.2024).

servative Antwort via Geldtransfer oder die linke Antwort via Ausbau der öffentlichen Infrastruktur besser geeignet ist.

Kein sozialpolitischer Fortschritt durch die Ampel-Regierung – Österreich macht es besser

Die Ampel-Regierung war mit dem Anspruch einer Fortschrittskoalition gestartet. Im wirtschafts- und sozialpolitischen Bereich dürfte davon kaum mehr übrigbleiben als die Anhebung des gesetzlichen Mindestlohns von 10,45 € auf 12 € ab dem 01.10.22. Zum 1.1.2024 und dann wieder zum 1.1.2025 folgt(e) eine mickrige Erhöhung um je 41 Cent. Die Tariflohnsteigerungen blieben dabei ebenso unberücksichtigt wie die EU-Richtlinie vom 4.10.2022, wonach Mindestlöhne angemessen in der Weise sein müssen, dass sie mindestens 60 % des Bruttomedianlohns betragen.[17]

Wohl gibt es im Koalitionsvertrag Einiges an progressiven Ankündigungen. Bei Gesundheit und Pflege wird z. B. der „Ausbau multiprofessioneller, integrierter Gesundheits- und Notfallzentren" (SPD u. a. 2021: 66) und die Schaffung des neuen Berufsbildes der „Community Health Nurse" (ebd.: 64) ebenso versprochen wie die Begrenzung der Eigenanteile in der stationären Pflege (vgl. ebd.: 63). In Österreich ist all dies entweder bereits umgesetzt (Abschaffung des Pflegeregresses) oder befindet sich in der Umsetzung. Wichtige Stichworte sind der Aufbau multidisziplinärer Primärversorgungszentren und die flächendeckenden Community Nursing Projekte (vgl. Heintze 2023, 2024). Deutschland steht zurück.

SPD und Grüne rechtfertigen das Ausbleiben sozialpolitischer Fortschritte gerne mit der Notwendigkeit, Kompromisse einzugehen. Ein Kompromiss war jedoch schon der Koalitionsvertrag. Warum die dort hineinverhandelten progressiven Elemente nicht zur Umsetzung kommen, während die FDP als kleinster Partner mit ihren Kernanliegen zu mehr als 100 % erfolgreich ist, kann so nicht begründet werden. Auch der gebetsmühlenartig vorgetragene Verweis darauf, dass der Koalitionsvertrag nun einmal Steuererhöhungen ausschließe, was die Finanzierung wichtiger Sozialprojekte schwierig mache, überzeugt nicht und ist sachlich falsch. Zum Thema Steuererhöhungen trifft der Koalitionsvertrag gar keine Aussage. Genau umgekehrt wäre daher zu begründen, warum trotz Budgetkrise und trotz der in Deutschland hohen Einkommensungleichheit (vgl. Tabelle 1) Steuersenkungen im zweistelligen Milliardenbereich beschlossen wurden. Interessant ist hier das Thema „Kalte Progression".[18] Ihre Abschaffung nämlich verhindert, dass der Dynamik des Ausgabenwachstums eine Dynamik bei der Ergiebigkeit des

---

17 Dieser lag nach Ermittlungen des Jobportals Stepstone im Jahr 2023 bei 44.407 €. Zitiert bei Christiane Kreder in Capital vom 11.09.2023: https://www.capital.de/karriere/medianeinkommen--so-viel-verdienen-die-deutschen-im-mittel-31108506.html; 05.08.2024.

18 Allein darauf entfallen 15 Mrd. €. Siehe BMF: „*Sie haben was gut. Weniger Steuern*": https://www.bundesfinanzministerium.de/Web/DE/Themen/Schlaglichter/Mehr-Ausgleich/mehr-ausgleich.html; 30.07.2024. In den Jahren 2025 und 2026 geht es trotz Budgetkrise mit den Steuerentlastungen weiter. Der BMF-Monatsbericht von Juli 2024 beziffert das Volumen auf 23 Mrd. € (ebd.: 8).

Steueraufkommens entspricht, was den Spardruck erhöht. In Österreich setzte die ÖVP 2023 die Abschaffung durch, musste den Grünen aber ein Zugeständnis machen, um das sich in Deutschland Grüne und SPD noch nicht einmal bemüht haben. Einerseits werden die Steuerstufen jedes Jahr an die jeweilige Teuerung angepasst, was den oberen Einkommensgruppen zugutekommt. Andererseits erfolgt die Anpassung nur zu zwei Dritteln automatisch; es verbleibt ein Steuervolumen, über dessen Verteilung extra zu entscheiden ist. Die Begünstigung der oberen und höchsten Einkommensschichten wird so abgefedert.[19]

Das Mindeste, was man hätte erwarten können, war, dass die Steuersenkungen gegenfinanziert werden durch den Abbau umweltschädlicher Subventionen. Hier nämlich trifft der Koalitionsvertrag eine klare Ansage: „Wir wollen zusätzliche Haushaltspielräume dadurch gewinnen, dass wir [...] umwelt- und klimaschädliche Subventionen und Ausgaben abbauen" (SPD u. a. 2021: 129). Eine vom Bundesministeriums für Wirtschaft und Klimaschutz beim Öko-Institut, Fraunhofer ISI und weiteren Instituten in Auftrag gegebene Studie kam Ende 2023 zu dem Schluss, dass 2020 allein im Verkehrsbereich klimaschädliche Aktivitäten mit 24,81 Mrd. € (Haushaltsmittel und Steuermindereinnahmen) gefördert wurden (Plötz u. a. 2023/24: 22). Statt auf deren Abbau zu bestehen, erhielt die FDP einen Freibrief für die Missachtung des noch von der Großen Koalition verabschiedeten Klimaschutzgesetzes. Eigentlich hätte das FDP-geführte Ministerium Sofort-Maßnahmen ergreifen müssen, da der Verkehrssektor die gesetzlich festgelegten Klimaziele laufend verfehlt. Um der FDP dies zu ersparen, wurde das Gesetz entkernt.[20] Als kleinster Partner in der Koalition hält die FDP die anderen Parteien im Würgegriff. Dies gelingt, weil weder SPD noch Grüne über einen klaren Kompass, eine tragfähige Strategie und Standfestigkeit dort, wo es darauf ankommt, verfügen.

Schauen wir etwas genauer auf die gescheiterten Projekte von Klimageld und Kindergrundsicherung. Mit der Entwicklung eines Klimageldes sollte der künftige Preisanstieg aufgrund der ansteigenden Energie- und CO_2-Preise sozial kompensiert werden, um so „die Akzeptanz des Marktsystems zu gewährleisten" (SPD u. a. 2021: 49). Die Nicht-Umsetzung wird nun damit begründet, dass für die Auszahlung erst die technischen Voraussetzungen geschaffen werden müssten. Dies ist richtig. In Deutschland fehlt eine direkte Finanzverbindung von Staat und Bürgern. Anders Österreich. Hier erweist es sich als Erfolgsfaktor, dass die Zuständigkeit für die vom Staat benötigten digitalen Problemlösungen beim Staat selbst angesiedelt ist, konkret: beim Bundesrechenzentrum (BRZ 2024). Das BRZ entwickelt und implementiert passgenaue IT-Lösungen von der elektronischen Steuererklärung bis zur elektronischen Patientenakte. In Deutschland

---

19 Nach vorläufigen Schätzungen könnten rund 650 Mio. € gezielt an die unteren Einkommen umverteilt werden (Standard vom 29.6.2024: https://www.derstandard.at/story/3000000226436/millionenbetrag-aus-kalter-progression-oevp-und-gruene-mit-verschiedenen-plaenen; 30.07.2024).
20 Die sektorale Verantwortung wurde aufgegeben. An ihre Stelle treten wechselseitige Verrechnungen, die so in die Zukunft verlagert wurden, dass die aktuelle Regierung davon nicht tangiert wird. Das entkernte Klimaschutzgesetz passierte am 26.04.2024 den Bundestag. Die Deutsche Umwelthilfe, die vor deutschen Gerichten mit Klimaschutzklagen wiederholt erfolgreich war, hat gegen das Gesetz Verfassungsbeschwerde eingelegt (https://www.duh.de/klimaklagen/klimaklagen-gegen-die-bundesregierung/, 4.8.2024).

erfolgt die Digitalisierung dagegen zersplittert mit Outsourcing der Produktentwicklung an den Privatsektor. Dieser Marktkurs ist teuer, produziert fragmentierte Insellösungen und begünstigt die staatliche Selbstverdummung.

Da in Österreich die technischen Voraussetzungen für die automatische Auszahlung bereits vorlagen, gelang es der zuständigen Ministerin (Leonore Gewessler, Grüne), den Klimabonus zeitgleich mit der Einführung einer CO_2-Abgabe ab Oktober 2022[21] zum Start zu bringen. Gespeist aus den Einnahmen des CO_2-Preises erhalten ihn alle mit Hauptwohnsitz in Österreich lebenden Menschen unabhängig von Staatsbürgerschaft und Alter. Die Überweisung erfolgt auf das dem Staat bekannte Bankkonto. Wo keine Kontoverbindung vorliegt, werden Gutscheine verschickt. Die Höhe des jährlichen Klimabonus ist nach Hauptwohnsitz und der dort vorfindlichen Infrastruktur gestaffelt. Im Jahr 2024 beträgt er für Erwachsene 145 €, 195 €, 245 € und 290 €; Kinder bekommen die Hälfte und Personen mit eingeschränkter Mobilität 290 €.[22]

Die automatische Auszahlung eines Klimageldes kann interpretiert werden als Einstieg in eine Klimasozialpolitik als neuem sozialpolitischen Aufgabenfeld. Bei der Einführung einer Kindergrundsicherung bewegen wir uns dagegen im Bereich klassischer Sozialpolitik. Der Koalitionsvertrag beschreibt die Kindergrundsicherung als ein prioritäres Projekt der Bekämpfung von Kinderarmut, bei dem es darum gehe, Leistungen wie Kindergeld, Kinderzuschlag, Teile des sogenannten Bildungs- und Teilhabepaktes und weitere Sozialleistungen so zu bündeln, dass sie bei den Kindern auch tatsächlich ankommen. Die Kindergrundsicherung sollte „aus zwei Komponenten bestehen: Einem einkommensunabhängigen Garantiebetrag (…) und einem vom Elterneinkommen abhängigen, gestaffelten Zusatzbetrag" (SPD u. a. 2021: 79). Die Grünen labelten das Projekt noch 2023 als zentrales sozialpolitisches Vorhaben der Bundesregierung. Von einem „Systemwechsel" schwärmte die grüne Familienministerin Lisa Paus am 09.11.2023 im Bundestag. Ein Familienservice werde aufgebaut, der die Familien proaktiv über die ihnen zustehenden Leistungen informiere (Paus 2023). Kein Jahr später ist das Projekt tot. Es war ein Tod auf Raten. Erst wurden die für das Projekt verfügbaren Haushaltsmittel immer kleiner. Im April 2024 dann holte die FDP zum finalen Todesstoß aus: „Es ist Lisa Paus' Geheimnis, wie 5000 neue Stellen zu weniger Bürokratie führen sollen" (vgl. DER SPIEGEL vom 02.04.2024).

Es ginge fehl, das Scheitern vorrangig auf unglückliches Taktieren und schlechte Kommunikation der zuständigen Ministerin zurückzuführen. Die gab es auch. Der entscheidende Punkt ist ein anderer. Das Kernproblem der Kinderförderung besteht in Deutschland nicht in der fehlenden Bündelung diverser Kleinstleistungen, die armen Kindern bedürftigkeitsgeprüft zustehen, wo aber der bürokratische Aufwand für die Beantragung so hoch ist, dass das Gros der Berechtigten davon keinen Gebrauch

---

21 Bei der Höhe der CO_2-Bepreisung orientiert sich Österreich an Deutschland. Pro Tonne an CO_2-Emssionen fielen zunächst 30 € an mit Anstieg auf 45 € in 2024 und geplant 55 € im Jahr 2025 (https://www.wko.at/oe/industrie/mineraloelindustrie/co2-bepreisung; 30.07.2024).

22 Wie der Klimabonus funktioniert, wird per Video leicht verständlich erklärt: https://www.klimabonus.gv.at/#plz; 29.07.2024.

macht. Das Kernproblem besteht darin, dass dem deutschen Staat die Kinder oberer Einkommensgruppen mehr wert sind als die mittlerer und unterer Einkommensgruppen, was – wie häufig in Deutschland – durch das Steuerrecht verschleiert wird. Bei Gut- und Spitzenverdienern übersteigt der Steuervorteil durch den Kinderfreibetrag das Kindergeld deutlich. Nach DIW-Berechnungen 2021 um bis zu 1.146 €/p. a. Einem Kindergeld von 219 €/mtl. stand hier eine Steuerersparnis von 314,50 €/mtl. gegenüber (Bach/Haan 2021: 2). Wenn der Kinderfreibetrag nicht nur abgesenkt, sondern abgeschafft würde, ließe sich Bürokratie einsparen. Derzeit nämlich müssen Finanzämter im Wege einer Günstigerprüfung errechnen, ob die Nutzung des Freibetrages zu einer Steuerersparnis führt, die höher ausfällt als das Kindergeld oder nicht. Ohne die Privilegierung der Gutverdiener-Kinder wäre das Steueraufkommen 2021 um 3,5 Mrd. € höher ausgefallen. Von einer ähnlichen Größenordnung ist auch aktuell auszugehen. Gegenüber 2021 nämlich wurde nicht nur das Kindergeld auf jetzt 250 €/mtl., sondern auch die Kinderfreibeträge von 8.388 € (2021) auf 9.540 € (ab 1.1.2025 rückwirkend für 2024) angehoben. Die freiwerdenden Mittel könnten in ein kostenloses Schulessen investiert werden, was das Lernumfeld für alle Kinder verbessern würde, wohingegen die bedürftigkeitsgeprüfte Kostenübernahme im Rahmen des Bildungs- und Teilhabepakets stigmatisierend wirkt, indem es benachteiligten Kindern den Stempel „armes Kind" aufdrückt. Zu beantworten haben SPD und Grüne also die Frage, warum sie irrigerweise glaubten, das Kernproblem der Kinderförderung aussparen zu können mit dann einem Null-Ergebnis, weil die FDP nicht nur die Privilegierung der Kinder von Besserverdienern hartnäckig verteidigt, sondern auch kein Interesse daran hat, dass die Kinder von Geringverdienern und Bürgergeldempfängern diverse Kleinst-Leistungen durch vereinfachten Zugang tatsächlich nutzen.

Auch in Österreich ist Kinderarmut ein ungelöstes Problem. Die Privilegierung der Kinder oberer Einkommensklassen wurde durch die Ersetzung des Kinderfreibetrages durch einen Kinderabsetzbetrag jedoch beseitigt. Die Förderung besteht aus zwei Komponenten: Erstens einer nach dem Altes des Kindes gestaffelten Familienbeihilfe von aktuell (2024) 132,30 €/mtl. ab Geburt bis 191,60 €/mtl ab 19 Jahren plus Zuschlägen für Geschwister. Zweitens einem Kinderabsetzbetrag von p. a. einheitlich 2.000 € (2024), der als negative Einkommensteuer zur Auszahlung kommt. Zusammen liegt das österreichische Leistungsniveau leicht unter dem des Kindergeldes in Deutschland.[23]

Wie kommen die Leistungen zu den Berechtigten? Traditionell gemäß Holschuld derjenigen, die vom Staat eine Leistung erwarten. Familienministerin Paus wollte einen Paradigmenwechsel hin zu einer Bringschuld des Staates einleiten. Bei der Familienhilfe ist Österreich bereits so weit. Für alle ab dem 01.05.2019 geborenen Kinder entfällt die Prozedur bürokratischer Beantragung. Dies ist eingebettet in die Schaffung zentraler Register,[24] wozu seit 2014 auch ein Zentrales Personenstandsregister gehört (ZPR,

---

23 Bei drei Kindern (Alter: 3, 5 und 14 Jahre) beläuft sich die Förderung z. B. auf 711,20 € (DE: 3*250=750 €) (https://services.bundeskanzleramt.gv.at/familienbeihilferechner/familienbeihilferechner.html; 05.08.2024).

24 Relevant für unseren Zusammenhang ist das Gesundheitsberuferegister (seit 2018: vgl. https://gbr.goeg.at/; 12.08.2024) und das Nationale Impfregister (seit 10–2020), integriert in die Elektronische Patientenakte.

Bundesgesetzblatt Nr. 16/2013). Im ZPR sind die Standesämter digital vernetzt. Erfasst mit Namen und Adresse sind hier alle Personenstandsfälle (Geburt, Ehe, Eingetragene Partnerschaft, Scheidung, Tod). Nach Meldung der Geburt eines Kindes beim ZPR erfolgt die Auszahlung der Familienbeihilfe automatisch. In Sachen Familienfreundlichkeit hat Österreich so einen großen Schritt nach vorne getan. Die Kinderarmut freilich bleibt ungelöst.[25]

Fazit

Die Aussagekraft obiger Ausführungen ist beschränkt. Behandelt, teilweise nur angerissen, wurden die Politikfelder Alterssicherung, Gesundheit und Pflege, Kinderförderung und Klimasozialpolitik. Da rund 70 % der öffentlich getragenen Ausgaben auf diese Bereiche entfallen, wurde gleichwohl der überwiegende Teil sozialstaatlicher Tätigkeit adressiert.

Höhe und Reichweite öffentlicher Leistungen unterscheiden sich bei der Krankenversorgung und Kinderförderung nur wenig, sind bei der Langzeitpflege und der Alterssicherung in Österreich aber höher. Für die Kernthese, wonach der österreichische Sozialstaat besser für zukünftige Herausforderungen gewappnet ist, ist dies aber sekundär. Entscheidend sind die beiden anderen Befunde. Österreich startete in den 1990er Jahren mit der Transformation einer hochgradig fragmentierten und daher zunehmend dysfunktionalen Sozialarchitektur in eine vereinfachte wie vereinheitlichte Organisationsstruktur. Paradigmatisch für den Erfolg dieser Strategie steht die gesetzliche Rente (Pension). In einer großen, von sozialen Kämpfen begleiteten Kraftanstrengung entstand im Zeitraum von 1998 bis 2005 eine De-facto-Erwerbstätigenversicherung, die das deutsche Rentensystem in den Schatten stellt. Während das Rentensystem in Deutschland zur Dauerbaustelle wurde, blieb das Pensionssystem in Österreich in Finanzierung, Leistung und Struktur weitgehend stabil, was ein hohes Vertrauen in das System begründet. Der Nachhaltigkeit der Finanzierung kommt zugute, dass die Zahl der Beamten, die noch von den alten Privilegien profitieren, von Jahr zu Jahr sinkt, was wie ein Finanzspritze wirkt. Auch bei der Krankenfinanzierung wurde durch die Schaffung einer Einheitsversicherung für alle abhängig Beschäftigten und einen Großteil der Selbständigen eine stark vereinheitlichte Organisationsstruktur geschaffen. Dies freilich ist hier nur ein Segment in einem System, das finanzierungs- und leistungsseitig von der Prävention und Primärversorgung bis zur REHA und Langzeitpflege reicht. Die Neuausrichtung ist bei Gesundheit und Pflege vielfach so anspruchsvoll wie bei der Pensionsversicherung. Und der Ausgang ist offen.

Die deutsche Politik verweigert sich der Aufgabe, seine hochgradig fragmentierten Sozialsysteme, die sich der Steuerbarkeit längst entzogen haben, in eine vereinfachte

---

25 Im Durchschnitt der Jahre 2009–2023 lag die Armutsgefährdungsquote (< 60 % des medianen Äquivalenzeinkommens nach Sozialleistungen) der U18 Bevölkerung bei 18 % verglichen mit 15 % in Deutschland (Eurostat, EU-SILC und ECHP Erhebungen [ilc_li02]; Update 26.06.2024).

Tab. 1: Bevölkerung, Ökonomie, Staat, Soziale Sicherung – Kernindikatoren

	Deutschland	Österreich
Bevölkerung in Tsd. (1.1.2023)	84.358,8	9.104,8
Zunahme der 75+Bevölkerung seit 1995 (Tsd.)	4.140,8	385,5
Lebenserwartung ab Geburt (2022)	80,7	81,1
Wirtschaftswachstum (Durchschnitt = DS der Jahre 2012–23)	1,0	1,0
Nettomedianeinkommen 2023	28.062	33.371
Zuwachs seit 2014	7.157	8.826
Bruttoinvestitionen in % des BIP (DS 2013–2023)	23,6	27,4
Indikatoren zur Entwicklung des Staatssektors		
Staatsquote (% des BIP): DS 1995–2005	48,6	52,5
Staatsquote (% des BIP): DS 2006–2023	46,1	51,6
Öffentliche Bruttoinvestitionen (% des BIP): DS 1995–2023	2,3	3,1
Finanzierungssaldo des Öffentl. Gesamthaushaltes: DS 1995–2023	−1,9	−2,7
Bruttoschuldenstand: 2019 in % des BIP (vor der Pandemie)	58,9	70,6
Bruttoschuldenstand: 2023 in % des BIP	63,6	77,8
Ausgaben des Staates nach Aufgabenbereichen (COFOG) in % des BIP (DS 2006–2022)		
Bildungsausgaben	4,3	4,9
Gesundheitswesen[1]	7,2	8,2
Soziale Sicherung (Arbeitslosigkeit, Rente, Sozialhilfe…)	19,6	20,9
Dar. Alterssicherung	9,5	12,6
Dar. Familie und Kinder	1,7	2,4
Beschäftigung, Arbeitslosigkeit, Ungleichheit		
Beschäftigungsquote (20–64 J): DS 2009–2023	77,5	75,1
Arbeitslosenquote (20–64 J): DS 2009–2023	4,3	5,3
Einkommensungleichheit (GINI) nach Sozialtransfers 2023	29,4	28,1

Quellen: Eurostat-Datenbestände zu (**1**) Bevölkerung (Bevölkerung am 1. Januar nach Altersgruppe und Geschlecht [demo_pjangroup]; Update 22.7.2024), (**2**) Lebenserwartung (**3**) Wachstumsrate des realen BIP [tec00115]; Update 20.07.2024; (**4**) Durchschnittliches und Median-Einkommen nach Alter und Geschlecht – EU-SILC und ECHP Erhebungen [ilc_di03]; Update 12.07.2024; (**5**) BIP und Hauptkomponenten [nama_10_gdp]; Update 20.07.2024; (**6**) Staatseinnahmen, – ausgaben und Hauptaggregate [gov_10a_main]; Update 22.04.2024: (**7**) Defizit/Überschuss, Schuldenstand des Staates [gov_10dd_edpt1]; Update 22.04.2024; (**8**) Ausgaben des Staates nach Aufgabenbereichen (COFOG) [gov_10a_exp]; Update 22.04.2024; (**9**) Erwerbstätigenquote nach Geschlecht [sdg_08_30]; Update 13.06.2024; (**10**) Arbeitslosendaten nach Geschlecht und Alter – jährliche Daten [une_rt_a]; Update13.06.2024; (**11**) Gini-Koeffizient des verfügbaren Äquivalenzeinkommens nach Alter [ilc_di12]; Update 18.07.2024.

und vereinheitlichte Organisationsstruktur zu überführen. An die Stelle der Systemtransformation tritt punktuelles Flickwerk. Das gerade als dringlichst erachtete Problem wird entschärft um den Preis der Verschärfung anderer Probleme. Große Hoffnungen setzte die Politik in Markt und Wettbewerb. Durch Privatisierung und Vermarktlichung sollten Strukturbereinigungen erfolgen, für die die Politik glaubte, dann keine Verantwortung übernehmen zu müssen. Bei der Rente schienen staatlich geförderte Privatrenten die richtige Weichenstellung zu sein; bei der Krankenhausversorgung sollte das Preissystem der Fallpauschalen für mehr Wirtschaftlichkeit, bessere Qualität und eine Steigerung der Innovationskraft sorgen. Nichts davon trat ein. Im Gegenteil. Das Thema Digitalisierung fügt sich ein. Anders als Deutschland macht sich der österreichische Staat wenig abhängig von privaten Anbietern, sondern entwickelt und implementiert die benötigten Problemlösungen selbst. Dies erweist sich als Erfolgsfaktor, wofür die automatische Auszahlung des Klimabonus ebenso steht wie der teilweise Antragswegfall bei der Familienbeihilfe.

Literatur

Anderson, Karen M. (2021): Alterssicherungspolitik und organisierte Interessen in Schweden. In: HBS Study Nr. 28.

Bach, Stefan / Haan, Peter (2021): Kinderfreibetrag reduzieren, Familienleistungen für Geringverdienende ausbauen. In: DIW aktuell Nr. 64. URL: https://www.diw.de/documents/publikationen/73/diw_01.c.818850.de/diw_aktuell_64.pdf (Abruf: 15.10.2024).

Belabed, Eva (2006): Pension reform in Austria and the role of trade unions. In: Social security for all. Trade union policies. In: Labour Education No. 145, S. 83–91. URL: https://www.ilo.org/publications/social-security-all-trade-union-policies (Abruf: 15.10.2024).

BMAS – Bundesministerium für Arbeit und Soziales (Hrsg.) (2005): Ergänzender Bericht der Bundesregierung zum Rentenversicherungsbericht 2005 gemäß § 154 Abs. 2 SGB VI (Alterssicherungsbericht 2005), o. O.

BMAS – Bundesministerium für Arbeit und Soziales (Hrsg.) (2016): Ergänzender Bericht der Bundesregierung zum Rentenversicherungsbericht 2005 gemäß § 154 Abs. 2 SGB VI (Alterssicherungsbericht 2016), o. O.

BMAS – Bundesministerium für Arbeit und Soziales (Hrsg.) (2024): Sozialbudget 2023. Bonn. URL: https://www.bmas.de/SharedDocs/Downloads/DE/Publikationen/a230-24-sozialbudget-2023.pdf (Abruf: 15.10.2024).

Bündnis Krankenhaus statt Fabrik (Hg.) (2020): Krankenhaus statt Fabrik. Das Fallpauschalensystem und die Ökonomisierung der Krankenhäuser. Kritik und Alternativen, Maintal. URL: https://krankenhaus-statt-fabrik.de/2024/03/05/broschuere-das-fallpauschalensystem-und-die-oekonomisierung-der-krankenhaeuser/ (Abruf: 15.10.2024).

BRZ – Bundesrechenzentrum (2024): Was wir tun. URL: https://www.brz.gv.at/was-wir-tun.html (Abruf: 15.10.2024).

CDU (2024): Union fordert: Echte Wirtschaftswende – jetzt! URL: https://www.cdu.de/artikel/union-fordert-echte-wirtschaftswende-jetzt (Abruf: 18.07.2024).

Daden, Kim R. u. a. (2024): The 2024 Europe report of the Lancet Countdown on health and climate change: unprecedented warming demands unprecedented action. In: The Lancet Public Health 9, H. 7, e495–e522 (zit. als Lancet 2024):

DER SPIEGEL (2024): FDP nennt Grünen-Vorhaben zur Kindergrundsicherung „absurd". URL: https://kurzlinks.de/zze6 (Abruf: 15.10.2024).

Dullien, Sebastian / Rietzler, Katja (2024): Die Mär vom ungebremst wachsenden deutschen Sozialstaat. In: IMK Kommentar der Hans-Böckler-Stiftung, Nr. 11 (Februar 2024). URL: https://www.imk-boeckler.de/de/faust-detail.htm?sync_id=HBS-008801 (Abruf: 25.08.2024).

Finanzwende (2024): Nicht einmal 2 Prozent: Neue Studie zeigt geringe Rendite bei Riester- und Rürup-Angeboten. URL: https://www.finanzwende-recherche.de/presse/nicht-einmal-2-prozent-neue-studie-zeigt-geringe-rendite-bei-riester-und-ruerup-angeboten/ (Abruf: 05.08.2024).

Fink, Anna Giulia / Mittelstaedt; Katharina (2024): Was spricht für eine „Großelternkarenz", was dagegen? In: Der Standard, 01.08.2024. URL: https://www.derstandard.at/story/3000000230390/was-spricht-fuer-eine-grosselternkarenz-was-dagegen (Abruf: 15.10.2024).

Heintze, Cornelia (2020): Gesundheitsversorgung auf falschem Pfad. Langfassung von Kapitel 5 des Memorandums 2020. URL: https://www.alternative-wirtschaftspolitik.de/de/article/10656360.gesundheitsversorgung-auf-falschem-pfad.html (Abruf: 15.10.2024).

Heintze, Cornelia (2022): Widersprüche und Grenzen des deutschen Gesundheitssystems – ein Blick über den Tellerrand. In: Welt der Krankenversicherung 11, H. 6, S. 136–140.

Heintze, Cornelia (2023): Weniger Ungleichheit und ein besserer Sozialstaat. Langfassung von Kapitel 6 des Memorandums 2023. URL: https://www.alternative-wirtschaftspolitik.de/de/article/10656841.kapitel-6-memo-2023.html (Abruf: 14.08.2024).

Heintze, Cornelia (2024): Langzeitpflege und Pflegeberuf. Wo und wie sich Österreich einen Vorsprung erarbeitet hat. In: Dr. med Mabuse 49, H. 4 (Nr. 266), S. 76–78.

IPU – Inter-Parliamentary Union (IPU): Monthly ranking of women in national parliaments. In: https://data.ipu.org/women-ranking/?date_month=6&date_year=2024 (Abruf: 09.08.2024):

Momentum-Institut (Hrsg.) (2023): Pensionsreport. URL: https://www.momentum-institut.at/wp-content/uploads/2024/09/mi_pensionsreport_2023_1_0.pdf (Abruf: 14.08.2024).

Naegler, Heinz / Wehkam, Karl-Heinz (2018): Medizin zwischen Patientenwohl und Ökonomisierung. Krankenhausärzte und Geschäftsführer im Interview. Berlin: Medizinisch Wissenschaftliche Verlagsgesellschaft.

OECD (2023): Pensions at a Glance. Paris. URL: https://www.oecd.org/en/publications/pensions-at-a-glance-2023_678055dd-en/full-report.html (Abruf: 14.08.2024).

Oellerich, Joachim (2009): Berliner Wohnungspolitik. In: Mieterecho 335, S. 4–8.

Paus, Lisa (2023): Kindergrundsicherung. URL: https://www.gruene-bundestag.de/parlament/bundestagsreden/kindergrundsicherung-1 (Abruf: 09.08.2024).

Plötz, Patrick u. a. (2023/24): Quantifizierung der Treibhausgaswirkung von staatlichen Vergünstigungen in Deutschland. Bericht zum Vorhaben Wissenschaftliche Unterstützung Klimapolitik und Maßnahmenprogramm, Karlsruhe und Berlin.

Simon, Michael (2020): Das DRG-Fallpauschalensystem für Krankenhäuser. Kritische Bestandsaufnahme und Eckpunkte für eine Reform der Krankenhausfinanzierung jenseits des DRG-Systems. HBS Working Paper Nr. 196. URL: https://www.boeckler.de/de/faust-detail.htm?sync_id=HBS-007898 (Abruf: 15.10.2024).

SPD/Bündnis 90/DIE GRÜNEN/FDP (Hrsg.) (2021): Mehr Fortschritt wagen. Bündnis für Freiheit, Gerechtigkeit und Nachhaltigkeit. Koalitionsvertrag 2021–2025. URL: https://www.spd.de/fileadmin/Dokumente/Koalitionsvertrag/Koalitionsvertrag_2021-2025.pdf (Abruf: 15.10.2024).

DR. CORNELIA HEINTZE (StK a. D.)
Cöthner Str. 64, 04155 Leipzig
Dr.Cornelia.Heintze@t-online.de

LUTZ THIEME / MATTHIAS WEINFURTER / CARINA POST

Zur Situation der Sportinfrastruktur in Deutschland

The Situation of Sports Infrastructure in Germany

KURZFASSUNG: Sportinfrastruktur (Sportstätten und -räume) haben einen bedeutenden Stellenwert für die Bevölkerung und die Lebensqualität in Kommunen. Diesem wichtigen Teil der öffentlichen Infrastruktur wird jedoch ein hoher Sanierungsstau attestiert. Trotz Bestrebungen, den Bestand an Sportstätten in Deutschland zu erheben, existieren aktuell kaum belastbare Daten. Auch die Förderung von Sportinfrastrukturmaßnahmen erfolgte bisher nur selten evidenzbasiert. Als Instrumente zur Schaffung adäquater Sportinfrastruktur werden Sport(stätten)entwicklungsplanungen genutzt, welche sich von eher richtwertbezogenen hin zu verhaltensorientierten, integrativ-kooperativen Ansätzen entwickelt haben, die die Perspektiven unterschiedlicher Interessengruppen einbinden. Aktuelle Entwicklungen zu Sportstättendatenbanken und -atlanten und neuere bauliche, betriebliche und soziologische Forschungsansätze haben bei Bereitstellung entsprechender Finanzmittel das Potenzial, die Situation der Sportinfrastruktur in Deutschland nachhaltig zu verbessern.
Schlagwörter: Sportstätten, Sporträume, Sportinfrastruktur, Sportentwicklung, Planung, Steuerung

ABSTRACT: Sports infrastructure (sports facilities and spaces) play an important role for the population and the quality of life in municipalities. However, this important part of the public infrastructure is recognised as having a high renovation backlog. Despite endeavours to survey the stock of sports facilities in Germany, there is currently hardly any reliable data. The funding of sports infrastructure measures has also rarely been evidence-based. Sports (facility) development plans are used as instruments for creating adequate sports infrastructure, which have evolved from more guideline-based to behaviour-oriented, integrative and cooperative approaches that incorporate the perspectives of different interest groups. Current developments in sports facility databases and atlases and more recent structural, operational and sociological research approaches have the potential to sustainably improve the situation of sports infrastructure in Germany if appropriate funding is made available.
Keywords: Sports facilities, sports spaces, sports infrastructure, sports development, planning, management

Einleitung

Sie schmiegen sich unauffällig an Schulen, stellen ein sattes Grün aus Kunststoff oder hochgezüchtetem Rasen zur Schau, nehmen die Gestalt protziger Prunkbauten, futuristischer Gegenentwürfe oder grauer Alltagkubatur an, locken mit kühlem Nass oder herausfordernden Gerätschaften und ärgern Nachbar*innen durch Lärm, der von ihnen ausgeht. Menschen, die mit ihnen in Berührung kommen, bleiben selten gleichgültig. Viele schätzen sie als Orte von Herausforderungen, von Auseinandersetzungen mit sich selbst und mit anderen, von Glück und von abgrundtiefer Traurigkeit. Es sind Orte die Geschichten erzählen von Hinfallen, aufgefangen werden, aufstehen und sich aufgehoben fühlen. Geschichten von menschlicher Größe, von Rivalitäten und vom Miteinander, aber auch von der ganzen Bandbreite menschlicher Unzulänglichkeiten. Manche meiden sie, weil ihnen suspekt ist, was auf und in ihnen passiert. Sie fühlen sich nicht angesprochen von dem, was dort stattfindet. Für andere sind sie wie ein zweites Zuhause.

Sie sind viele und brauchen Zuwendung. Manchmal mehr, als wir geben können oder wollen. Dann legen sie Trauer an, werden unansehnlich und verschlossen. Menschen beginnen, sich abzuwenden. Andere nehmen sich ihrem Schicksal an, machen darauf aufmerksam und mahnen, die Funktion dieser Orte zu erhalten, damit ihr Beitrag für das Zusammenleben vor Ort nicht irgendwann schmerzlich vermisst wird, wenn sie verschwinden sollen oder leise etwas anderem gewichen sind. Die Rede ist von der Sportinfrastruktur, von den Sportplätzen, Schwimmbädern oder Sporthallen. Und von den Teilen des öffentlichen Raums, der als Stätte von Bewegung, Sport und Spiel von den Menschen angeeignet und genutzt wird. Mal zur Freude, mal auch zum Leidwesen der dafür Verantwortlichen.

Die Bedeutung des Themas lässt sich zahlenmäßig daran bemessen, dass der Sport rund 2,3 % zum Bruttoinlandsprodukt beiträgt, 4,4 % des Konsums der privaten Haushalte ausmacht (Ahlert/Repenning 2023) und knapp 28 Mio. Mitgliedschaften in Sportvereinen bestehen (DOSB 2023a). Ferner umfasst die Sportinfrastruktur einen hohen Anteil der gesamten öffentlichen Infrastruktur, wobei der zugehörige Sanierungsstau kaum aus eigener Kraft von den Kommunen bewältigt werden kann, so dass politische Auseinandersetzungen um Sportstätten immer wieder zu beobachten sind und insbesondere bei Bädern nicht selten zu Bürgerentscheiden führen. Zudem formen Sport und Sportstätten in bedeutendem Maße die Sozialität der Städte und Gemeinden in urbanen und ländlichen Gebieten (Barlösius 2019) und leisten einen bedeutsamen Beitrag zur Gesunderhaltung breiter Bevölkerungskreise oder zur Integration (z. B. Rittner/Breuer 2004). Nicht zu vernachlässigen sind die gesundheitlichen Wirkungen des Sporttreibens, zu deren Entfaltung eine adäquate Sportinfrastruktur vorhanden sein muss. Die Weltgesundheitsorganisation (WHO) empfiehlt für Erwachsene (18 bis 64 Jahre) 150 bis 300 min aerobe Aktivität (moderate bis hohe Intensität) pro Woche oder 75 bis 150 min aerobe Aktivität (hohe Intensität) pro Woche und für Kinder (5 bis 17 Jahre) mindestens 60 min am Tag aerobe Aktivität (moderate bis hohe Intensität). Das Robert-Koch-Institut ermittelte, dass nur knapp 45 % der Frauen und gut 51 % der Männer diese Empfehlungen erreichten. Je höher der Bildungsgrad und umso jünger, desto häufiger wird der WHO-Empfehlung entsprochen (Richter u. a. 2021). Bei den Kindern werden die WHO-Empfehlungen noch deutlicher verfehlt. Nur 22 % der Mädchen und 29 % der Jungen (3 bis 17 Jahre) bewegten sich 2018 im empfohlenen Maß. Die Anzahl derer, die diese Empfehlungen erreichen, nimmt mit steigendem Alter ab (Finger u. a. 2018). Die aus gesundheitlicher Sicht unzureichende Bewegung in Deutschland resultierte 2016 in den Nationalen Empfehlungen für Bewegung und Bewegungsförderung für Kinder und Jugendliche (BZgA 2016).

Wir möchten mit diesem Beitrag einen Überblick über eine besondere Infrastruktur geben, die selten im Mittelpunkt der Aufmerksamkeit steht, deren soziale Bedeutung noch wenig beachtet ist und deren Funktion als Element von Daseinsvorsorge in Zeiten knapper öffentlicher Kassen in Frage gestellt wird. Vor diesem Hintergrund werfen wir zuerst einen kurzen Blick auf die Historie der Sportentwicklung und der Sportstättenentwicklung, widmen uns danach den aktuellen Rahmenbedingungen für die Errichtung, Betreibung und Sanierung der Sportinfrastruktur als freiwillige kommunale Aufgabe und geben einen Überblick über Planungs- bzw. Steuerungsinstrumente für Sportinfrastruktur (Sport(stätten)entwicklungsplanungen). Zudem skizzieren wir die aktuell verfügbaren Datenlage zur Sportinfrastruktur in Deutschland, setzen uns mit Problematiken von Förderprogrammen auseinander, geben einen Einblick in aktuelle Entwicklungen in Forschung und Praxis und formulieren abschließend ein Fazit.

Sportentwicklung und Sportstättenentwicklung: ein kurzer historischer Rückblick

Sportplätze, Sporthallen, Bäder, besondere Sportanlagen für einzelne Sportarten sowie Freianlagen und öffentliche Räume, die für Bewegung, Sport und Spiel genutzt werden, sind die Grundlage des Sporttreibens und der damit verbundenen positiven externen Effekte, wie z. B. Gesundheit oder soziale Integration (Rittner/Breuer 2004). Insofern besitzen funktionale Sportstätten eine besondere Bedeutung für die Sportentwicklung in Deutschland. Im 19. Jahrhundert beginnt die Zeit des modernen Sports. 1811 entsteht der erste Turnplatz auf der Hasenheide in Berlin, zahlreiche Flussbäder werden eingerichtet. Auf Rummel- und Festplätzen präsentieren sich Preisboxer und Kraftakrobaten, auf Rennbahnen sind nicht nur Pferde- und Laufwettbewerbe zu sehen, man kann auch auf den Ausgang des Wettbewerbs wetten. Neben den gebauten Sportstätten beginnt der Sport auch den öffentlichen Raum zu erobern. Turn- und Sportvereine organisieren Schauvorführungen und Wettkämpfe, gewinnen hierdurch Mitglieder und Unterstützer*innen, dringen in die Mitte der bürgerlichen Gesellschaft vor und finden auch im Arbeitermilieu Verbreitung (vgl. Behringer 2012). Dies hilft auch bei der Etablierung des Schulsports, der in Bayern 1861 zum Pflichtfach wird. Zuvor wurde 1852 in Darmstadt bereits die erste Schulturnhalle errichtet. Die ältesten Sportvereine, die heute noch aktiv sind, sind der TSV Friedland 1814 e. V. in Mecklenburg sowie die Hamburger Turnerschaft von 1816 r. V. (rechtsfähiger Verein). In ländlichen Regionen entstehen Formen der Jagd, von Wettläufen und Pferderennen, die stärker den neuen sportlichen Ideen als bisherigen traditionellen Formen der Landwirtschaft folgen. Waren die Gründungen der Turn- und Sportvereine vielfach auch vom Wunsch getragen, neben dem gemeinsamen Sporttreiben eine (vereinseigene) Übungs- und Wettkampfstätte zu erlangen, gewinnen öffentlich finanzierte Sportstätten im Laufe der Zeit zunehmend an Bedeutung. So wandelte sich das Verhältnis von vereinseigen Sportstätten zu öffentlich finanzierten Sportstätten im Zuge der Umsetzung des „Goldenen Planes", dem 1959 von der Deutschen Olympischen Gesellschaft verkündeten Bauprogramm, in das zwischen 1960 und 1975 insgesamt ca. 17,4 Mrd. DM flossen, deutlich. Von dieser Stärkung der Sportstätteninfrastruktur profitierte nicht nur der Schul-, sondern vor allem der Vereinssport in Stadt und Land, dem es zudem gelang, mit Kampagnen wie „Trimm Dich – durch Sport" und einer programmatischen Hinwendung zum „Sport für alle" die Vereine gegenüber breiten Gesellschaftsschichten zu öffnen und sich flächendeckend als Anbieter wettkampforientierter Sportformen zu etablieren. Sportvereine entstehen in Wechselwirkung mit der Verfügbarkeit von Sportstätten und kanalisieren das Bedürfnis nach Identität und dem Austragen von Rivalität in sportlichen Auseinandersetzungen. Infolgedessen stieg die Zahl der in Sportvereinen Organisierten seit den 1960iger Jahren von damals rund 5,3 Mio. Mitgliedschaften auf rund 27 Mio. im Jahre 2000 und die Zahl der Sportvereine von rund 29.500 auf gut 87.000 (Wolter/Wedemeyer-Kolwe 2022: 176). Seitdem sind allerdings keine nennenswerten Zuwächse bei den Mitgliedschaften oder bei der Zahl der Sportvereine zu verzeichnen. Neben der Bedeutung der Sportstätten für den vereinsgebundenen Sport sind insbesondere Sporthallen und Bäder infrastrukturelle Voraussetzungen für die Umsetzung der Lehrpläne im Schulsport. Während Sporthallen als Fachraum von Schule in die entsprechenden Schulbauplanungen integriert sind (vgl. z. B. Senatsverwaltung für Bildung, Jugend und Familie 2019), gilt dies für Bäder und Sportplätze nicht. Hier ist zwar der Schulträger in der Verantwortung, eine entsprechende Infrastruktur bereitzustellen, inwieweit er dieser Verpflichtung gerecht wird, wird weitgehend in das Ermessen der Schulträger gestellt. Daraus resultiert die Verknüpfung von Schulbauten und Sporthallen, jedoch verfügt nicht jede Schule über eine Sporthalle und einen akzeptablen Zugang zu Sportplätzen und Bädern. Der Knappheit der vorhandenen Sportinfrastruktur ist auch dem geschuldet, dass nichtorganisierte Sportgruppen oder Einzelpersonen auf kommerzielle Angebote beispielsweise von Fitnessstudios bzw. auf den öffentlichen Raum angewiesen sind, da die Kommunen Schulen und Sportvereinen in der Regel einen privilegierten Zugang zu ihren Sportstätten gewähren. Dies ist auch deshalb bedeutsam, weil sich ein Großteil der Sportstätten in kommunalem Besitz befindet und von diesen betrieben wird (Repenning u. a. 2023).

Vorhalt und Betrieb der kommunalen Sportinfrastruktur wird zwar als Teil der kommunalen Daseinsvorsorge betrachtet, stellen aber – mit Ausnahme der Infrastruktur für den Schulsport – keine kommunale Pflichtaufgabe dar. Die Ausgestaltung der Sportinfrastruktur in einer Region bzw. Kommune ist in der Regel abhängig von der politischen Durchsetzungsfähigkeit von Interessengruppen (z. B. Kommunalpolitiker*innen, Sportvereine und -verbände, Stadt- und Kreissportbünde, aber auch Bürger*innen) und werden in Fachausschüssen (z. B. einem Sportausschuss) debattiert. Entscheidungen für einen Ausbau oder die Sanierung bzw. Modernisierung bestimmter Sportstätten sind oft auch Entscheidungen gegen andere Sportstätten, die unter Umständen für bestimmte Interessengruppen von besonderer Relevanz sind. Folglich entsteht ein enormes Konfliktpotenzial zwischen den verschiedenen Akteuren. Ansätze, diesem Konfliktpotenzial entgegenzuwirken und die Bedarfe der verschiedenen Interessengruppen zu decken, liefern moderne Sportentwicklungsplanungen (SEP), welche nachfolgend näher erläutert werden.

Sportentwicklungsplanungen als Instrumente des Interessenausgleichs

Sportstätten werden von Einzelpersonen, dem Schulsport, von lose verbundenen Personengruppen bis hin zu stark organisierten Gruppen aus Sportvereinen genutzt. Das Ziel der sportlichen Betätigung reicht von der Wiederherstellung physischer Fähigkeiten über die Gesundheitsprävention, dem Spaß am Miteinander beim Sporttreiben bis hin zur Wettkampforientierung und dem Spitzensport. Diese heterogenen Zielperspektiven werden durch unterschiedlichste Bewegungsformen in differenzierten Zusammensetzungen der die Sportinfrastruktur Nutzenden verwirklicht. Diesen heterogenen und teilweise inkompatiblen Ansprüche an Sportinfrastruktur wird beispielsweise in Sporthallen durch verschiedenfarbige Linien, ausfahrbare Basketballkörbe und Turngeräte, abmontierbare Tore und Geräteräume entsprochen, bei Außenanlagen durch verschiedene Torgrößen oder -stangen, verschiedene Untergründe, Feldgrößen oder durch spezialisierte Anlagen für einzelne Sportarten, wie beispielsweise für Australian Football mit seinem elliptischen Spielfeld. Doch auch beim Schwimmunterricht, der verpflichtend in den Schulen durchgeführt werden muss, existieren keine einheitlichen Anforderungen in Bezug auf Wassertiefen oder -flächen (Post/Thieme 2022). Während es Vorschriften zur Qualifikation der Schwimmlehrer*innen gibt (KMK u. a. 2017), wird der Sportstätte kaum Beachtung geschenkt. So sind Empfehlungen zur Wasserfläche (100–150qm pro Klasse) zu finden, diese sind jedoch ebenso grob gehalten wie zur Beckenlänge (12,50 m oder 16,66 m) oder der Wassertiefe (0,60 m–1,35 m, siehe KOK 2013).

Neben den ohnehin äußerst heterogenen Anforderungen an Sportstätten, wird deren Akzeptanz von Veränderungen in der Nachfrage der Bevölkerung nach Sportangeboten beeinflusst. Innovationen führen zu neuen Sportformen und Sportarten, außerhalb Deutschlands etablierte Sportarten gewinnen auch in Deutschland an Bedeutung, Klima- und demografischer Wandel führen zu verändertem Sportverhalten. Zur Schaffung adäquater Sportstätten und -räume, sowohl hinsichtlich Quantität aber auch Qualität, werden in der kommunalen Praxis seit einigen Jahren vermehrt SEP als Bedarfsermittlungs- und Steuerungsinstrumente (oder allgemeiner als „Planungsgrundlage") genutzt. SEP haben das Ziel, die Nachfrage der Bevölkerung hinsichtlich der Sportausübung aktuell und prognostisch abzudecken, zu helfen, gleichwertige Lebensverhältnisse für alle Bürger*innen herzustellen und die hierfür notwendigen Schritte in einem Gesamtkonzept für die jeweilige Kommune zu verankern. Hierzu zählt auch eine möglichst effiziente Nutzung bestehender Sportstätten und -räume, z. B. im Rahmen von differenzierten Belegungsplänen und einem aktiven Belegungsmanagement. SEP stellen ein Instrument dar, die Einflüsse externer Faktoren auf die Nachfrage nach Sportinfrastruktur, wie z. B. demographische Entwicklungen, Präferenzverschiebungen zwischen Sportarten, stadtteilspezifische Unterschiede, Flächenkonkurrenzen, kommunale Haushalte, Verantwortlichkeiten innerhalb der Kommunalverwaltung aber auch örtlich spezifische kommunalpolitische Schwerpunktsetzungen (z. B. Sportgroßveranstaltungen, Leistungssportbezug, traditionell örtlich stark prägende Sportarten) in einen mittel bis langfristigen Entwicklungsprozess eingebettet werden können.

Das Gesamtkonzept, welches oft mit Hilfe externer Dienstleister aus wissenschaftsnahen Organisationen formuliert wird, integriert die im Rahmen eines kooperativen Prozesses mit Akteur*innen aus Politik, Verwaltung und Gesellschaft erarbeiteten Ergebnisse und nimmt somit vielseitige Perspektiven auf. SEP haben einen hohen wirtschaftlichen Nutzen, da hierdurch mögliche Fehlinvestition in Sportinfrastruktur vermieden werden können und bestehende Sportinfrastruktur nachhaltiger genutzt werden kann. Zudem wird durch kooperative Ansätze mit unterschiedlichen Ebenen einer Kommune die Relevanz von Sport im kommunalpolitischen Diskurs und der Gesellschaft hervorgehoben und das bürgerschaftliche Engagement gefördert (dvs 2018).

Die für eine SEP notwendigen Daten werden im Rahmen umfangreicher Bevölkerungsbefragungen erhoben. Hierzu zählen repräsentative quantitative Befragungen, aber auch qualitative Befragungen wie Interviews mit Vertreter*innen aus Politik und Verwaltung, Bürger*innen, Nutzer*innen von Sportstätten sowie Organisationen wie Sportvereinen. Die empirisch erhobenen Daten werden durch Sekundärdatenanalysen bereits vorhandener öffentlicher Daten ergänzt, z. B. zur Demographie oder Bevölkerungsentwicklung in der Region (dvs 2018). Heutige SEP folgen nahezu ausschließlich integrierten, partizipativen Ansätzen und können als Weiterentwicklung des richtwertbezogenen Ansatzes, des verhaltensorientierten Ansatzes und des kooperativen Ansatzes verstanden werden.

1. *Richtwertbezogener Ansatz:* Der richtwertbezogene Ansatz wurde ab den 1960er Jahren mit der Einführung des „Goldenen Plans" und seiner Nachfolger verfolgt. Diese Pläne führten zu einem umfangreichen Ausbau der Sportstätteninfrastruktur in Deutschland. Noch heute stammt ein großer Teil der Deutschen Sportstätten aus dieser Zeit. Im Rahmen der goldenen Pläne wurden Richtwerte zu bspw. der *mindestens erforderlichen Sportanlagefläche in Quadratmeter* festgelegt, wobei deren Gewichtung anhand der Einwohnerzahl erfolgte. Für Kommunen mit vergleichbaren Einwohnerzahlen wurde folglich ein identischer Bedarf angenommen. Auch wenn sich die Richtwerte später etwas ausdifferenzierten, konnten diese nicht die tatsächliche Nachfrage oder die Wünsche der Bevölkerung abbilden, ebenso wenig die Qualität der Sportstätten (dvs 2018; Rütten/Ziemainz 2009; Tibbe 2014). Eindimensionale, richtwertbezogene Ansätze gelten heutzutage als weitgehend abgelöst, erleben aber im Zuge städteplanerischer Prozesse eine partielle Renaissance.

2. *Verhaltensorientierter Ansatz:* Mit den 2000er Jahren entwickelte sich ein verhaltensorientierter Ansatz, der eine präzisere und differenzierter Bestimmung des Bedarfs an Sportstätten einer Region oder Kommune ermöglichen sollte. Dabei wurden bis-

herige Verfahren mit der Durchführung umfangreicher Bevölkerungsbefragungen ergänzt, um die Bedürfnisse der Bevölkerung vor Ort sowie mögliche zukünftige Entwicklungen in Planungsprozesse zu integrieren (dvs 2018). Im Gegensatz zu bisherigen Verfahren wurde auch eine Differenzierung zwischen organisiertem und nicht-organisiertem Sport vorgenommen (Thieme/Post 2022). Die Komplexität, der Datenbedarf und der Zeitaufwand von SEP nahm in der Folge deutlich zu (Rütten/Ziemainz 2009; Hübner/Wulf 2014).

3. *Kooperativer Ansatz:* Der kooperative Ansatz verfolgt zusätzlich das Ziel, unterschiedliche Akteure aus Kommunen wie Bürger*innen, Vereine, Politiker*innen, kommunale Verwaltungen, unterschiedliche (Sport)Organisationen, Planer*innen und Forschende in der SEP zu involvieren. Dabei sollen die örtlichen Gegebenheiten und die Perspektiven aller relevanten Stakeholder möglichst repräsentativ und präzise abgebildet und folglich passgenaue Handlungsempfehlungen erarbeitet und in einem Gesamtkonzept festgehalten werden. Dieser Ansatz sieht u. a. gemeinsame, moderierte Treffen und Workshops mit allen Stakeholdern vor, in den eine Vielzahl an Themen in einem kooperativ-partizipativem Prozess bearbeitet werden, wobei individuelle (politische) Interessen eine untergeordnete Rolle spielen sollen (Wetterich 2014). Rütten und Ziemainz (2009) sehen jedoch die grundsätzliche Abhängigkeit von Akteur*innen, sowie die Komplexität hinsichtlich der Kommunikation und Moderation der gemeinsamen Treffen als zentralen Kritikpunkt dieses Ansatzes.

4. *Integrierte Sportentwicklungsplanung (ISEP):* Der aktuelle Standard, die „integrierte Sportentwicklungsplanung" (ISEP), sieht eine konkrete Verbindung der oben beschriebenen Ansätze vor (Rütten u. a. 2014). Die kooperativ-partizipativen Elemente werden dabei mit umfangreichen quantitativen und qualitativen Befragungen gezielt ergänzt (dvs 2018); es soll eine vollumfängliche Berücksichtigung aller relevanten Aspekte hinsichtlich der Abdeckung des Bedarfes an Sportinfrastruktur einer Kommune erfolgen. Zudem soll die ISEP als Fachplanung mit der Stadtentwicklungsplanung verknüpft werden, um Bewegung, Spiel und Sport als kommunales Querschnittsthema zu etablieren und die Sportinfrastruktur als Teil des Stadtbildes und als Kristallisationspunkt örtlich bedeutsamer sozialer Prozesse zu verankern.

Blickt man in städtebauliche Planungstheorien, so ist in der Stadtentwicklung eine Konvergenz von Inkrementalismus und integrativer Entwicklungsplanung festzustellen. In den 1970/80er Jahren wurde das Planungsverständnis durch Inkrementalismus geprägt, während in den 1960er Jahre eher die integrative Entwicklungsplanung angewandt wurde und darauf ausgerichtet war, alle wichtigen Aufgabengebiete in einen großen Plan zu integrieren. Ziel war ein umfassendes Gesamtkonzept (Schröteler-von Brandt 2014: 262), das möglichst umfangreich alle in der Kommune relevanten Aspekte und Akteur*innen einbezieht. Diese Planungsidee scheiterte jedoch oft an mangelnder politischer Durchsetzbarkeit insbesondere langfristiger Planungskonzepte sowie an der Komplexität der Maßnahmenplanung und -durchsetzung, so dass die integrative Stadtentwicklungsplanung in die Kritik geriet. Der eher kurzfristig ausgerichtete Inkrementalismus-Ansatz nutzt hingegen kleinschrittige Prozesse und punktuelle Lösungen, wobei verschiedene Projekte entwickelt werden, um neben einer schnelleren Umsetzung auch eine größere Flexibilität und Adaptionen zu ermöglichen.

Moderne Stadtentwicklungsplanungen folgen ebenso wie die ISEP vermehrt der sogenannten strategischen Planung, die als Kombination der Modelle Inkrementalismus und integrative Entwicklungsplanung verstanden werden kann: Entwicklungsplanungen sind auf die gesamte Stadt ausgerichtet und bestehen wiederum aus einer Vielzahl kleinerer Projekte. Bereits 2011 wurden die vielfältigen Zusammenhänge von Sport- und Stadtentwicklungsprozessen skizziert, so konnte durch kommunale Beispiele gezeigt werden, dass Sport mehr als eine isolierte Fachplanung ist und die integrativen Kräfte des Sports auch für die Stadtentwicklung positiv genutzt werden können (BMVBS 2011). Programmatisch zeigt sich jedoch insbesondere auf kommunaler Ebene die Finanzierung von Sportstätten als Problem, sodass die Umsetzung einer zielgerichtete Entwicklungsplanung zumeist an fehlenden Finanzmitteln scheitert (Thieme/Post 2022). Betrachtet man die Landes- und Bundesebene, liegen Verantwortlichkeiten oft in unterschiedlichen Behörden, sodass eine Verknüpfung der verschiedenen Themenbereiche wenig praktiziert wird.

Empirische Befunde zur Sportinfrastruktur in Deutschland

Die erste empirische Erfassung der Sportinfrastruktur in Deutschland erfolgte im Jahr 1935 mit der Sportstättenstatistik des Deutschen Reiches (Statistisches Reichsamt 1938). Das Statistische Bundesamt schloss in den Jahren 1955 und 1965 mit eigenen Erhebungen an. Im Anschluss an den ersten Goldenen Plan wurden 1976 Erhebungen durch die damalige Deutsche Olympische Gesellschaft, die Bundesvereinigung der Kommunalen Spitzenverbände und das Bundesinstitut für Sportwissenschaften (BISp) durchgeführt. Anschließende Erhebungen im Rahmen der „Sportstättenstatistik der Länder" lassen sich für die Jahre 1988 und 2000 verzeichnen. Die letzte Erhebung zur Sportstättenstatistik wurde zum Stichtag 01.07.2000 durchgeführt, sie liegt somit fast 25 Jahre zurück. Zudem ließen die Daten keine Aufschlüsse auf einzelne Sportstätten in Deutschland zu, sondern umfassten lediglich aggregierte Zahlen auf Länderebene. Weitere Erhebungen wurden in den nachfolgenden Jahren zwar vorgeschlagen und eingehend diskutiert, vonseiten der Sportministerkonferenz letztlich jedoch abgelehnt. Abseits der Fragen zu Kosten, Aufwand und vermeintlich geringer zusätzlicher Aufschlussfähigkeit der Daten wurde in 2008 folgende Begründung angeführt: „Die Erfahrung der letzten Jahre hat gezeigt, dass eine länderübergreifende einheitliche Sportstättenstatistik für konkrete Investitionsentscheidungen keine praktische Bedeutung hat. Für Kommunen und Sportvereine als Betreiber der meisten Sportstätten sind die auf Länderebene zusammengefassten Daten für ihre Planungsentscheidung ohne Bedeutung, da sie für den kommunalen Bedarf an Sportstätten und deren Zustand keine Rückschlüsse zulassen. Der kommunale Bedarf unterscheidet sich von Ort zu Ort aufgrund unterschiedlicher Sportstättennachfrage, verstärkt durch ungleichmäßige demografische Entwicklungen. Nur die auf kommunaler und regionaler Ebene verfügbaren Daten ergeben daher eine sinnvolle Planungsgrundlage." (Sportministerkonferenz 2018: 412). Auf Bundesebene liegt bis dato demnach keine einheitliche und belastbare Datenlage zu Sportstätten vor. Diese Datenlücke wird aktuell durch die Datenbanken „Bäderleben" für Bäder sowie dem „Digitalen Sportstättenatlas Deutschland" (siehe Kapitel Aktuelle Entwicklungen in Forschung und Praxis) sukzessive verringert. Abseits der Entscheidungen auf Bundesebene haben auch die Länder Hamburg, Sachsen-Anhalt, Hessen, aber auch Berlin und Rheinland-Pfalz Sportstättenatlanten erstellt und erstellen diese derzeit. Sportstättenatlanten sind Datenbanken aller in einem Bundesland existierenden Sportstätten. Dabei wird jede Sportstätte im Einzelnen erfasst und in einem geografischen Raum verortet, so dass aggregierte Aussagen, z. B. auf Ebene von Landkreisen, kreisfreien Städten oder Bundesländern möglich sind. Sportstättenatlanten können, zusätzlich zur Erfassung des Sportstättentyps, unterschiedliche Funktionen enthalten, wie etwa eine Erfassung unterschiedlicher Strukturmerkmale der Sportstätten (z. B. Sport- bzw. Wasserfläche, Ausstattungsmerkmale, Nutzungsmöglichkeiten für bestimmte Sportarten; siehe Wallrodt/Thieme 2021 für eine detailliertere Betrachtung verschiedener Sportstättenatlanten).

Seit 2008 werden für Sport getätigte Ausgaben im Sportsatellitenkonto Deutschland (SSK) im Rahmen der Volkswirtschaftlichen Gesamtrechnungen betrachtet. Im Zuge der regelmäßigen Aktualisierung des SSK werden auch Zahlen zu Sportstätten berichtet. Dafür werden zum aktuellen Zeitpunkt verfügbare Daten aus unterschiedlichen Quellen (Sekundärdaten) gebündelt, die Zahlen enthalten jedoch auch Desk-Research und Hochrechnungen. Für das Sporttreiben stehen laut dem aktuellen SSK ca. 230.000 Sportstätten zur Verfügung, davon ca. 40.000 Sporthallen, ca. 7.000 Bäder,[1] ca. 66.000 ungedeckte Anlagen wie z. B. Sportplätze und ca. 8.700 Tennisanlagen (Repenning u. a. 2023). Den Sportstätten in Deutschland wird außerdem ein hoher Sanierungsstau attestiert (Ahlert u. a. 2012; Repenning u. a. 2023; Thieme u. a. 2017). Bereits vor Jahren schätzte der DOSB (2018) den Sanierungsstau deutscher Sportstätten auf rund 31 Milliarden Euro. Laut des aktuellen KfW-Kommunalpanel (Raffer / Scheller 2024) wird der wahrgenommene Investitionsrückstand im Bereich Sport in Kommunen auf ca. 12,12 Milliarden Euro geschätzt. Der Finanzbedarf der Kommunen für notwendige Investitions- und Instandsetzungsmaßnahmen wird auch anhand von Zahlen zu dem Bundesförderprogramm „Sanierung kommunaler Einrichtungen in den Bereichen Sport, Jugend und Kultur" (SJK) deutlich. Es wurden Anträge in Höhe von 2,3 Milliarden Euro gestellt, das Programm hatte jedoch bis zu diesem Zeitpunkt einen Umfang von nur 476 Millionen Euro (Reinsch 2023). Zusätzlich zur gebauten Sportstätteninfrastruktur kommen die unzähligen Spots im öffentlichen Raum, in den sich Menschen bewegen, spielen und Sport treiben und die als „Sporträume" bezeichnet werden, hinzu. Hierzu zählen z. B. (Calisthenics-)Parks, Lauf- und Radwege, Sportgelegenheiten, etc., welche von immer größerer Bedeutung für die Bevölkerung und maßgeblicher Bestandteil der

---

[1] Einschließlich Hotelbäder, Klinikbäder, Naturbäder und natürliche Badestellen umfasst die Datenbank „Bäderleben" der Hochschule Koblenz aktuell (Juni 2024) 9.634 Bäder für Deutschland.

Sportinfrastruktur in Deutschland sind. Nachfolgend wird ein kurzer Einblick in die Förderprogrammlandschaft für Sportinfrastruktur sowie dessen (aktuelle) Problematiken geliefert.

Sportinfrastruktur und Förderprogramme

Angesichts des hohen Sanierungsbedarfs, der politischen und sozialen Brisanz bei Schließungen von Sportstätten, insbesondere Bädern, und der unterschiedlichen kommunalen Finanzkraft gerät die Sportinfrastruktur immer wieder ins Visier politischer Entscheidungsgremien in den Ländern und im Bund, die sich in Förderprogrammen manifestieren. Als Ergänzung zu den Programmen der bestehenden Städtebauförderung wurde vonseiten des Bundes und der Länder beispielsweise der „Investitionspakt Sportstätten 2020" konzipiert, der als neuer „Goldener Plan zur Sanierung von Sportstätten" (BMI 2020) bezeichnet wurde und Finanzhilfen des Bundes in Höhe von insgesamt 370 Millionen Euro für das Jahr 2021 vorsah (BMWSB o. D.). Trotz der Tatsache, dass das Bundesprogramm in mehreren Bundesländern überzeichnet war (Lindt u. a. 2023: 15), hat der Bundestag 2022 beschlossen, keine weiteren Gelder für den Investitionspakt Sportstätten zur Verfügung zu stellen und das Programm damit vorzeitig einzustellen (BMWSB 2023). Gleichzeitig wurde allerdings das Bundesprogramm SJK stetig aufgestockt (BBSR 2023) wobei im Rahmen der letzten Förderrunde 68 Projekte gefördert wurden (BMWSB 2024). Im aktuellen Koalitionsvertrag wurde außerdem vereinbart, einen „Entwicklungsplan Sport" vorzulegen (SPD u. a. 2021: 113), der auch Aspekte der Sportstättenförderung beinhalten soll (siehe Kapitel Aktuelle Entwicklungen in Forschung und Praxis).

Die Gestaltung, Effizienz und Durchführung von Förderprogrammen (nicht nur im Sportbereich) stieß in der Vergangenheit regelmäßig auf Kritik aus der Wissenschaft, wobei Aspekte wie fehlende laufende Erfolgskontrollen und adaptive Steuerungsmaßnahmen (etwa bei Identifikation einer Divergenz von den Programmzielen) sowie der Mangel an abschließenden Evaluationen (zur Zielerreichung) (Wruck 2013; Raffer 2022) thematisiert werden. Weitere Problemfelder betreffen eine fehlende Förderstrategie auf Landesebene (Raffer 2022), mangelnde Personalressourcen und Eigenmittel in Kommunen, kurze Antragsfristen sowie Programmlaufzeiten, mangelnde Programmflexibilität und überschneidende Förderzwecke zwischen Programmen (DST/PD 2021). Jüngst thematisierten Scheller und Raffer (2023) darüber hinaus weitere „nichtmonetäre Investitionshemmnisse", welche Kommunen daran hindern, Investitionen in Bauprojekte zu tätigen. Hinsichtlich der Probleme der Nutzung von Förderprogrammen hoben die Autoren u. a. ein unzureichendes Fördermittelmanagement und Kostencontrolling (u. a. bedingt durch Haushalts- und Personalmängel), kurzfristige Ausschreibungsfristen der Programme, ein Überangebot an Programmen mit unterschiedlichen administrativen Anforderungen (die durch zentrale Koordinations-, Informations- und Beratungsstellen für Kommunen gesenkt werden könnten) und eine fehlende Autonomie der Kommunen bei der Fördermittelverwendung hervor. Dabei verwiesen sie auch konkret auf die Notwendigkeit eines „politischen Interessenausgleich[s] zwischen verschiedenen staatlichen und nicht-staatlichen Akteuren" (Scheller/Raffer 2023: 28) für die öffentliche Infrastruktur- und Investitionspolitik. Speziell hinsichtlich der Sportstättenförderung ist außerdem die fehlende Betrachtung von Lebenszykluskosten von Sportstätten im Rahmen der Förderprogramme zu erwähnen. Folglich werden keine Kosten für eine dauerhafte und bestehende Finanzierung von Sportstätten berücksichtigt, das Betreiben von Sportstätten stellt aber mitunter den größten Kostenaufwand für Kommunen dar (Repenning u. a. 2023). Die Ergebnisse der Arbeitsgruppe 5 „Zukunftsfähige Sport- und Bewegungsräume" (AG 5), die sich mit dem „Entwicklungsplan Sport" beschäftigte, weisen neben der Problematik der fehlenden finanziellen Ausstattung von Sportstättenförderprogrammen auch besonders auf die fehlenden Datengrundlagen zur Steuerung von Förderprogrammen hin. Zudem erfolgt nur eine unzureichende Abstimmung der verschiedenen Förderprogramme von Bund und Ländern. Darüber hinaus gibt es aus der Forschung keine Hinweise dazu, wie im komplexen Geflecht von Bund, Ländern und Kommunen Förderprogramme ausgestaltet sein sollten, damit sie ihren Förderzweck möglichst effizient erfüllen und nicht nur als „Mitnahmeprogramme" seitens der Kommunen genutzt werden. Letztlich ist auch die unzureichende Berücksichtigung eines gewandelten Sportverhaltens der Menschen über die letzten Jahre zu erwähnen, welches eine Förderung moderner und zukunftsfähiger Sportstätten notwendig macht; im Vergleich zu „traditionellen" Sportstättentypen, die maßgeblich durch bisherige Programme gefördert wurden (die ausführlichen Abschlussberichte aller Arbeitsgruppen des Entwicklungsplan Sport sind über DOSB 2023b zugänglich).

Aktuelle Entwicklungen in Forschung und Praxis

In den letzten Jahren sind einige besondere Entwicklungen in der Forschung zu Sportinfrastruktur in Deutschland zu verzeichnen. Besondere Aufmerksamkeit erhielt das Thema „Digitalisierung" bzw. „digitale technische Lösungen". Im Rahmen des durch das BISp geförderte Projekt „Grundlagen für einen digitalen Sportstättenatlas" beleuchten Wallrodt und Thieme (2021) flächendeckende Sportstättdatenbanken und -atlanten, mit dem Ziel, das gebündelte Wissen als Grundlage für die Erstellung eines „Digitalen Sportstättenatlas Deutschland" (DSD) zu nutzen, der alle Sportstätten in Deutschland erfassen und mit validen Strukturdaten abbilden soll. Wallrodt und Thieme (2021) eruierten sowohl Empfehlungen für die Gestaltung als auch Nutzungsmöglichkeiten (z. B. als Steuerungsinstrumente im Rahmen förderpolitischer Entscheidungen), wobei sie auch den Status-Quo in anderen Ländern aufbereitet und in der Formulierung der Expertise berücksichtigten. Seit 2022 bearbeitet die Hochschule Koblenz das Projekt „Digitaler Sportstättenatlas RLP", in Rahmen dessen ein Sportstättenatlas für ganz Rheinland-Pfalz konzipiert, umgesetzt und mit validen empirischen Daten zu Sportstätten für unterschiedliche Zwecke gefüllt werden soll. Derartige Atlanten existieren in unterschiedlicher Form bereits für andere Bundesländer, aber auch Länder wie Belgien, Finnland und England (Wallrodt/Thieme 2021)[2].

Auch wenn richtwertbezogene Ansätze (siehe Kapitel Sportentwicklungsplanungen als Instrumente des Interessenausgleichs), wie sie seit den 1960er Jahren verwendet wurden, als weitgehend abgelöst bezeichnet werden (dvs 2018), zeigt sich in der kommunalen Praxis ein starkes Bedürfnis nach Orientierungswerten, welches auch nicht durch verhaltensorientierte oder kooperative Planungsansätze befriedigt wird[3]. Seit 2022 bis heute wurde im Rahmen eines BISp-geförderten Projektes mit dem Kurztitel „Schätzverfahren zu Deutschen Sportstätten" (SDS) ein Ansatz entwickelt, der die Bestimmung regionenbezogener „Versorgungsgrade" mit Kernsportstätten (Sporthallen, Sportplätze und Schwimmbäder) bestimmt. Versorgungsgrade bieten die Möglichkeit, Vergleiche zwischen Kommunen, Regionen oder Landesdurchschnitten anzustellen und diese Informationen für gezielte Steuerungsprozesse zu nutzen. Für jeden Kernsportstättentyp wurde dabei ein differenziertes Kennzahlensystem erarbeitet, mit dem Ziel, alle relevanten Aspekte hinsichtlich der Daseinsvorsorge mit Kernsportstätten für die Bevölkerung abzubilden. Neben der Unterstützung von Planungsprozessen können durch Versorgungsgrade auch Sportstättenfördermittel effektiver und effizienter eingesetzt werden. Versorgungsgrade stellen Nutzer*innen wie Kommunen zudem ein Instrument zur Verfügung, um politische Partizipations- und Entscheidungsprozesse mit Daten anzureichern, wobei vielfältige Kommunikations- und Steuerungsprozesse auf unterschiedlichen Ebenen angestoßen werden können. Versorgungsgrade können (kommunal) politische Entscheidungen, z. B. im Rahmen von SEP unterstützen bzw. anleiten. Der Versorgungsgrad für Schwimmbäder wird aktuell (2024) mit dem Land Thüringen in der Praxis erprobt, wobei die aus den Ergebnissen ableitbaren Informationen für eine Fortschreibung der „Thüringer Schwimmbad-Entwicklungskonzeption" genutzt werden sollen. Zweiter Bestandteil des Projektes SDS ist die Schätzung des baulichen Zustandes von Kernsportstätten, mit dem Ziel der Entwicklung und Validierung verschiedener (mathematischer) Modelle, die zur Bestimmung des baulichen Zustandes genutzt werden sollen. Schätzungen des baulichen Zustandes sind von besonderer Relevanz, wenn der vorhandene Sanierungsbedarf von Sportinfrastruktur in einer Kommune oder einem anderen geografischen Raum ermittelt werden soll, ohne dass jede Sportstätte ingenieurtechnisch begutachtet werden soll.

Im Bereich der digitalen Infrastruktur ist die seit 2019 aufgebaute Datenbank „Bäderleben" zu erwähnen. Bäderleben ist eine von der Hochschule Koblenz mit Finanzierung des BISp erstellte Datenbank mit über 10.000 Schwimmbädern in Deutschland (www.baederleben.de), die differenzierte und valide Strukturdaten enthält (z. B. zu Bad- und

---

2   Zu erwähnen ist außerdem, dass Berlin in 2024/2025 damit beginnen möchte, digitale Buchungen von Sportstätten (über ihr Sportstättenportal) durchzuführen, somit Belegzeiten von Sportstätten digital zu vergeben (https://www.rbb24.de/sport/beitrag/2024/02/berlin-vereinsport-onlineportal-hallenbelegung-startet.html; https://sportstaetten.berlin.de/). Derartige digitale Infrastruktur kann die Datenlage zu Sportstätten in Deutschland perspektivisch verbessern und auch zur Bestimmung der „Versorgungsgrade" genutzt werden.

3   In Rheinland-Pfalz werden weiterhin Richtwerte für Bedarfsermittlungen aus dem Jahr 1978 verwendet. In Berlin wurden erst vor wenigen Jahren neue Richtwerte entwickelt.

Beckentypen, Wasserfläche, Baujahr) (Bäderleben o. D). Die Datenbank hat den Anspruch, eine valide Datenbasis zu allen Schwimmbädern in Deutschland herzustellen, die für Nutzer*innen, Betreiber, Wissenschaft (z. B. für Forschungsprojekte), aber auch für Akteure in Politik und Verwaltung (z. B. im Zuge von Entscheidungen hinsichtlich des Baus- bzw. der Sanierung von Schwimmbädern) genutzt werden kann.

Ein weiteres kürzlich angelaufenes BISp-gefördertes Projekt SpoFoe beschäftigt sich mit der Fragestellung, wie Förderprogramme für Sportstätten konzipiert und gesteuert werden müssen, sodass die damit intendierten Ziele möglichst effizient und effektiv erreicht werden und eine optimale Allokation der zur Verfügung stehenden Fördermittel erfolgt. Dabei erfolgt eine Strukturanalyse bisheriger und aktueller Förderprogramme für Sportstätten, wobei u. a. Problematiken hinsichtlich deren Konzeptionierung aufgedeckt werden sollen. Gestützt werden die notwendigen Sekundärdatenanalysen zu den Förderprogrammen durch qualitative Expert*inneninterviews mit Akteuren aus den Ebenen Bund, Land, Kommune und weiteren Organisationen, die in Bezug zu den untersuchten Förderprogrammen stehen. Es wird ebenfalls eruiert, inwieweit die bereits skizzierten neuen technischen Lösungen in der Konzipierung und Steuerung möglichst effizienter und effektiver Förderprogramme integriert werden können.

Gesellschaftspolitisch und auch für Sportstätten höchst relevant sind die Bereiche Klimaschutz, CO_2-Reduzierung, Energieverbrauch und Energieeffizienz. Wissenschaftliche Veröffentlichungen der letzten Jahre deuten darauf hin, dass die Klimaanpassung von Sportstätten als ein immer wichtiger werdender Aspekt anzusehen ist (z. B. Eßig u. a. 2015; Janowsky-Vidovic/Leistner 2023; Katthage/Thieme-Hack 2017; Lindt u. a. 2023), jedoch stellt die energieeffiziente Gestaltung von Sportstätten Kommunen bzw. Betreiber vor zusätzliche technische, organisatorische und finanzielle Herausforderungen. Auch die energie- bzw. klimabezogenen Auflagen und Konzipierungen aktueller Bundesförderprogramme für Sportstätten verdeutlichen die Relevanz dieser Thematik (siehe DOSB 2023c). Aktuelle Forschungsprojekte zu diesem Themenbereich umfassen auch das durch das Umweltbundesamt beauftrage Kurzgutachten zum Thema „Ermittlung der Datenverfügbarkeit und Bestimmung des Endenergieverbrauchs von kommunalen Hallen- und Kombibädern in Deutschland." (Weinfurter u.a. 2024). Dabei wurde eine umfangreiche Befragung aller kommunal betriebenen Hallen- und Kombibädern über die oben angesprochene Datenbank „Bäderleben" durchgeführt. Zu erwähnen ist außerdem die vor kurzem durch das BISp veröffentlichte Ausschreibung zum Forschungsprojekt „Systematik zur Erfassung und Reduktion des Endenergieverbrauchs von bestehenden Sporthallen" (BISp 2024) sowie zu „Klimaangepassten Sportanlagen" (BISp 2023). Das Ziel der verschiedenen Forschungsansätze liegt in der Konzeption, dem Aufbau und der Betreibung einer Sportinfrastruktur, die sich als resilient gegenüber den Folgen des Klimawandels erweist, Verhaltensänderungen der Nutzenden antizipiert und gleichzeitig einen Beitrag zur Eindämmung der Klimafolgen leistet. Insbesondere vor dem Hintergrund der Krisen- bzw. Katastrophenereignisse der letzten Jahre (z. B. das Jahrhunderthochwasser im Jahr 2021, welches große Teile der Infrastruktur inkl. der Sportstätten in Teilen von Deutschland und besonders im Ahrtal in Rheinland-Pfalz zerstörte) ist der Aspekt *Resilienz* besonders hervorzuheben. Aktuell (2024) werden im Rahmen des Forschungskollegs Resiliente Transformationsräume (ReTra) in Kooperation mit der RPTU Kaiserslautern und der Hochschule Koblenz mehrere Promotionsprojekte zum Thema Resilienz durchgeführt, darunter auch ein Projekt zu resilienter Sportinfrastruktur.

Kommunale Sportstätten haben auch eine hohe Aufmerksamkeit auf bundespolitischer Ebene erfahren. Die Arbeiten an einem „Entwicklungsplan Sport" der Bundesregierung haben mit dem Bewegungsgipfel im Dezember 2022 (BMI 2022) begonnen und wurden in fünf thematischen Arbeitsgruppen vertieft. Die AG 5 beschäftigte sich mit dem Thema Sportstätten, darunter auch deren Förderung. In einem Konzept (siehe Anlagen unter DOSB 2023b) wurden zahlreiche Handlungsstrategien für Politik und weitere Ebenen formuliert, um die Sportinfrastruktur in Deutschland nachhaltig zu verbessern. Inwieweit diese auch tatsächlich eine Umsetzung erfahren, wird sich in der nächsten Legislaturperiode entscheiden.

Fazit

Der Beitrag hat einen breiten Überblick über die historische Entwicklung der Sportinfrastruktur in Deutschland geliefert. Zudem wurde der Wandel von Planungs- und Steuerungsinstrumenten für Sportinfrastruktur (Stadt- und Sport(stätten)entwicklungsplanungen) skizziert, welcher auch aus einem Wandel des Sportverständnisses durch die Bevölkerung, der Entwicklung von Sportarten, aber auch gesellschaftlichen Veränderungen, wie beispielsweise dem demografischen Wandel resultiert. Dabei wurden auch die aktuell verfügbaren Datenbestände zu Sportstätten sowie zu deren Sanierungsbedarf aufgezeigt, der als sehr hoch eingeschätzt bzw. wahrgenommen wird. Vor dem Hintergrund der oftmals prekären Haushaltslage von Kommunen, stellt eine Finanzierung von (sanierungsbedürftigen) Sportstätten eine besondere Herausforderung dar. Kommunale, bedarfsorientierte Sport(stätten)entwicklung erfordert ein Zusammenspiel einer Vielzahl unterschiedlicher Akteur*innen aus Politik, Verwaltung (z. B. Abteilungen im Gebäudemanagement), Stadtplanung- und Stadtentwicklung, Gesellschaft, aber auch aus Vereinen und Schulen, wobei unterschiedliche Interessenlagen aufeinandertreffen. Die Hürden für Kommunen zur Schaffung adäquater Sportinfrastruktur für die Bevölkerung sind somit enorm. So besteht ein Bedarf an Entscheidungsunterstützung, die perspektivisch durch die Integration digitaler Möglichkeiten auf unterschiedlichen Ebenen geleistet werden könnte.

Zwar gibt es bereits seit 1935 Bestrebungen, Sportstätten in Deutschland systematisch zu erfassen, eine darauf basierende Konzipierung und Steuerung z. B. von Förderprogrammen zur Verbesserung der Sportinfrastruktur erfolgte jedoch nicht (Wallrodt/Thieme 2021). Perspektivisch könnten durch die gezielte Nutzung steuerungsrelevanter Daten bei der Konzipierung von Förderprogrammen auch mögliche Fehl- bzw. Unter- oder Überinvestitionen minimiert werden. Eine Nutzung und Verschränkung von steuerungsrelevanten Daten zum individuellen Sportverhalten, der Sportinfrastruktur sowie der Betriebsdaten der Betreiber und Anbieter findet auch aufgrund mangelnder

Datenverfügbarkeit bislang nicht statt. Daraus resultieren Fehlallokationen auf der Ebene der Einzelorganisation (z. B. kommunaler Betreiber einer Sportstätte, Sportverein) und Ineffizienzen auf der Steuerungsebene von Kommunen, Ländern und dem Bund einerseits sowie bei den Sportverbänden anderseits. Die hier skizzierten technischen Lösungen (Sportstättendatenbanken und -atlanten, Versorgungsgrade) könnten es in Zukunft ermöglichen, die Sportstätteninfrastruktur in Deutschland bedarfsgerecht(er) auszubauen und dem Sanierungsstau entgegenzuwirken; vorausgesetzt, die technischen Lösungen treffen auf eine flächendeckende Akzeptanz und Nutzung auf unterschiedlichen Ebenen und die für deren effektive Nutzung notwendigen Daten können bereitgestellt werden. Vielversprechende aktuelle Entwicklungen in der Forschung sowie auf politisch-administrativer Ebene (Förderprogramme, der „Entwicklungsplan Sport") könnten perspektivisch zu einer Verbesserung der Sport(stätten)infrastruktur und einer Abnahme des Sanierungsstaus von Sportstätten in Deutschland beitragen.

Literatur

Ahlert, G. / Repenning, S. (2023): Die ökonomische Bedeutung des Sports in Deutschland: Sportsatellitenkonto (SSK) 2019 und ein erster Ausblick auf das durch Covid–19 geprägte Jahr 2020. GWS Themenreport 2023/1, Osnabrück.

Ahlert, G. / an der Heiden, I. / Huber, S. / Meyrahn, F. / Preuß, H. (2012): Die wirtschaftliche Bedeutung des Sportstättenbaus und ihr Anteil an einem zukünftigen Sportsatellitenkonto. Forschungsbericht (Langfassung) im Auftrag des Bundesministeriums für Wirtschaft und Technologie (BMWi). Mainz. URL: https://sportsatellitenkonto.de/wp-content/uploads/2019/12/02_BMWi-Veroeffentlichung-20130201-SpSK-III.pdf.

Bäderleben (o. D.). Bäderleben. https://baederleben.de/.

Barlösius, E. (2019): Infrastrukturen als soziale Ordnungsdienste: Ein Beitrag zur Gesellschaftsdiagnose. XXX: Campus.

BBSR – Bundesinstitut für Bau-, Stadt- und Raumforschung (2023): Projektaufruf 2023 zum Bundesprogramm „Sanierung kommunaler Einrichtungen in den Bereichen Sport, Jugend und Kultur" (SJK). URL: https://www.bbsr.bund.de/BBSR/DE/forschung/aufrufe/aktuelle-meldungen/sanierung-kommunaler-einrichtungen-sjk.html.

Behringer, W. (2012): Kulturgeschichte des Sports. Vom antiken Olympia bis zur Gegenwart. München: Beck.

BISp – Bundesinstitut für Sportwissenschaft (2023): Ausschreibung der Expertise „Klimaangepasste Sportanlagen". URL: https://www.bisp.de/SharedDocs/Kurzmeldungen/DE/Nachrichten/2023/AusschreibungKlimaangepassteSportanlagen.html.

BISp – Bundesinstitut für Sportwissenschaft (2024): Ausschreibung der Expertise „Systematik zur Erfassung und Reduktion des Endenergieverbrauchs von bestehenden Sporthallen". URL: https://www.bisp.de/SharedDocs/Kurzmeldungen/DE/Nachrichten/2024/Ausschreibung_Energieverbrauch_Sporthallen.html.

BMI – Bundesministerium des Inneren und für Heimat (2022). Bewegung und Sport für Alle: Gipfelerklärung zum Bewegungsgipfel des Bundes, der Länder, der Kommunen und des organisierten Sports. URL: https://www.bmi.bund.de/SharedDocs/downloads/DE/veroeffentlichungen/2022/bewegungsgipfel-erklaerung.pdf;jsessionid=D2710308EE6DC4376CB0BDECB7806BF7.2_cid373?__blob=publicationFile&v=3.

BMI – Bundesministerium des Inneren und für Heimat (o. D.): Infrastrukturförderung Sportstätten. URL: https://www.bmi.bund.de/DE/themen/sport/nationale-sportpolitik/foerderung-spitzensport/infrastrukturfoerderung/infrastrukturfoerderung-artikel.html.
BMVBS – Bundesministerium für Verkehr, Bau und Stadtentwicklung (Hrsg.) (2011): Sportstätten und Stadtentwicklung. Werkstatt Praxis.
BMWSB – Bundesministerium für Wohnen, Stadtentwicklung und Bauwesen (o. D.). Finanzierung. URL: https://investitionspakt-sportstaetten.de/programm/finanzierung.
BMWSB – Bundesministerium für Wohnen, Stadtentwicklung und Bauwesen (2023): Investitionspakt Sportstätten: Newsletter Investitionspakt Sportstätten Ausgabe 02/2023. URL: https://investitionspakt-sportstaetten.de/sites/default/files/documents/Newsletter-Ausgabe%20 02_2023.pdf.
BMWSB – Bundesministerium für Wohnen, Stadtentwicklung und Bauwesen (2024): Bund saniert 68 kommunale Einrichtungen in den Bereichen Sport-, Jugend- und Kultur. URL: https://www.bmwsb.bund.de/SharedDocs/pressemitteilungen/Webs/BMWSB/DE/2024/03/sjk.html.
BZgA – Bundeszentrale für gesundheitliche Aufklärung (2016): Nationale Empfehlungen für Bewegung und Bewegungsförderung. URL: https://www.bundesgesundheitsministerium.de/fileadmin/Dateien/5_Publikationen/Praevention/Broschueren/Bewegungsempfehlungen_BZgA-Fachheft_3.pdf.
DOSB – Deutscher Olympischer Sportbund (2023a): Bestandserhebung 2023 (Fassung vom 01.11.2023; Stichtag der Erfassung 1. Januar 2023. URL: https://cdn.dosb.de/user_upload/www.dosb.de/uber_uns/Bestandserhebung/Bestandserhebung_2023.pdf.
DOSB – Deutscher Olympischer Sportbund (2023b): Beschlussvorlage für die 20. DOSB-Mitgliederversammlung am 2. Dezember 2023. TOP 14 Beschluss der Eckpunkte für einen Entwicklungsplan Sport. URL: https://www.dosb.de/sonderseiten/news/news-detail/news/faqs-dosb-mitgliederversammlung-2023
DOSB – Deutscher Olympischer Sportbund (2023c): Bundesförderung für Sportstätten und Sporträume (Stand: Juli 2023). URL: https://cdn.dosb.de/user_upload/Sportstaetten-Umwelt/2023-07-06_DOSB_Foerderprogramme-Sport_A3_final__003_.pdf.
DOSB – Deutscher Olympischer Sportbund (2018): Bundesweiter Sanierungsbedarf von Sportstätten. URL: https://cdn.dosb.de/alter_Datenbestand/fm-dosb/arbeitsfelder/umwelt-sportstaetten/Downloads/Sanierungsbedarf_DOSB-DST-DStGB.pdf.
DST – Deutscher Städtetag und PD (2021): Analyse der kommunalen Förderlandschaft. URL: https://www.pd-g.de/assets/PD-Perspektiven/211202_PD-Perspektiven_Foerdermittelanalyse.pdf.
dvs – Deutsche Vereinigung für Sportwissenschaft (2018): Memorandum zur kommunalen Sportentwicklungsplanung: 2. überarbeitete Fassung mit dem Fokus auf Sporträume. Hamburg. URL: https://www.sportwissenschaft.de/fileadmin/pdf/download/2018_Memorandum-2-SEP_web.pdf.
Eßig, N. / Lindner, S. / Magdolen, S. / Siegmund, L. (2015): Leitfaden Nachhaltiger Sportstättenbau – Kriterien für den Neubau nachhaltiger Sporthallen. Forschungsprojekt im Auftrag des Bundesinstituts für Sportwissenschaft (BISp). Bonn: Sportverlag Strauß.
Finger, J. D. / Varnaccia, G. / Borrmann, A. / Lange, C. / Mensink, G. B. M. (2018): Körperliche Aktivität von Kindern und Jugendlichen in Deutschland – Querschnittergebnisse aus KiGGS Welle 2 und Trends. In: Journal of Health Monitoring 3, H. 1, S. 24–31. DOI: 10.17886/RKI-GBE-2018-006.2.
Hübner, H. / Wulf, O. (2014): Verhaltensbezogene Ansätze in der kommunalen Sportentwicklugnsplanung. In: Rütten, A. / Nagel, S. / Kähler, R. (Hrsg.): Handbuch Sportentwicklungsplanung. Schorndorf: Hofmann, S. 109–118.
Janowsky-Vidovic, Isabel / Leistner, Philip (2023): Gesunde und energieeffiziente Gestaltung von Sportstätten. URL: https://www.bisp.de/SharedDocs/Downloads/Publikationen/Publikationssuche_Sonderpublikationen/Gesunde_energieeffiziente_Gestaltung_Sportstaetten.pdf?__blob=publicationFile&v=3.

Katthage, J. / Thieme-Hack, M. (2017): Nachhaltige Sportfreianlagen: Ansätze zur Umsetzung der nachhaltigen Entwicklung auf Sportfreianlagen. Bonn: Bundesinstitut für Sportwissenschaft. URL: https://www.bisp.de/SharedDocs/Downloads/Publikationen/sonstige_Publikationen_Ratgeber/OH_Sportfreianlagen_Nachhaltige.pdf?__blob=publicationFile&v=1.

KMK – Kultusministerkonferenz / dvs – Deutsche Vereinigung für Sportwissenschaft / BFS – Bundesverband zur Förderung der Schwimmausbildung (2017): Empfehlungen der Ständigen Konferenz der Kultusminister der Länder in der Bundesrepublik Deutschland, der Deutschen Vereinigung für Sportwissenschaft und des Bundesverbandes zur Förderung der Schwimmausbildung für den Schwimmunterricht in der Schule. URL: https://www.kmk.org/fileadmin/Dateien/veroeffentlichungen_beschluesse/2017/2017_05_04-Empf-Schwimmen-in-der-Schule_KMK_DVS_BFS.pdf.

KOK – Koordinierungskreis Bäder (2013): KOK-Richtlinien für den Bäderbau. Deutsche Gesellschaft für das Badewesen e. V. Deutscher Schwimm-Verband e. V., Deutscher Olympischer Sportbund e. V. (Hrsg.) (5. Aufl.). Essen, Kassel, Frankfurt a. M.

Lindt, K. / Raffer, C. / Scheller, H. / Thieme, L. (2023): Kommunale Sportstätten und ihr Beitrag zur Erreichung der deutschen Klimaziele. Berlin: Deutsches Institut für Urbanistik (Difu). URL: https://doi.org/10.34744/difu-impulse_2023-6.

Post, C. / Thieme, L. (2022): Strukturell-organisatorische Voraussetzung für das Schulschwimmen. Was kann das Projekt Bäderleben beitragen? In: Sportunterricht 71, H. 4, S. 166–170.

Raffer, C. (2022): Benchmarkstudie Förderprogrammlandschaften/-strategien im Ländervergleich. Berlin: Deutsches Institut für Urbanistik (Difu). URL: https://repository.difu.de/handle/difu/583613.

Raffer, C. / Scheller, H. (2024). KfW-Kommunalpanel 2024. Frankfurt/Main. URL: https://www.kfw.de/PDF/Download-Center/Konzernthemen/Research/PDF-Dokumente-KfW-Kommunalpanel/KfW-Kommunalpanel-2024.pdf.

Reinsch, M. (2023): Marode Schwimmbäder: „Wie viele Kinder sterben?". In: Frankfurter Allgemeine Zeitung, 19.04.2023. URL: https://www.faz.net/aktuell/sport/sportpolitik/dosb-kritisiert-schwimmbaeder-in-deutschland-lebensgefaehrlich-18833240.html.

Repenning, S. / Späing, M. / Meyrahn, F. / Ahlert, G. / an der Heiden, I. / Preuß, H. (2023): Sportstätten in Deutschland – Ergebnisse einer Kommunenbefragung. URL: https://www.bisp-sportinfrastruktur.de/SharedDocs/Downloads/Publikationen/Publikationssuche_SSK/Themenbericht_SSK_Sportstaetten.pdf?__blob=publicationFile&v=10.

Richter, A. u. a. (2021): Gesundheitsfördernde Verhaltensweisen bei Erwachsenen in Deutschland – Ergebnisse der Studie GEDA 2019/2020-EHIS. In: Journal of Health Monitoring 6, H. 3, S. 28–48. DOI: 10.25646/8460.2

Rittner, V. / Breuer, C. (2004): Gemeinwohlorientierung und soziale Bedeutung des Sports. Köln: Sport und Buch Strauß.

Rütten, Alfred / Nagel, Siegfried / Kähler, Robin (Hrsg.) (2014): Handbuch Sportentwicklungsplanung. Schorndorf: Hofmann.

Rütten, Alfred / Ziemainz, Jana (2009): Sportentwicklung und integrierte Planung. In: Balz, E. / Kuhlmann, D. (Hrsg.): Sportentwicklung: Grundlagen und Facetten. Aachen: Meyer & Meyer, S. 107–117.

Scheller, H. / Raffer, C. (2023): Nichtmonetäre Investitionshemmnisse der Kommunen – Herausforderungen und Reformansätze: Evaluation von Hochbau-Beratungsprojekten aus dem Ressortforschungsvorhaben „Investitionsberatungsauftrag" (IBA). Berlin. Deutsches Institut für Urbanistik (Difu). URL: https://doi.org/10.34744/difu-impulse_2023-5.

Schröteler-von Brandt, H. (2014). Stadtbau- und Stadtplanungsgeschichte: Eine Einführung (2. Aufl.). Springer Vieweg.

Senatsverwaltung für Bildung, Jugend und Familie (2019). Planungshandbuch Fachraum Sport. Berlin: Senatsverwaltung. https://digital.zlb.de/viewer/api/v1/records/34780571/files/media/2019-02-28-planungshandbuch-fr-sport.pdf.

SPD/Bündnis 90/DIE GRÜNEN/FDP (Hrsg.) (2021): Mehr Fortschritt wagen. Bündnis für Freiheit, Gerechtigkeit und Nachhaltigkeit. Koalitionsvertrag 2021–2025. URL: https://www.spd.de/fileadmin/Dokumente/Koalitionsvertrag/Koalitionsvertrag_2021-2025.pdf.

Sportministerkonferenz (2018): Beschlüsse von 1977 bis 2017. URL: https://www.im.bayern/assets/stmi/sug/sport/beschl%C3%BCsse_1977_bis_2017.pdf.

Statistisches Reichsamt (1938): Die sportlichen Übungsstätten im Deutschen Reich: Ergebnisse der Reichserhebung nach dem Stande vom 1. Oktober 1935 mit vier Übersichtskarten. Statistik des Deutschen Reichs: Bd. 518.

Thieme, Lutz / Klepzig, Markus / Zacharias, Stephan (2017): Zur Ausstattung von Kommunen mit Sportstätten. In: Wach, Gabriele / Wadsack, Ronald (Hrsg.): Sport in der Kommune als Managementaufgabe. Frankfurt a. M.: Lang, S. 57–73.

Thieme, Lutz / Post, Carina (2022): Sportentwicklung, Sportstätten und Stadtentwicklung. Kurzexpertise für die Bundestransferstelle Investitionspakt Sportstätten. Berlin. https://investitionspakt-sportstaetten.de/sites/default/files/documents/20221102_Kurzexpertise_Sportentwicklung_SW.pdf.

Tibbe, H. (2014). Richtwertansätze – Renaissance der Orientierungswerte. In: Rütten, A. / Nagel, S. / Kähler, R. (Hrsg.) (2014): Handbuch Sportentwicklungsplanung. Schorndorf: Hofmann, S. 99–108.

Wallrodt, Sören / Thieme, Lutz (2021): Grundlagen für einen digitalen Sportstättenatlas. Bonn: Bundesinstitut für Sportwissenschaft.

Weinfurter, M., Thieme, L. & Wallrodt, S. (2024). Ermittlung der Datenverfügbarkeit und Bestimmung des Endenergieverbrauchs der kommunalen Hallen- und Kombibäder in Deutschland. UBA-Texte 139/2024. Dessau: Umweltbundesamt.

Wetterich, J. (2014). Kooperative Sportenwticklungsplanung. In: Rütten, A. / Nagel, S. / Kähler, R. (Hrsg.) (2014): Handbuch Sportentwicklungsplanung. Schorndorf: Hofmann, S. 109–128.

Wolter, Heike / Wedemeyer-Kolwe, Bernd (2022): Kultur, Tourismus und Sport. In: Rahlf, Thomas (Hrsg.): Deutschland in Daten – Zeitreihen zur Historischen Statistik, S. 160–177. URL: https://www.bpb.de/system/files/dokument_pdf/deutschland_in_daten_online_komplett.pdf.

Wruck, T. (2013). Förderprogramm-Controlling: Entwicklung einer betriebswirtschaftlichen Konzeption. Kategorisierung von staatlichen Förderprogrammen entlang des Fördermanagementprozesses zur Ableitung von Gestaltungspotentialen. Frankfurt a. M.: Peter Lang.

PROF. DR. LUTZ THIEME

Hochschule Koblenz – RheinAhrCampus, Fachbereich Wirtschafts- und Sozialwissenschaften, Joseph-Rovan-Allee 2, 53424 Remagen

thieme@rheinahrcampus.de

M. SC. MATTHIAS WEINFURTER

Hochschule Koblenz – RheinAhrCampus, Fachbereich Wirtschafts- und Sozialwissenschaften, Joseph-Rovan-Allee 2, 53424 Remagen

weinfurter@rheinahrcampus.de

M. SC. CARINA POST

Hochschule Koblenz – RheinAhrCampus, Fachbereich Wirtschafts- und Sozialwissenschaften, Joseph-Rovan-Allee 2, 53424 Remagen

post@rheinahrcampus.de

TATJANA HOFMANN / JEAN-PHILIPPE JACCARD

„Die Literatur als solche"
Ein Gespräch

'Literature as Such'
A Conversation

KURZFASSUNG: In diesem Gespräch gibt der Slawist Jean-Philippe Jaccard darüber Auskunft, warum er sich einst für ein Studium der russischen Literatur entschied, welche Autorinnen und Autoren ihn besonders faszinierten, welche Erfahrungen er auf zahlreichen Reisen in die Sowjetunion und nach Russland gesammelt hat und welche Begegnungen ihn besonders prägten. Darüber hinaus beurteilt Jaccard die gegenwärtige Entwicklung der Slawistik als wissenschaftliche Disziplin und spricht über aktuelle Herausforderungen dieses Fachs.
Schlagwörter: Slawistik, Sowjetunion, Russland, Literatur, Strukturalismus

ABSTRACT: In this interview, Slavicist Jean-Philippe Jaccard explains why he once decided to study Russian literature, which authors particularly fascinated him, what experiences he gained on numerous trips to the Soviet Union and Russia and which encounters had a particular impact on him. Jaccard also assesses the current development of Slavic studies as an academic discipline and talks about the current challenges facing the subject.
Keywords: Slavic studies, Soviet Union, Russia, literature, structuralism

Angesichts der Krise der Osteuropastudien, die trotz EU-Osterweiterung in den letzten Jahrzehnten institutionellen Kürzungen ausgesetzt gewesen sind, und angesichts der zusätzlichen Herausforderungen, die durch den Angriffskrieg Putins in der Ukraine die Russistik treffen, liegt es nahe, auf ein Fachgebiet zurückzublicken, das sich verändert – auf die russistische Literaturwissenschaft. Ursprünglich hat sich dieser slawistische Schwerpunktbereich mit russischer Literatur beschäftigt, nun weitet er sich auf russischsprachige Literaturen und Kulturen aus, was u. a. Diaspora und Mehrsprachigkeit stärker in den Fokus rückt.

Die Herausforderungen betreffen neben pragmatischen Hindernissen, die eine Zusammenarbeit mit russländischen Institutionen und den Aufenthalt in Kriegsgebieten verunmöglichen, die inhaltliche, historische und methodische Auseinandersetzung mit dem imperialen Erbe. Postkoloniale Ansätze gestalten slawistische Arbeiten kritischer gegenüber früher übersehenen blinden Flecken, und vielleicht langfristig auch die Slawistik selbst um – hin zu einer selbstreflexiven Wissensproduktion, die in ihre Prämissen inkludiert, dass sie Teil west- und osteuropäischer Innen- und Außenpolitik gewesen ist, aber auch von persönlichen Beziehungen, biografischen Fügungen, von medialen Dispositiven und von der sprachlich-narrativen Verfasstheit der Forschungsergebnisse abhängt.

Nachdem in den Gesprächen mit Fritz Mierau (*Berliner Debatte Initial* 3/2020) und Renate Lachmann (*Berliner Debatte Initial* 4/2023) die deutschsprachige slawistische Tradition im Mittelpunkt stand, geht es im Folgenden um die französischsprachige slawistische Tradition, die als Scharnier für die west- und osteuropäische Slawistik besonders interessant erscheint. Diese hat am äußersten Westende der Schweiz nahe der französischen Grenze Jean-Philippe Jaccard vertreten. Die Interviewerin nahm an, dass der Slawist Georges Nivat ihn stark geprägt hat, der u. a. zahlreiche Ausgaben dissidentischer Literatur im Verlag L'Âge d'Homme ermöglicht hat. Jaccard ist jedoch einen eigenen Weg gegangen: Als einer der ersten Westeuropäer hat er bis dahin unbekannte experimentelle Vor- und Nachkriegsliteratur, die in der Sowjetunion unerwünscht bis verboten gewesen ist, für ein breites Publikum erschlossen und vermittelt – auf Französisch, Russisch und Italienisch.

Diese drei Sprachen markieren die Ausstrahlungsrichtungen seiner Arbeit, denen er bis heute treu bleibt, da er weiterhin auf Russisch publiziert, seine dortigen Kontakte pflegt und ein gültiges Visum besitzt. Kurz zu Jaccards Werdegang: Geboren 1958, hat er an der Universität Genf französische und russische Literatur studiert. Während seines Studiums verbrachte er ein Jahr (1983–1984) in Leningrad. Im Anschluss hat er zwischen 1986 und 1989 drei Mal ein Stipendium der Akademie der Wissenschaften der UdSSR erhalten. 1991 wurde er in Genf mit der Arbeit „Daniil Charms und das Ende der russischen Avantgarde" („Daniil Harms et la fin de l'avant-garde russe", 1991; russische Übersetzung 1995) promoviert. Im selben Jahr gab er den russischen Avantgarde-Dichter Aleksandr Tufanov (1877–1943) neu heraus: „Ushkujniki. Fragmenty poėmy" (Berkeley Slavic Specialties). Er übersetzte zudem u. a. Werke von Daniil Charms („Écrits", Paris: Bourgois 1993) und Nikolaj Ėrdman („Le Mandat", Lausanne: l'Âge d'Homme 1998) ins Französische.

Jaccard hatte verschiedene Lehr- und Forschungsposten an der Universität Genf inne, bis er dort 2001 zum ordentlichen Professor für russische Literatur ernannt wurde. Seit 2022 ist er emeritiert, Honorarprofessor und Vorsitzender des Kreises für Russlandstudien (Cercle d'études russes) an der Philologischen Fakultät. Er ist Mitherausgeber der Reihe „Slavica Helvetica" (Bern: Peter Lang) und der Reihe „Avangard" (Europäische Universität, St. Petersburg) sowie Mitglied der wissenschaftlichen Komitees der Zeitschriften „Modernités russes", „Specimina Slavica Lugdunensia" (beide Lyon), „Russian Studies" (St. Petersburg), „Europa Orientalis" (Salerno), „La Revue russe" (Paris), „Matica Srpska. Journal of Slavic Studies" (Novi Sad), „Studia litterarum" (IMLI, Moskau) und „Gumanitarnye nauki" (Astrachan).

Seine Forschung konzentriert sich auf folgende Themen: 1. die ästhetische Revolution zu Beginn des 20. Jahrhunderts (die Avantgarde im Allgemeinen, der Futurismus im Besonderen); 2. das Ende der Avantgarde: die „linken Kräfte" in den 1920er Jahren, Daniil Charms und die OBĖRIU, der Übergang der 1930er Jahre zum Existentialismus und zur Literatur des Absurden; 3. die Selbstreferentialität des literarischen Textes im Modernismus und in der klassischen Literatur des 19. Jahrhunderts; 4. die inoffizielle Kultur in der Sowjetunion als Wiederaufnahme eines Entwicklungsprozesses, der durch den sozialistischen Realismus unterbrochen wurde.

Zu den von ihm geleiteten Forschungsprojekten gehören u. a.: „Die Rezeption der französischen Literatur durch russische Exilschriftsteller der Zwischenkriegszeit in Paris", „Das Jahr 1913: Zum 100. Jahrestag des russischen Futurismus", „Migration philosophischer Konzepte in die Literatur", „Literarische Enzyklopädie des sowjetischen Alltags" und „Die ‚Zweite Kultur': Nicht-offizielle Poesie in Leningrad in den 1970er und 1980er Jahren".

Die Interviewerin kennt Jean-Philippe Jaccard als einen stets gut gelaunten, selbstironischen Kollegen, der sich wie kein anderer nichtmuttersprachlicher Slawist in der russischen Sprache bewegt und der leidenschaftlich, leichtfüßig und langfristig in die spätsowjetische Undergroundszene eingetaucht ist. Das Gespräch mit ihm wirkt ein wenig dem sogenannten „Röstigraben" entgegen: Dieser teilt die deutsch- und die französischsprachige Schweiz nicht nur im Alltag, sondern trägt zu universitärer Ignoranz bei. Der Graben versinnbildlicht, dass auch im größeren Kontext relativ wenige Kooperationen zwischen der deutsch- und der französischsprachigen Osteuropaforschung bestehen.

Unser Gespräch fand am 9. Juni 2023 in Genf auf Russisch statt. Es wurde audiovisuell von Marco F. aufgezeichnet, mit dem Jean-Philippe ins Italienische wechselte, besonders beim Rauchen, und von der Interviewerin ins Deutsche übersetzt.

TATJANA HOFMANN

Abb. 1: Jean-Philippe Jaccard beim Interview, Juli 2023; Foto: M. F.

Abb. 2: Cover von „Vtoraja kul'tura", herausgegeben von Jean-Philippe Jaccard, Jens Herlth und Petr Kazarnovskij (2013).

Tatjana Hofmann: Ich freue mich, Sie hier in Genf in Ihrem Büro zu treffen. Als erste Frage: Wie kam es dazu, dass Sie sich für ein Studium der russischen Literatur entschieden haben?

Jean-Philippe Jaccard: Das hat verschiedene Gründe. Erstens habe ich mich immer für dieses Land aus der Ferne interessiert, es war sehr geheimnisvoll. Man schrieb alles Mögliche über die Sowjetunion, misstrauisch. Nicht so grob, wie man über uns in der Sowjetunion schrieb, bei uns war es versteckter, aber man hatte trotzdem keine Vorstellung davon, was die Sowjetunion war.

Ein sehr starker Impuls ist die Sprache. Von allen Sprachen, die ich kenne oder zumindest gehört habe, ist sie für mich immer noch die schönste. Damals wollte ich unbedingt viele verschiedene Sprachen lernen. Der Wunsch, so gut wie möglich Russisch zu sprechen, war ein starker Impuls, und die russische Literatur, die ich auf Französisch las, wollte ich im Original lesen.

Es gibt auch dieses autobiografische Moment: Ich kann sonst nichts, ich kann nur Literaturwissenschaftler sein, also konnte ich mich nur an der Fakultät für Literatur und Sprachen einschreiben. Ich habe mich zunächst für französische Literatur eingeschrieben, das war mein Hauptfach. Es war einfach, und ich wollte eine neue Sprache, eine, die ich nicht von alleine lernen würde, wie das zum Beispiel bei Italienisch oder Spanisch der Fall gewesen ist. Daher habe ich Russisch gewählt. Schnell wurde Russisch zum Haupt- und französische Literatur zum Zweitfach.

Zu Beginn meines Studiums nahm ich an einem Sommerkurs in der Sowjetunion teil – endlich gelangte ich in dieses Land. Ich erinnere mich an das besondere Gefühl, als wir über Leningrad flogen! Schau, schau, dort leben Sowjetmenschen! Das muss 1979 gewesen sein. Breschnew war Generalsekretär. Mit ihm habe ich angefangen, und dann habe ich alle anderen beerdigt. Als ich dort im Austausch gewesen bin (1983–1984) und sie erfahren haben, dass Jaccard gekommen ist, haben sie begonnen, fieberhaft zu sterben.

Hofmann: Wann und wo waren Sie in der Sowjetunion?

Jaccard: Zuerst für einen Sommerkurs, dann noch einmal, und dann für ein Austauschsemester, das ich mit Mühe bis zum Ende des akademischen Jahres verlängert habe. Damals gab es nur vier Stipendien für die ganze Schweiz. Mindestens eines davon hat Zürich beansprucht. Also teilten wir sie für je ein Semester auf, damit mehr Studierende in die Sowjetunion gehen konnten. Dann kehrte ich zurück, verteidigte meine Diplomarbeit, und als ich Assistent an der Akademie der Wissenschaften wurde, bin ich drei Mal für zwei bis drei Monate hingefahren, 1985 und 1986. Danach bin ich fast jedes Jahr gefahren, manchmal sogar zweimal im Jahr. Wenn man mich bei der Beantragung eines Visums fragt, wie oft ich nach Russland gereist bin, weiß ich es nicht und schreibe 50 Mal.

Hofmann: Wohin sind Sie gefahren?

Jaccard: Meine Stadt ist St. Petersburg. Ich war natürlich in Moskau, das ich auch liebe, aber nicht so sehr wie St. Petersburg. In St. Petersburg bin ich ständig zu Fuß gelaufen. In Moskau ist das nicht möglich, es ist eine zu große und turbulente Stadt. Das waren meine Hauptstädte, und Pskow, die Orte Puschkins, aber ich betrachte sie sozusagen als Umland Petersburgs, auch Welikij Nowgorod. In Karelien bin ich auch ein bisschen gewesen.

Als ich Student war, durften wir im Land ohne Visum gar nicht reisen, und das Visum galt nur für einen Umkreis von 40 Kilometern um das Zentrum. Selbst Oranienbaum (damals Lomonossow) war zu weit weg. Natürlich sind wir sowohl dorthin als auch nach Moskau illegal gereist. Eine Studentin wurde dabei einmal erwischt, sie hat nur einen Verweis im Studentenwohnheim bekommen. So war für uns alles, was weiter weg lag, geschlossen. Kronstadt war komplett geschlossen, Nischni Nowgorod auch unzugänglich. Ich bin in den Kaukasus mit einer Genehmigung des Intourist gefahren, sie haben uns in westlicher Währung bezahlen lassen. Ich bin zudem in Kiew, Tallinn und Riga gewesen, an der Wolga in Pljos, Kostroma, Wladimir und Jaroslawl, und im Norden (Wologda, Feropontowo).

Nach der Perestroika wurde ich Delegierter des Rektorats für internationale Beziehungen mit den Ländern der ehemaligen Sowjetunion, mit Ausnahme des Baltikums. Ich bin nach Kiew, Nischni Nowgorod, Astrachan und Irkutsk gefahren, um Verträge abzuschliessen – die Natur dort ist wunderschön. Aber ich habe noch nicht genug gesehen. Ich würde gerne nach Zentralasien fahren.

Hofmann: Mir scheint, dass Sie mehr als die meisten Slawist_innen die Sowjetunion bereist haben.

Jaccard: Nein: Mein Genfer Kollege Georges Nivat ist früher pensioniert worden und er ist noch mehr gereist, er war im Fernen Osten, in Omsk, Tomsk. Das würde ich auch gerne, aber wenn man arbeitet, hat man nicht viel Zeit. Die Ferien dauern drei Wochen, und ich habe nicht einmal genug Zeit, alle meine Freunde in Moskau und St. Petersburg zu besuchen. Das ist der einzige Grund.

Hofmann: Bitte erzählen Sie von Georges Nivat. Hatte er einen starken Einfluss auf Sie?

Jaccard: Als ich mit Russisch anfing, war er der Leiter der Abteilung für Slawistik an der Universität Genf. Ich war also sein Student, dann sein Doktorand, Kollege, Assistent, Oberassistent und schließlich bin ich Professor geworden, nachdem er gegangen ist. Ich habe 1978 angefangen und er wurde 2000 pensioniert. Letzte Woche habe ich ihn besucht, wir haben seinen Geburtstag gefeiert, kurzum, wir sind Freunde. Aus wissenschaftlicher Sicht machen wir unterschiedliche Dinge, aber die Tatsache, dass er meine Wahl unterstützt hat, war sehr wertvoll.

Hofmann: Sind Sie dank Nivat auf Charms gestoßen?

Jaccard: Ja, ich war Student und musste ein Thema für meine Abschlussarbeit wählen. Ich hatte damals gerade „Krysolov" („Der Rattenfänger") von Aleksandr Grin gelesen, es hat mir gut gefallen, und ich fragte: Vielleicht Grin? Nivat antwortete, dass sein Werk überwiegend an Jugendliche gerichtet sei, und dass es für jemanden, der Henri Michaux liebt, schade sei. Damals, Anfang der 1980er Jahre, sind gerade die ersten Bände der „Gesammelten Werke" von Charms in Deutschland erschienen, herausgegeben von Michail Mejlach und Vladimir Ėrl' bei K-Presse (Bremen). Nivat sagte, ich sollte sie lesen. Ich probierte das aus, verstand nichts und merkte, dass es etwas für mich war. Die ersten Bände enthalten Gedichte und das Theaterstück „Komedija goroda Peterburga" („Die Komödie der Stadt Petersburg"). Später habe ich die Erzählungen gelesen, die im Würzburger Jal-Verlag erschienen sind, und sie haben mir auch sehr gut gefallen. Dann habe ich einen Forschungsaufenthalt zu diesem Thema durchgeführt. Deshalb bin ich ihm natürlich dankbar. Ich wusste nicht genau, wer Charms war, ich habe es erst vor Ort erfahren.

Hofmann: Hat er Sie unterstützt, konnten Sie Ihren eigenen Weg gehen?

Jaccard: Georges Nivat hat sich nie besonders mit der Avantgarde beschäftigt, obwohl er sich dafür interessiert hat. Er liebte den Symbolismus, Andrej Belyj war damals sein Hauptthema, und Dissidenten, darunter Aleksandr Solženicyn. Unsere Interessen überschnitten sich nur wenig, obwohl er natürlich alles gelesen hat und darüber Bescheid wusste. Aber meine Dissertation habe ich allein geschrieben. Ich kannte Texte, die die Jurymitglieder nicht kannten. Selbst Aleksandar Flaker, mein Opponent, kannte nicht alle Texte, die ich in der Dissertation zitiert habe – sie waren nicht veröffentlicht. Das hat mir gefallen. „Unter der Leitung von" ist nicht nach meinem Geschmack. Selbstständiges Arbeiten, und der Betreuer unterstützt, berät, wenn methodisch etwas nicht stimmt, empfiehlt Bücher.

Hofmann: Apropos Deutschland, wo die erste Werkausgabe von Daniil Charms erschienen ist: Fühlten Sie sich von der deutschsprachigen Slawistik abgeschnitten?

Jaccard: Nein. Erstens, wenn ich Deutsch lesen muss, lese ich es. Aber nur, wenn es sein muss, weil es so schwierig und langsam ist! Und dann geht es hier um Texte auf Russisch. Sie wurden in Bremen und Würzburg veröffentlicht, aber auf Russisch. Ich würde sagen, Charms-Forschende im Westen waren rar. Es gab Leute, die sich mit absurder Literatur beschäftigt haben und diese Texte kannten, wie der Übersetzer Peter Urban. Es gab eine Dissertation über Charms und Aleksandr Vvedenskij. Aber abgeschnitten? Doch, in einer Hinsicht – und zwar mit großem Vergnügen. Die Deutschen waren mir damals ein bisschen fremd, weil sie sich vor allem auf die Philosophie stützten. Mir schien, die Literaturwissenschaft im deutschsprachigen Raum basierte damals auf obligatorischen Kant-Zitaten. Wie Lenin in Russland! Zumindest kam mir das damals so vor. Das gab es bei uns nicht, also war es sicherer!

Hofmann: Kannten Sie die westdeutsche Künstlerin und Charms-Forscherin Gudrun Lehmann, die auch schon in den 1980er Jahren in Leningrad Spurensuche betrieben hat?

Jaccard: Ich kenne ihr Charms-Buch „Fallen und Verschwinden", aber es ist von 2010, es ist etwa 30 Jahre nach meinem erschienen. Ich war einer der ersten neben denjenigen, die in der Sowjetunion anhand von Manuskripten über Charms arbeiteten – Michail Mejlach, Vladimir Èrl', Anatolij Aleksandrov. In der Manuskriptabteilung der Leningrader Öffentlichen Bibliothek mussten Bestellformulare ausgefüllt werden, und ich war der erste auf jedem Blatt (Aleksandrov, Mejlach und Èrl haben zuvor bei Jakov Druskin gearbeitet, wo die Manuskripte bis 1980 aufbewahrt wurden). Im Westen gab es nur wenige Forscher, die sich für Charms interessierten; in Amerika gab es Alice Stone Nakhimovsky, die sich immer mit Vvedenskij und Charms zusammen beschäftigte. Als man anfing, viel über Charms zu publizieren, habe ich nicht mehr über ihn gearbeitet. Mein Buch über ihn wurde 1991 auf Französisch veröffentlicht (1995 auf Russisch). Man kann verrückt werden, wenn man die ganze Zeit einen Autor untersucht. Ich trete noch manchmal zu Charms auf, aber mit meinen Analysen von damals.

Es erschien eine Masse von Veröffentlichungen. Ich habe mich darüber gefreut, dass die Leute erkannten: Es handelt sich bei Charms nicht um ein anekdotisches, flüchtiges, sondern um ein zentrales Phänomen in der Geschichte der russischen Literatur des 20. Jahrhunderts, wie übrigens auch Vvedenskij. Daran habe ich nicht gedacht, als ich anfing. Ich dachte, das seien meine Marginalien, diese verdammten Dichter.

Nun ja, die französischen Schriftsteller, die ich als Teenager gelesen habe, galten damals eigentlich genauso als Spinner, die keinerlei Bedeutung haben. Später wurde uns klar, dass die Phänomene der 1910er Jahre wie Dadaismus, Surrealismus und Futurismus einander ähneln. Wichtig war, dass sie sich als Strömungen nahtlos in die Geschichte einfügten, sich organisch entwickelten, und dass der Staat nichts dagegen unternehmen konnte. Für mich ist das der Beweis, dass die Literatur stärker ist als all die Stalins und andere Leute, die kulturelle Prozesse lenken wollen. Wer würde heute noch Aleksandr Fadeev und so weiter lesen. Sie sind sofort aus dem Blickfeld verschwunden, und diejenigen, die die russische Literatur geschaffen haben, darunter Charms, sind wieder aufgetaucht.

Hofmann: Ich möchte noch einmal auf die deutschsprachige Slawistik zurückkommen. Abgesehen von Charms: Hatten Sie nie das Gefühl, dass Sie von Ihren Kollegen im gleichen Land getrennt waren?

Jaccard: In derselben Zeit hat Thomas Grob seine Dissertation über Charms als Kinderautor geschrieben. Wir trafen uns, wurden Freunde und schrieben einen Artikel zusammen – was zeigt, dass wir keine Trennung empfanden. Jens Herlth habe ich nach seiner Berufung nach Fribourg vorgeschlagen, gemeinsam die Konferenz „Vtoraja kul'tura. Neoficial'naja poėzija Leningrada" (Zweite Kultur. Die inoffizielle Leningrader Dichtung) an der Universität Genf zu organisieren, was wir auch durchgeführt haben. Die Schweizer Slawistik ist seltsam, es gibt zwei Systeme: Ihr habt immer ein zweites slawisches Fach, und wir haben nur die Russistik. Aber das hindert einen nicht, wenn man gemeinsame Interessen hat. Übrigens fühle ich mich dem deutschen Feld näher als dem französischen. Warum? Als ich meinen ersten Artikel veröffentlichte, war er Teil meiner Diplomarbeit. Ich war sehr jung und habe ihn wohl ungeschickt geschrieben. Aber das spielt keine Rolle. Ich habe ihn an Flaker geschickt und er hat mit einer lustigen Postkarte geantwortet. Er sagte: „Komm mich mal besuchen." Ich bin daraufhin nach Zagreb gefahren. Dort waren keine Franzosen, dafür Deutsche: Aage Hansen-Löve, Hans Günther, dazu Kolleg_innen aus Ungarn und Polen, die ganze Mannschaft, die jetzt teilweise nach Belgrad umgezogen ist. Das war Mitteleuropa einschließlich der Deutschen, und dann kamen Kolleg_innen aus Tartu hinzu. Das war mein erstes Umfeld und bis jetzt sind alle diese Leute meine Freunde. Die Franzosen sind ein Sonderfall. Natürlich trete ich öfter in Paris auf als in Berlin. Ich lese mehr auf Französisch, Italienisch und Englisch als auf Deutsch, aber es gibt trotzdem keine Trennung.

Hofmann: Ich habe den Eindruck, dass wir nicht miteinander verbunden sind, weil wir uns kaum mit der französischsprachigen Slawistik beschäftigen.

Jaccard: Ich habe ein wenig Angst, dass sie erlischt, auch die deutsche. Vielleicht irre ich mich, aber so kommt es mir vor, im Gegensatz zur italienischen Slawistik. Dieses Gefühl hängt wahrscheinlich mit meinen Forschungsthemen zusammen, der Anfang des Jahrhunderts, die Avantgarde. Die Italiener beschäftigen sich sehr engagiert mit der Avantgarde.

Die traditionelle französische Slawistik, das ist die Generation von Georges Nivat, Michel Aucouturier, Jean-Claude Lanne, Jacques Catteau u. a. Die nächste Generation ist meine: Wir sind wenige. Ich könnte noch ein weiteres Problem nennen: Ich habe den Eindruck, dass sich die französische Slawistik mehr und mehr abkapselt. Wenn man in Frankreich eine Stelle ausschreibt, ist es schwierig, passende Kandidat_innen zu finden, und man wählt sie am ehesten aus den eigenen Reihen. Was persönliche Kontakte angeht, so habe ich zu vielen Menschen ausgezeichnete Beziehungen. Es gibt starke Forscherinnen unter ihnen, zum Beispiel Luba Jurgenson.

Hofmann: Das ist toll, Sie sind sowohl mit der deutsch- als auch französischsprachigen und mit der osteuropäischen Slawistik verbunden. Bemerkenswert, dass Sie mit allen in Kontakt bleiben konnten.

Jaccard: Ja, und mit Italien – dort sind viele ausgezeichnete Slawist_innen, sie produzieren hervorragende Ausgaben und Zeitschriften wie „Europa Orientalis". Diese enthält viele Archivmaterialien. Auch mit der Slawistik in Polen, es gab ja in Zagreb Jerzy Faryno und Anna Han aus Ungarn.

Letztendlich ist es egal, woher jemand kommt: Grenzen, Flaggen und Nationalitäten interessieren mich nicht sehr. Das Wichtigste ist ein allgemeines Interesse an einem bestimmten Thema – in diesem Fall an der Avantgarde, und nicht nur an der russischen.

Ich habe weniger Beziehungen zu den „Angelsachsen", wie sie manche Leute heute nennen. Ich habe nie in England vorgetragen. Ich nehme prinzipiell nicht an Konferenzen teil, bei denen man eine Gebühr dafür zahlen muss, einen Vortrag zu halten. Ich wurde einmal zu einer Tagung über Osip Mandel'štam eingeladen und sollte dafür bezahlen – das habe ich abgelehnt. Aber ich habe natürlich einige Kontakte, es gibt auch dort interessante Leute, die über den Untergrund forschen, und auch in den USA. Ich kenne dort vor allem ehemalige sowjetische Juden wie Lazar Fleishman. Er hat mich nach Stanford eingeladen, also bin ich dort einmal gewesen, aber ich fühle mich nicht zu Amerika hingezogen.

Hofmann: Dann sind Sie ein globaler, wenngleich doch vor allem europäischer Slawist?

Jaccard: Ich denke, das ergibt sich, wenn man ein bestimmtes Thema bearbeitet – es finden sich leicht Leute, die sich für einen Schriftsteller interessieren, und ihre Beziehungen wachsen organisch. Das ist internationale Kommunikation innerhalb eines doch recht engen Kreises. Ich bekomme Briefe aus Brasilien, wo die Slawistik gut vertreten ist, im Vergleich zu Spanien oder Portugal zum Beispiel – von dort kontaktiert mich niemand.

Wir haben noch die nordischen Länder ausgelassen, sie waren in Zagreb vertreten. Willem G. Weststeijn, Chefredakteur der Zeitschrift „Russian Literature" und Spezialist für Chlebnikov, war auch immer dabei.

Hofmann: Wie können wir uns diese Treffen in Zagreb vorstellen, war das ein gemeinsames „Abhängen" (*tusovka*)?

Jaccard: Genau, wir hingen zusammen ab – alle waren miteinander befreundet, alle sprachen sich mit Vornamen an. Jeder von uns hat gewartet, wann die Konferenz stattfindet, damit wir uns endlich treffen. Flaker war ein freundlicher und sympathischer Mensch, völlig unhierarchisch. Ich wurde gut aufgenommen. Hansen-Löve ist eine beängstigende Gestalt für einen angehenden Slawisten, und ich war damals noch Student. Aber alles verlief reibungslos. Wir trafen uns in Zagreb oder an der Küste, wo es billiger war, in Opatija oder in Lovran in Istrien, also am Meer, abends gab es Fisch und Wein. Flaker trank gerne und rauchte viel. Man brachte ihm verschiedene Spirituosen aus der ganzen Welt mit. Diese Flaschen standen auf dem Tisch. So schenkte sich jeder während der Vorträge ein wenig Whiskey oder Pflaumenwein ein. Diese Atmosphäre war sehr wichtig. Und es waren viele große Spezialisten dabei. Dann veröffentlichten wir die Berichte in der „Russian Literature", der damals renommiertesten slawistischen Zeitschrift in Westeuropa. Das war ein Schlüsselmoment für mich: Es war das erste Mal, dass ich vor einem Publikum sprach.

Hofmann: Gleich auf einer sehr renommierten Konferenz.

Jaccard: Ja, nicht schlecht, habe ich auch gedacht. *[lacht]* Als die Perestroika begann, konnten Leute aus der Sowjetunion kommen, und dann tauchte Zara Minc, Michail Lotmans Frau, auf. So entstand eine Verbindung mit der Tartuer Schule. Leider machte der Krieg im ehemaligen Jugoslawien alles zunichte. Sie hielten die Konferenz dennoch während des Krieges ab, dann fand sie alle zwei Jahre statt, und später ging das Geld aus. Flaker ist gestorben. Jetzt gibt es eine Konferenz, die Jasmina Vojvodić organisiert, aber sie ist ein bisschen anders. Das Zentrum für Avantgarde-Studien liegt nun eher in Belgrad unter der Leitung von Kornelija Ičin.

Hofmann: Fritz Mierau hat mir auch erzählt, dass er bei Flaker in Zagreb war, das muss noch in den 1970er Jahren gewesen sein. Interessant, dass er diese Konferenzen über solch eine lange Zeit organisiert hat. Aber lassen Sie uns zurück ins sowjetische Piter (St. Petersburg) springen. Erzählen Sie mir bitte, wie Sie damals als junger Schweizer Student den verbotenen ästhetischen Untergrund kennengelernt haben.

Jaccard: Zufällig oder nicht ganz zufällig. Eigentlich habe ich nicht viel danach gesucht. Erstens hatte ich einen Bekannten aus dem literarischen und christlichen Untergrund, Evgenij Pazuchin – ein Dichter, Philosoph und Christ. Bei ihm trafen sich die Leute aus Samizdat-Kreisen. Ich wusste nicht, was ich tun durfte und was nicht. Diese Kreise waren stärker politisiert als zum Beispiel Rockmusiker oder die „Neuen Künstler" (*novye chudožniki*). Es war gefährlich. Bei Pazuchin habe ich einen Mann getroffen, der in der Bibliothek der Akademie der Wissenschaften arbeitete und dort Kopien anfertigte. Er hat Solženicyns „Der Archipel Gulag" („Archipelag GULAG") und andere verbotene Literatur kopiert. Er wurde polizeilich gesucht und war gerade bei Pazuchin untergetaucht. Ich erinnere mich, dass wir spät in der Nacht während eines Schneesturms durch die Straßen liefen, und ich ihn fragte, ob er zur Metro gehen würde, woraufhin er sagte: „Ich kann nicht, ich verstecke mich." Er hatte sich eineinhalb Jahre lang versteckt. Es war für mich erstaunlich, wie man sich in diesem Staat verstecken kann. Am Ende wurde er gefasst und kam für vier Jahre ins Lager. Zur gleichen Zeit wurde Michail Mejlach inhaftiert. Ich war kurz davor, ihn zu treffen, aber man sagte mir, ich solle es gar nicht erst versuchen. Es gab einen Prozess, als ich dort war, und er wurde für sieben plus fünf Jahre inhaftiert, was die Höchststrafe nach Artikel 70 gewesen ist. Dann wurde er unter Gorbačov früher freigelassen. Man musste aufpassen, ich wollte nicht rausgeschmissen werden. Ich bedaure, dass ich deshalb nicht viel mit Viktor Krivulin gesprochen habe, obwohl ich ihn ein paar Mal getroffen habe. Sergej Stratanovskij und Elena Švarc lernte ich erst später kennen. Aber ich wusste von ihnen, ich war bei Dichterlesungen im Leningrader Club 81 und ähnlichen Veranstaltungen gewesen. Das Epizentrum war das Café Sajgon am Nevskij-Prospekt, wo man sich um sechs Uhr traf. Als Austauschstudent, der dieses parallele Kulturleben nicht kannte, brauchte man schon ein bisschen Glück, um zur richtigen Zeit dort zu sein. Ich hatte dieses Glück. In der Öffentlichen Bibliothek arbeitete nämlich ein Mann, Kostja Mitenev, damals Dichter (später wurde er Filmemacher, dann Künstler und heute lebt er als Flüchtling in Lausanne). Er arbeitete damals ruhig und unauffällig, aber er war es, der mich das erste Mal ins Sajgon mitgenommen hat. Dort habe ich Dichter_innen,

Künstler_innen, Musiker_innen, Hippies, Punks und andere Verrückte getroffen. Alle kannten einander.

So spielte sich mein Leben ab: Tagsüber Charms in der Manuskriptabteilung der Öffentlichen Bibliothek, um sechs Sajgon, und von dort aus ging man wohin auch immer – zu einer Ausstellung in einem Haus der Kultur (*dvorec kul'tury*), zu einer Dichterlesung oder einer 15-minütigen Dada-Performance von „Anna Karenina" im Club 81, zu einem Konzert im Rockklub in der Rubinsteinstraße 13 oder einfach zu „einem meiner Freunde" (Viktor Zoj). Jeden Abend war etwas los.

Man traf sich auch zuhause in den Küchen. Es gab mehrere öffentliche Treffpunkte. Meistens waren es Ateliers, denn Künstler erhielten große Räume kostenlos zur Verfügung gestellt. Man konnte dort Tee trinken und bis zum Morgen sitzen, wie im Atelier von Timur Novikov oder Andrej Medvedev. Dieser Künstler ist weniger bekannt als Novikov, aber sein Atelier am Zagorodnyj Prospekt war der Ort, an dem sich alle trafen. Ich bin jeden Tag hingegangen, und es waren immer neue Leute da. Dort waren Musiker der Bands *Kino* und *Strange Games*, Sergej Kurechin, und natürlich Künstler, Oleg Kotel'nikov und viele andere. Dann begegnete ich unabhängig voneinander Saša und Olja Florenskij und den Mitki (Mitja Šagin, Volodja Šinkarev). Ein wichtiges Treffen. Florenskij hatte ein Atelier in der Kuznežnyj-Allee. Dann kam man aus dieser Umgebung nicht mehr heraus. Jeder hatte eine Menge Zeit. Man tat so, als würde man arbeiten, zum Beispiel als Heizer oder etwas anderes. So verging der Anfang des Jahres 1984. Dann begannen die weißen Nächte, wir gingen aus ohne Ende, picknickten am Golf von Finnland ... Ein normales Leben!

Hofmann: Wie haben diese Bekanntschaften, Freundschaften und diese Atmosphäre Ihr Denken beeinflusst?

Jaccard: Charms und die Obėriuten[1] im Allgemeinen zeigen, dass sich der literarische Prozess *trotz allem* entwickelt. Schauen Sie: Es gab Repressionen, dann den Krieg, fast alle sind gestorben, sie wurden vergessen. Und 20 Jahre später gibt es Autoren, die versuchen, dieses vergessene Erbe wiederzubeleben, wie zum Beispiel den Dichter Vladimir Ėrl', der sowohl der Herausgeber von Charms und Vvedenskij ist, als auch ein Autor, dessen Poetik diesen Vorgängern ähnelt. Ich beobachte diese Kontinuität bei den Dichtern der sogenannten Philologischen Schule, Leonid Aronzon, Joseph Brodsky und Viktor Krivulin. Man könnte sagen, dass die inoffizielle Leningrader Literatur mit einem Blick zurück begann, um wieder mit dem Silbernen Zeitalter, mit der Avantgarde in Berührung zu kommen, und das sieht man in ihren Werken.

Ich spreche von Leningrad. In Moskau war es anders, wie mir scheint. Das ist absolut keine professionelle Sichtweise, aber ich habe den Eindruck, dass man sich in Moskau

---

1 Gemeint ist die avantgardistische Leningrader „Vereinigung realer Kunst", die 1927 gegründet und 1930 verboten wurde. Ihre Sprachkünstler, zu denen u. a. Daniil Charms und Aleksandr Vvedenskij gehörten, entwickelten eine absurde, aus dem Futurismus schöpfende Poesie mit einer eigenen Sprache (Zaum). An diese knüpfte die inoffizielle sowjetische Literatur nach 1945 an, da sie eine Alternative zum Soz-Realismus bot. Vgl. dazu mein Gespräch-Essay u. a. mit Gudrun Lehmann: „Zum 100. Geburtstag von Igor' Cholin: Die Werkauswahl der Edition Aspei (Bochum) zwischen Avantgarde und Konzeptualismus" in der Zeitschrift für Slawistik 67. Jg. (2022), H. 1, S. 140–170, URL: https://doi.org/10.1515/slaw-2022-0007.

mehr am Westen orientierte, an der Postmoderne, an Andy Warhol. In Leningrad gab es das auch, aber in geringerem Ausmaß (und später), man blickte eher auf den Beginn des 20. Jahrhunderts und auf die klassische Poesie zurück, bis hin zu den Archaisten in Krivulins Werk. Die Herausforderung lautete: Wie kann man wieder an die russische Literatur (im Gegensatz zur sowjetischen) anknüpfen? Der Erfolg, den Charms in diesen Jahren hatte, ist unglaublich. Charms war etwas Besonderes! Den jüngeren Generationen heute ist er weniger geläufig, aber damals kannte ihn jeder in unseren Kreisen. Man kannte Werke wie „Blaues Heft Nr. 10" („Es war einmal ein rothaariger Mann …") auswendig. Ich habe den Eindruck, dass die Vertreter_innen der inoffiziellen Kultur selbst erkannten, dass sie zur Heilung der Wunde beitrugen, und dass der literarische Prozess bereits auf dem richtigen Weg war.

Also ja, diese Erfahrung hat mein Verständnis davon beeinflusst, was in Russlands Küchen kurz vor der Perestroika stattgefunden hat, und mein Verständnis davon, was Charms als historisches Phänomen bedeutet. Es ist sehr wichtig zu verstehen, dass wir hier über inoffizielle Literatur sprechen, also nicht über Dissidenz.[2] Es gab Provokationen – lange Haare, Jeans, absurdes Verhalten, den christlichen Glauben bei einigen (Krivulin, Stratanovskij). Doch das ist keine Dissidenz, sondern eine Entdeckung von etwas Anderem in der sowjetischen atheistischen Welt. Natürlich gibt es eine oppositionelle Dimension, aber sie impliziert keine Konfrontation mit den Behörden. Sie alle haben die Sowjetmacht völlig ignoriert, was mich besonders interessiert hat, und ihr eigenes Leben gelebt.

Das erklärt die Tatsache, dass es sogar Samizdat-Zeitschriften über Übersetzung, über Philosophie und sogar über Kinderliteratur gab. Es gab nämlich eine Generation von Menschen, die vor dem Krieg geboren wurden, das sind Joseph Brodsky, Viktor Sosnora, Aleksandr Kušner. Sie waren 20 Jahre alt, als sie begannen, sich am literarischen Prozess zu beteiligen: Es war die Zeit des Tauwetters, die Zeit der Hoffnung. Und diejenigen, die nach dem Krieg geboren wurden (Krivulin, Ėrl', Švarc), waren 20 Jahre alt, als die Tauwetterperiode endete, und sie gingen in den Untergrund.

Die nächste Generation war die meinige, und sie hörte auf, Angst zu haben. In den 1980er Jahren lebten die Akteure der inoffiziellen Kultur immer weniger im Untergrund, und die Behörden zogen sogar mit, wahrscheinlich, um sie besser kontrollieren zu können. Der KGB übernahm die Schirmherrschaft über den Club 81, die Bands durften in Kulturhäusern auftreten. Das war der Anfang vom Ende des Regimes. Man hätte sie alle ins Gefängnis stecken sollen! *[lacht]* Der Anfang der 1980er Jahre war unglaublich. Ich werde darüber schreiben, wenn ich die Kraft dazu habe, und diese Dichter übersetzen.

Es ist also alles miteinander verbunden. Vor allem, weil ich mich, als ich mich mit französischer Literatur beschäftigte, für ähnliche Dichter in Frankreich interessierte. Das sind die „verdammten Dichter", die Avantgarde, der Surrealismus, der Dadaismus,

---

2   Während Dissident_innen öffentlich auftreten und gegen das Regime aktiv kämpfen, weshalb sie ausgebürgert, inhaftiert oder stigmatisiert werden, dürfte hier der Unterschied zum offiziell stillen, vor allem privat und ästhetisch ausgetragenen Protest gemeint sein.

und dann die 1930er Jahre nach dem Zusammenbruch der Avantgarde, als der Faschismus erstarkte – das sind Henri Michaux, René Daumal. Es ist eine Zeit des Niedergangs der utopischen Konstruktionen, eine Zeit der Desillusion, der Angst. Man spricht von der Literatur der Angst (*littérature de l'anxiété*). Dann bricht der Krieg aus, und wir haben Albert Camus, die Philosophie des Absurden.

Nach dem Krieg geht es wieder los, die avantgardistischen Strömungen blühen auf (auch wenn sie düsterer werden): Samuel Beckett, Eugène Ionesco, die Literatur des Absurden. Offensichtlich wachsen sie, wie die russische Literatur der Nachkriegszeit, aus der gleichen Wurzel. Der Krieg spielt natürlich auch im Westen eine Rolle: Die Befreiung von Nazismus und Faschismus (leider nicht überall, in Portugal und Spanien hielten sie sich lange) bedeutet eine neue Freiheit, die sich in der Wiederbelebung des Surrealismus der Nachkriegszeit zeigt. Das hängt alles zusammen.

Dass es sich um eine organische Entwicklung handelt, beweist in meinen Augen die Tatsache, dass Michaux und Charms, die nichts voneinander wussten, Mitte der 1930er Jahre ähnliche Kurzgeschichten geschrieben haben. Von Michaux gibt es einen Text, „Plume au restaurant", in dem die Figur, der „Untermensch" Plume, ein Restaurant betritt und verprügelt wird, weil er etwas anderes bestellt hat, als auf der Speisekarte steht. Charms schreibt im selben Jahr einen Text mit demselben Szenario: „Petja betritt ein Restaurant …", er bestellt ein „Bœuf-bouilli" und das ruft eine gewisse Aggressivität beim Kellner hervor. Das ist kein Zufall.

Andere Beispiele sind leicht zu finden: René Daumal, der im selben Jahr wie Charms geboren wurde und 1926–1934 – letzteres ist das Jahr von Petja und Plume – ein umfassendes Buch über die „Offensichtlichkeit des Absurden" geschrieben hat. All dies ist ein Ganzes, das mir bestätigt, dass wir keine Staaten brauchen, und dass die Literatur immer noch stärker ist als all diese Clowns: Sie mögen Schriftsteller vernichten, aber die Literatur entwickelt sich weiter nach ihren eigenen Gesetzen, unabhängig vom Druck der Ideologen. Schauen wir mal, was jetzt in Russland passiert. Es beruhigt, wenn man entschlossener Optimist bleibt. In der Tat, ohne Kultur und Literatur gibt es keine Rettung. Jetzt ist die Zeit gekommen für einen neuen Untergrund, eine neue Zensur, neue Strafverfahren gegen Kulturschaffende.

Hofmann: Wer ist jetzt in den Untergrund involviert und wie?

Jaccard: Sie sind im Untergrund, man kann sie nicht sehen. Jetzt ist alles noch ziemlich unsicher, aber die Situation scheint sich zu wiederholen. Diejenigen, die aus dem Untergrund kamen, setzten ihre Aktivitäten in den 1990er Jahren und zu Beginn des 21. Jahrhunderts fort. Sie veröffentlichen ihre Bücher in kleinen Auflagen. Die Untergrundliteratur kam hervor und wurde zu einer alternativen Kultur. Sie wurde verboten. Da die Kunst in Russland recht schnell politisiert wurde, gab es Phänomene wie *Pussy Riot*, die Gruppe *Vojna*, die Aktionisten. Jetzt gibt es eine Katastrophe, und wie immer gilt: entweder in den Westen oder in den Osten, oder sich verstecken und abwarten.

Hofmann: Es ist jetzt einfacher zu gehen als früher. Ich glaube, der jetzige Underground wird im Westen ignoriert.

Jaccard: Erstens ist es schwierig, Prozesse des Untergrunds von hier aus zu studieren. Zweitens versuchen wir traditionell, dem, was in Russland passiert, keine besondere Aufmerksamkeit zu schenken. Aber Sie und ich wissen, dass es dort neue Dissidenten gibt. Der Westen ist ein langweiliges Schiff, er sieht alles auf dieselbe Weise. Heute ist die Konstellation wie früher: Es gibt einen brutalen Staat mit einem brutalen Krieg, und auf der anderen Seite gibt es die Opfer dieses Regimes, über die wir reden. Über die Gesellschaft reden wir kaum. Die russischen Behörden tragen eine Mitschuld, aber auch die Menschen – sie wollen nicht wirklich, dass wir alles wissen. Es ist so, als ob nichts passieren würde und alles in Ordnung wäre. In Moskau und St. Petersburg scheint es so zu sein, dass die Menschen denken: „Na ja, es gibt dort ein paar Kämpfe, aber wir leben gut." Man schreibt darüber, aber ich habe den Eindruck, dass das nicht reicht, wir müssten tiefer graben. Ich mache niemandem einen Vorwurf, es ist eine Kriegssituation, schwarz und weiß. Ich spreche mit meinen Freunden und sie sagen: „Heute gehe ich zur Präsentation von Michail Eremins Buch", „es wird eine Ausstellung zeitgenössischer Künstler geben"; das Kunstzentrum in der Puškinskaja 10 existiert noch (aber es ist nicht klar, wie lange es bestehen wird). Die alternative Kultur ist ein Gegenmittel gegen das Schlimme, was vor sich geht. Die Behörden scheinen sich dafür noch nicht zu interessieren, und die Medien auch nicht. Sie könnten mehr darüber schreiben, aber man muss dafür dorthin fahren, und niemand will jetzt hinfahren. Ich kann sie auch verstehen. Auf jeden Fall sieht das Bild von hier aus ungut aus. Aber viele Menschen dort, auch im „Untergrund", leben ganz normal. Viele sind nicht weggegangen, und zwar aus verschiedenen Gründen: Weil sie eine Mutter haben, die 90 Jahre alt ist, oder aus anderen ähnlichen Gründen. Viele arbeiten aus der Ferne, um den Behörden nicht in die Quere zu kommen. Es ist nicht klar, wie lange der Krieg dauern wird, aber die Folgen des Krieges werden lange anhalten. Auch für die Russen ist er eine totale Katastrophe. Es wird mindestens zwei oder drei Generationen brauchen, um das alles zu überwinden.

Hofmann: Ja, es ist eine Katastrophe. Kommen wir zurück zu Ihren Aktivitäten als Slawist. Mich interessiert, wie sich Ihre Forschung entwickelt hat. Sie führen ein sehr lebendiges wissenschaftliches Leben, das nicht nur in Bibliotheken und am heimischen Schreibtisch stattfindet. Sie sind befreundet mit Kollegen in fast ganz Europa, u. a. mit dem Flaker-Kreis, und Sie haben viel Zeit mit Persönlichkeiten des Untergrunds verbracht. Sie haben sich in Charms und viele andere Texte regelrecht verliebt, zumindest einen persönlichen Bezug zur Literatur gehabt. Wie haben Sie dann mit Ihrem Material gearbeitet, wie haben Sie Abstand dazu in Ihren Untersuchungen gefunden?

Jaccard: Wir dürfen nicht vergessen, was wir unterrichten – die kanonischen Klassiker, aber nicht nur sie. Während eines Seminars tauchen bei mir Fragen und Ideen für zukünftige Artikel auf. Ich habe eine Menge über die Spiegelung in klassischen Texten geschrieben, z. B. in Achmatovas „Requiem", Puškins „Die Kapitänstochter", Nabokovs „Verzweiflung", Gogol's „Petersburger Geschichten" und Bulgakovs „Teufeliaden". Diese Ideen sind während meiner Lehre entstanden. Ich habe den Studierenden gesagt: In der Mitte des Buches, wenn man die Anzahl der Seiten oder der Kapitel berücksichtigt, passiert etwas, so dass der zweite Teil den ersten spiegelt. Vielleicht ist es eine Manie? Ich habe die Studierenden gewarnt: Ich bin verrückt nach Spiegelstrukturen. Ich bestehe nicht darauf, aber es scheint mir, dass sie fast überall vorkommen. Und auf diese

Weise spricht die Literatur hauptsächlich über sich selbst. Was geschieht in der Mitte von „Verbrechen und Strafe"? Am Ende des dritten Teils taucht Svidrigajlov auf. Zu Beginn des vierten Teils wiederholt sich die Szene – Raskol'nikov ist im Delirium, und sein Doppelgänger sagt: „Ich bin Svidrigajlov". Er ist der Doppelgänger des Helden, und der Roman verzweigt sich in ähnlicher Weise. Dann sieht man, dass die Szene in der Mitte des ersten Teils mit der Szene in der Mitte des sechsten Teils übereinstimmt. Es lassen sich weitere Beispiele anführen, die die stabile Struktur des gesamten Romans mit zusätzlicher Bedeutung offenlegen. Selbst wenn der Text auf den ersten Blick harmlos und ohne große Formansprüche zu sein scheint, findet man diese Struktur. Ich habe sogar einen Artikel mit diesem Ansatz über Turgenevs „Das Adelsnest", das sich nicht gerade durch Modernismus auszeichnet, geschrieben.

Hofmann: Und so hat sich Ihre analytische Perspektive entwickelt?

Jaccard: Sie entwickelt sich in der Begegnung mit dem Text. Selbst wenn ich Charms jetzt noch einmal lese, finde ich neue Dinge. Literatur, das ist Kommunikation mit dem Leser. Der Leser spielt eine wichtige Rolle beim Verstehen eines Werkes. Und dann liest man, liest wieder und entdeckt neue Ansätze. Ich weiß nicht, wie ich darauf antworten soll, das passiert alles von selbst, denke ich.

Hofmann: Mir gefällt, dass Sie Literatur als Kommunikation definieren.

Jaccard: Sicher. Unser Anliegen als Lehrer ist es, Texte nicht nur als Gegenstand der russischen Literatur zu präsentieren, sondern als Gegenstand der Begeisterung. Ich sage Studierenden immer, wenn man ein Buch liest, hat man Freude daran – sonst sollte man nicht lesen; und unsere Aufgabe ist es zu verstehen, warum: Woher kommt diese Freude? Der Durchschnittsleser braucht das nicht, aber wir schon, so wie andere den Himmel oder den menschlichen Körper analysieren und mit Begeisterung über einen versteckten Stern oder über den Darm sprechen – ich verstehe sie.

Hofmann: Was hilft Ihnen bei der Arbeit?

Jaccard: Interesse. Wenn ich zu Hause bin, trinke ich einen Kaffee, rauche eine Zigarette, mache mir ein Sandwich – und vergesse es, wenn dieses Interesse besteht. Wenn ich die Arbeiten der Studierenden prüfen oder Ähnliches machen muss, dann koche ich mir zwei oder drei Kaffees, ich gehe paffen … Bis ich in den Ruhestand gegangen bin, war es für mich das Schlimmste, Aufsätze zu prüfen. Ich konnte nicht mehr als zwei oder drei Arbeiten von Studierenden hintereinander kontrollieren. Dann musste ich etwas anderes machen – ein Sandwich zum Beispiel, oder die Zeitung lesen. Aber wenn das Interesse da ist, kann ich sitzen, sitzen, sitzen. […] Heute muss ich mich nur noch entscheiden, *was* ich schreiben soll: Wenn man 100 Artikel geschrieben hat, hat man keine Lust mehr, Artikel zu schreiben. Es ist alles dasselbe: 40.000 Zeichen mit Leerzeichen, ein 20-minütiger Bericht und so weiter und so fort. Ich möchte Essays schreiben oder übersetzen.

Hofmann: Wen wollen Sie übersetzen?

Jaccard: Wenn ich ein Buch über den Untergrund schreiben werde, werde ich viel übersetzen müssen, und die Texte sind sehr schwierig – Elena Švarc, Krivulin, Stratanovskij. Ich würde gerne die Gedichte von Charms übersetzen, aber nicht alle: Das ist sehr schwierig, und es gibt kaum einen Verleger, der das übernehmen würde, zumal in Frankreich nur wenige Menschen Gedichte lesen. Ein kleines Buch wäre wahrscheinlich besser. Es gibt eine komplette zweisprachige Ausgabe von Vvedenskijs Gedichten, aber die Übersetzungen sind schrecklich: Man hat beim Lesen das Gefühl, dass man unbedingt übersetzen müsste. Es wäre auch gut, eine Anthologie mit Oberiuten herauszubringen.

Andererseits hat man mich gebeten, mein 2011 erschienenes Buch „Literatur als solche" („Literatura kak takovaja") auf Französisch herauszugeben und es um neuere Studien zu ergänzen. Ich weiß nicht: Wiederholungen sind nicht meine Lieblingsbeschäftigung. Aber vielleicht sollte ich es tun. Alle beschweren sich: „Warum veröffentlichen Sie in Russland, wir können Sie nicht lesen." Im Allgemeinen ziehe ich es vor, in Russland zu publizieren, weil die Leute dort lesen. Wenn man ein Buch hier veröffentlicht, gibt es keine Reaktion. Sie lesen nicht einmal einen Artikel, das ist sehr selten. Ich weiß, dass ich dort meine Leser habe, das ist schön, die Auflage ist zehnmal größer.

Hofmann: Ihr Buch „Literatura kak takovaja" ist im Moskauer Verlag NLO (Novoe literaturnoe obozrenie) erschienen.

Jaccard: Ja, bei NLO. Aber das vorherige über Charms wurde vom Verlag Akademičeskij proekt in St. Petersburg veröffentlicht, er hat dieses Buch ständig nachgedruckt. Es gibt mehrere Tausend Exemplare. Das Buch war überall in Russland zu finden, sogar in Jakutsk.

Das Buch bei NLO liegt mir am Herzen, weil es im Großen und Ganzen alles umfasst, was ich nach dem Buch über Charms gemacht habe, und der Hauptgedanke darin ist immer noch, dass es wichtig ist, sich mit dem Text zu beschäftigen, denn in einem literarischen Text gibt es immer einen Dialog über Literatur – bewusst oder unbewusst. Wenn ich dieses Buch aktualisiere, dann muss ich eine Menge ins Französische übersetzen. Ich habe noch andere Artikel, die ich später geschrieben habe, und die mit dieser Idee zu tun haben, diese sollte ich dann auch einbauen.

Hofmann: Wie steht es um den Strukturalismus?

Jaccard: Das ist meine Methodik. Die meiner Generation, meiner Studienzeit. Unsere Lehrer waren alle Strukturalisten. Als ich in den 1970er Jahren an der Universität Genf zu studieren begann, mussten wir viel Gérard Genette lesen, zu viel. Das erste Semester war ausschließlich Genette gewidmet, „Figures III", und wie man diese Werkzeuge beim Studium des Textes einsetzt. Wir haben schon damals dagegen rebelliert. Es gab eine Zeit, in der man sich ausschließlich mit dem Text ohne Kontext beschäftigen musste. Das ist der extreme Ansatz von Viktor Šklovskij aus dem Jahr 1916. Dann wurde mit Jurij Tynjanov klar, dass wir breiter schauen müssen. Aber der Grundgedanke, dass der Text eine Struktur ist, und dass wir diese Struktur analysieren sollten, bleibt bestehen, weil eine solche Analyse uns die notwendigen Schlüssel zum Verständnis eines Werks liefert. „Der Tod des Autors" – wir haben ihn wiederauferstehen lassen. Bei uns herrschte die Genfer Schule – das ist ein vager Begriff, aber es sind große Namen, die bei uns gelehrt haben. Zuerst, vor langer Zeit, waren es Linguisten, vor allem Ferdinand de Saussure. Später, in den 1960er Jahren, stellten sie sich als Genfer Schule vor. Es war klar, dass es sich um einen Strukturalismus mit menschlichem Antlitz handelte, mit einem Interesse an Philosophie, an Phänomenologie. Es waren einfach herausragende Leute wie Jean Starobinski und Jean Rousset, mit einer großen

Abb. 3: Cover von Jean-Philippe Jaccards „Literatura kak takovaja" (2011).

Abb. 4: Cover von „1913: slovo kak takovoe", herausgegeben von Jean-Philippe Jaccard, Annick Morard und Petr Kazarnovskij (2015).

Perspektive, die sich von den französischen Schulen dadurch unterschied, dass Starobinski zum Beispiel Deutsch konnte, Adorno und andere deutschsprachige Autoren las. Ich bin kein Spezialist der Genfer Schule, aber ich bin in gegenseitiger Einvernehmlichkeit „Opfer" dieser Schule, weil sie auch eine große Bandbreite hat, aber ohne den Text zu vergessen, ohne in plumpe Soziologie zu verfallen. Wir fangen mit dem Text an und können dann über andere Themen diskutieren, bis hin zu den Emotionen *à l'américaine*. In der Tat habe ich in letzter Zeit eine Entwicklung weg von der Literatur hin zur Soziologie festgestellt. Die Rückkehr der Soziologie. Eine Abkehr von der Form. In Russland ist dies eine große Tradition des 19. Jahrhunderts, die im 20. fortgesetzt wird. Die Belinskij-Schule sollte eigentlich sterben und den Formalisten Platz machen. Doch dann kehrte man in Sowjetrussland zur Forderung zurück, die Literatur solle sich politisch engagieren, man begann, Belinskij, Dobroljubov, Černyševskij, Pisarev in riesigen Auflagen zu veröffentlichen, und das Wort „Formalismus" wurde zum Schimpfwort. Aber in Wirklichkeit sind diese Leute nur historisch interessant und sagen nichts über den Text selbst. Sie sagen nur: Ja, in der russischen Gesellschaft ist alles schlecht. Aber das wissen wir auch ohne Literatur. Ich glaube, die Literatur macht den Forschenden ein bisschen Angst, und deshalb gehen sie zur Soziologie, da ist es gemütlicher: Es ist viel schwieriger, mit der Form umzugehen. Vielleicht idealisiere ich. Neulich gab es in der Zeitschrift „NLO" („Novoe literaturnoe obozrenie") eine Umfrage über die sogenannten Slavery Studies. Ich wurde gefragt, was ich davon halte, und ich sagte: Nicht viel, das ist nur eine weitere amerikanische Mode, die uns nicht sonderlich betrifft. Dennoch verzichte ich nicht auf die Zusammenhänge. Wenn ich „Aufzeichnungen eines Jägers" von Turgenev lese, muss ich den Studierenden natürlich erklären, was Leibeigenschaft ist. Sie müssten es wissen, aber wir wiederholen dennoch, was sie in ihrem ersten Jahr über russische Geschichte gehört haben. Wir tun das mehr als in der Abteilung für französische Literatur, weil sie nichts über Russland wissen, wenn sie anfangen. Also erzählen wir ihnen mehr über den Kontext, wer der Autor ist, und darüber, dass die russische Literatur des 19. Jahrhunderts politisch engagierter ist als die französische Literatur (aus offensichtlichen Gründen).

Hofmann: Ich bin auch der Meinung, dass der Text an erster Stelle stehen sollte.

Jaccard: Die methodisch interessantesten strukturalistischen Texte stammen meines Erachtens von Roland Barthes. Er geht nicht in die Abstraktion, er schreibt nah am Text, er benutzt ein wenig Psychoanalyse, wenn es nötig ist, aber nicht immer, weil es langweilig ist. Das sind gehaltvolle, kurze Texte. Sein Buch über Jean Racine ist sehr klein, aber es sagt 1.000 Mal mehr als jenes von Charles Mauron, der 1.000 Seiten mit der Suche danach verbracht hat, wo sich der Vater in den Tragödien Racines versteckt. Diese Ansätze sind nur Werkzeuge, und es kommt darauf an, wie man sie verwendet. Man nimmt ja auch keinen Hammer, um etwas zusammenzuschrauben. Ich bin überhaupt nicht dogmatisch, die Hauptsache ist für mich einfach der Text, das ist mein Credo. Natürlich braucht es viel Zeit, man muss den Text mehrmals lesen, immer wieder durchblättern. Diese Zeit hat heute niemand mehr, und ich befürchte, dass wir bald nicht mehr lesen können, wenn der Text länger als zwei Seiten ist. Aber ich bin nicht pessimistisch. Zu meiner Überraschung gibt es immer wieder junge Studierende, die mit Vergnügen lesen, und zwar nicht nur das, was sie laut Programm lesen müssen. Es gibt also Hoffnung.

Hofmann: Wird das Lesen künftig schwieriger sein, besonders, wenn es sich um einen Text mit Widersprüchen handelt?

Jaccard: Ich befürchte, dass die Dozierenden raten werden, Zusammenfassungen zu lesen; in Russland wird das durchaus praktiziert, ich habe es gesehen. Ich habe Angst, dass der Text verloren geht. Und wenn er von ChatGPT geschrieben wird, was soll das bringen? Ich fürchte, das bedroht die Literatur. Ich stelle fest, dass es überraschenderweise immer Autor_innen gibt, und es scheint auch Leser_innen zu geben. Das ist schon seltsam. Aber wird es sie auch in Zukunft geben? Ich nehme es an. Aber wird es eine Zukunft für die Literaturwissenschaft geben? Das ist ein anderes Problem. Wird es Menschen geben, die die Literatur so sehr lieben? Der Niedergang ist unübersehbar, zumindest für die Russistik. Hier geht es immer mehr um Sprache, Geschichte und die Aktualität. Das Interesse an der Literatur lässt nach. Der Krieg und das schlechte Image des heutigen Russlands sind da nicht gerade hilfreich. Ich will nicht sagen, dass die Politik uninteressant ist, aber das ist ein anderer Studiengang. Die Fakten liegen auf der Hand: Es gibt immer weniger literarisch interessierte Studierende. Auch die Menschen in Russland lesen nicht mehr so viel wie noch vor 40 Jahren. Zu Sowjetzeiten gab es kaum Unterhaltung, alle haben gelesen, auch beim Metrofahren. Es ist ein bisschen ein Mythos vom „lesenden Volk", aber es war wirklich so. Was noch am meisten ermutigt, sind Menschen, die etwas Künstlerisches machen wollen, nicht nur mit einem Handy kommunizieren und ein neues Auto kaufen, und diese jungen Leute, die sich etwas einfallen lassen, gibt es noch. Ich bin von Natur aus ein Optimist, aber ich weiß nicht, wie viel davon an Naivität grenzt. Ich lese Sergej Lebedev, seine Bücher sind erstaunlich. In Russland wird er nicht viel gelesen, aber er ist ein echtes Phänomen in der russischen Literatur. Und ich glaube, es gibt viele solcher talentierten Menschen. Es liegt also alles noch vor uns!

Hofmann: Auch ich hoffe, dass die Literatur nicht untergeht. Was das Studium betrifft: Wer will schon eine Sprache lernen, wenn er nicht in das grösste Land gehen kann, in dem sie gesprochen wird?

Jaccard: Ja, das ist wahr. Wir haben übrigens so studiert. Ich bin dorthin gefahren, aber das sind nur einige wenige Leute meiner Generation. Ich musste mich sehr gut vorbereiten. Ich würde immer noch gerne nach Russland gehen, aber ich weiß nicht, ob ich das tun sollte. Darauf gibt es verschiedene Antworten. Ich spreche von der Sicherheit. Im Moment gibt es keine Probleme, aber die Dinge ändern sich schnell. Es hängt davon ab, was man tut. Wenn du ein Tourist bist, wirst du mit Brot und Salz empfangen, und sie werden sagen: Hier heißen wir Ausländer willkommen, aber die Ausländer akzeptieren uns nicht. Doch wenn du an der Universität arbeitest, sieht es schon anders aus. Wir haben hier einen russischen Kreis, ich bin sein Vorsitzender. Das Konsulat erhält unsere Einladungen, und wir laden natürlich ohne Zensur ein, auch „Volksfeinde". Ich selbst gebe nicht viele Interviews, ich glaube nicht, dass ich viel über die Ukraine weiß, aber meine Kollegin Korine Amacher, eine Historikerin, spricht viel, und es ist unsere ganze Abteilung. Inwieweit sich das auf den Empfang in Russland auswirken wird, weiß ich nicht. Ich habe ein Fünfjahresvisum, ich kann jederzeit dorthin reisen. Korine wird auf keinen Fall hinfahren, andere Kolleg_innen auch nicht. Es ist wahrscheinlich am besten, mit einem leeren Computer und ohne Telefon hinzufahren. Es kommt auch darauf an, was für Freunde man dort hat. Meine sind keine Z-Befürworter. Aber ich würde wirklich gerne hingehen, vielleicht später. Wir werden sehen, wie sich die Situation entwickelt.

Hofmann: Ich bin auch gespannt. Möchten Sie noch zum Schluss etwas hinzufügen?

Jaccard: Wenn es in Ihrem Projekt darum geht, was die Slawistik (in meinem Fall die Russistik) ist, was sie war, und wie sie sein wird, dann ist es meiner Meinung nach wichtig, dass es sie gibt und geben wird, auch wenn sie sich verändert. Wenn wir damit enden, wie es einige Leute wollen, dass wir die Russistik durch die Ukrainistik ersetzen, dann wäre das unglaublich dumm. Ich hoffe, dass es Leute gibt, die erkennen, was sie da tun. Ich kenne einen Fall, in dem ein Professor für Russistik in den Ruhestand geht und Kolleg_innen vorschlagen, stattdessen eine Stelle für Ukrainistik zu schaffen. Gott sei Dank hat der Rektor das abgelehnt. Was wäre passiert, wenn die Lehrstühle für Germanistik im Jahr 1935 gestrichen worden wären? Kommunikation sollte es auf jeden Fall geben. Ich verstehe die Ukrainer sehr gut, die sagen, dass sie mit den Russen nicht mehr kommunizieren werden. Mit der Zeit aber wird sich alles einrenken, und es wird klarer, dass man die Geschichte nicht ändern kann. Es wird heute viel dafür getan, um zu vergessen, dass es das Russische Imperium gegeben hat. Das hat es gegeben. Es wird in der Geschichte und in den Büchern bleiben. Wir sollten dies nicht bekämpfen, sondern es klug behandeln. Michail oder Michajlo, das spielt keine Rolle mehr, auch keine Flagge. Ich habe immer davon geträumt, dass es keine Grenzen, keine Flaggen, keine Nationalisten geben würde, aber was ich sehe, ist nicht sonderlich ermutigend. Und nicht nur das, was dort, in Russland und der Ukraine passiert, sondern überall in Europa, in Deutschland, in Italien, in Spanien und sogar in nördlichen, friedlichen Ländern wie Holland oder Schweden. Wir müssen die zweite Phase abwarten, in der es wichtig sein wird, über das zu sprechen, was war, ohne das zu streichen, was war (die enge Verzahnung der russisch-ukrainischen Geschichte und Künste). Ich weiß, dass man das in einer Kriegssituation nicht möchte.

Hofmann: Ich denke, dass es an der Universität mehr Austausch darüber geben sollte.

Jaccard: Ja, natürlich. Kommunikation ist das A und O des universitären Lebens. Der Verzicht auf die kulturelle Vergangenheit, das ist das dümmste Beispiel, was wir geben können, und wir sollten doch der Idee nach weise sein. Das ist eine Geschichte, unsere Geschichte, eine europäische und nicht nur slawische. In einer kleinen ukrainischen Stadt hat man eine Straße, die nach dem Schauspieler und Musiker Viktor Zoj benannt war, umbenannt. Das ist interessant. Das ist etwas anderes als bei dem schrecklichen Imperialisten Puschkin!

Hofmann: Hoffentlich dauert diese Phase nicht zu lange.

Jaccard: Aber wir müssen zugeben, dass Russland sich selbst und seine Vergangenheit aus einem anderen Blickwinkel betrachten muss. Wenn es diese Aufarbeitung nicht durchführt, wird es immer Narren geben, die zu Generalsekretären werden und das Gleiche wie damals anfangen. Nationen werden nicht weiser. Sie werden anders. Aber sie verfallen leider leicht in dieselbe Logik. Die Deutschen haben nach dem Krieg eine wunderbare Arbeit geleistet, nämlich Selbstbeobachtung und Introspektion, und heute wählen 20 Prozent der Bevölkerung die AfD. Die osteuropäischen Länder haben die Arbeit nicht gemacht. Absolute Opfer wie die Balten, das ist etwas anderes, aber die Polen, Ungarn, Slowaken? Langsam kriechen einige von ihnen raus, mit großen Schwierigkeiten. Aber sie haben eine Menge Geld von Europa bekommen. *[lacht]*

Hofmann: Ich danke Ihnen für das Gespräch. Hoffen wir, dass unser Fach nicht stirbt.

Jaccard: Es stirbt nicht, es gerät in die Ecke. Wir werden es wieder hervorholen.

Literatur von Jean-Philippe Jaccard (Auswahl)

Jaccard, Jean-Philippe (1995): Daniil Charms i konec russkogo avangarda, perevod s franzuskogo, F. A. Perovskoj. Sankt-Peterburg: Akademičeskij proekt.

Jaccard, Jean-Philippe / Amacher, Korine (Hg.) (2003): Un „mensonge déconcertant"? La Russie au XXᵉ siècle. Paris: L'Harmattan.

Jaccard, Jean-Philippe / Morard, Annick / Tassis, Gervaise (Hg.) (2007): Russkie pisateli v Pariže: vzgljad na francuzskuju literaturu, 1920–1940. Meždunarodnaja naučnaja konferencija, Ženeva, 8–10 dekabrja 2005 g. Moskva: Russkij put'.

Jaccard, Jean-Philippe / Schmid, Ulrich (Hg.) (2008): Dostoevskij i russkoe zarubež'e XX veka. Dostoevsky Monographs. A Series of the International Dostoevsky Society. Vol. I., Sankt-Peterburg: Dmitrij Bulanin.

Jaccard, Jean-Philippe (2011): Literatura kak takovaja. Ot Nabokova k Puškinu: Izbrannye raboty o russkoj slovesnosti, Moskva: Novoe literaturnoe obozrenie.

Jaccard, Jean-Philippe / Herlth, Jens / Kazarnovskij, Petr (Hg.) (2013): Vtoraja kul'tura': neoficial'naja poèziija Leningrada v 1970–1980-e gody. Materialy meždunarodnoj konferencii (Ženeva, 1–3 marta 2012 g.). Sankt-Peterburg: Rostok.

Jaccard, Jean-Philippe / Podoroga, Ioulia (Hg.) (2013): „Temps ressenti" et „Temps construit" dans les littératures russe et française au XXᵉ siècle. Paris: Kimé.

Jaccard, Jean-Philippe / Morard, Annick / Kazarnovskij, Petr (Hg.) (2015): 1913: slovo kak takovoe. K jubilejnomu godu russkogo futurizma. Materialy meždunarodnoj naučnoj konferencii (Ženeva, 10–12 aprelja 2013 g.). Sankt-Peterburg: Evropejskij universitet v Sankt-Peterburge.

DR. TATJANA HOFMANN
Universität St. Gallen
tatjana.hofmann@unisg.ch

PROF. DR. JEAN-PHILIPPE JACCARD
Université de Genève, UNI-BASTIONS, 5, rue De-Candolle, 1211 Genève 4
jean-philippe.jaccard@unige.ch

REZENSIONEN

Frank Engster, Aldo Haesler, Oliver Schlaudt
Kleine Philosophie des Geldes im Augenblick seines Verschwindens
Berlin: Matthes & Seitz, 2024, 318 Seiten

Mit dem vorliegenden Buch ist den drei Autoren zweifelsohne ein großer Wurf gelungen. Gleichwohl, und das muss betont werden, handelt es sich hierbei um einen außerordentlich anspruchsvollen und schwierigen Text. Dies resultiert allein schon aus dem Objekt der Analyse, dem modernen Geld, als einem komplizierten und schwer zugänglichen Thema. Zudem aber auch aus der fachspezifischen Behandlung desselben, welche an Georg Simmels großes Werk aus dem Jahr 1900 anschließt. Bedingt durch die seitdem vollzogene qualitative Weiterentwicklung des Kapitalismus erfolgt die philosophische Analyse des Geldes nunmehr unter gänzlich veränderten Voraussetzungen. Diese lassen sich am besten mit den Termini *Monetarisierung* und *Finanzialisierung* umschreiben. Auf dieser Grundlage erfolgt die Behandlung des Geldes in einer neuen, „reflexiven Dimension" (15).

Geldtheorien gibt es viele. Faktisch hat mittlerweile beinahe jede Disziplin der Geistes- und Gesellschaftswissenschaften ihre eigene(n) Theorie(n) über das Geld hervorgebracht. So gibt es ökonomische, soziologische, kulturwissenschaftliche, psychologische, politische, machttheoretische, anthropologische, ethnologische, linguistische, kommunikations- und medientheoretische, semiologische, religionswissenschaftliche und philosophische Geldtheorien. Was letztere im Unterschied zu all den anderen Theorien zu leisten vermögen, will dieses Buch anhand dreier miteinander verbundener philosophischer Erklärungsansätze demonstrieren. Dem wird der Titel des Buches allerdings nur bedingt gerecht, denn es geht hier weder um eine Philosophie des Geldes vor dem Hintergrund seiner Negation oder eines Bedeutungsverlustes desselben noch um eine Geldkritik, sondern um die Erörterung seiner *Totalisierung* unter den Bedingungen eines sich wandelnden Kapitalismus. Das allmähliche Verschwinden des Bargeldes, das gegenwärtig zu beobachten ist und das keinesfalls mit einem Bedeutungsverlust des Geldes zu verwechseln ist, bildet in diesem Prozess lediglich ein „bloßes Epiphänomen" (14), das den Übergang in ein neues Stadium des Kapitalismus anzeigt. Die Autoren lassen keinen Zweifel daran, dass das Geld „weiter das bestimmende Agens der kapitalistischen Moderne" (14) sein wird. Ziel und Anliegen der Autoren ist daher zu zeigen, dass sich das Geld „in seinem Verschwinden als sinnlich-materielles Ding totalisiert […], um genau in dieser Totalisierung restlos zu verschwinden – in einer Allmacht und Allgegenwart, die das vorliegende Buch zu bestimmen sich vornimmt" (15).

Die Umsetzung dieses Vorhabens erfolgt in mehreren Schritten, wobei die eigenwillige und auch für ein philosophisches Fachbuch eher ungewöhnliche Strukturierung und Betitelung der einzelnen Teile auffällt. Dem eigentlichen Text wurde ein Sonett von Charles Baudelaire („Der Abgrund") vorangestellt. Es folgt eine mehr als 30 Seiten lange Einleitung („Praeludium"), worin der Leser mit den Charakteristika des „postmodernen, postindustriellen Kapitalismus" und den Unterschieden gegenüber dem klassischen industriellen Kapitalismus und der „fordistisch-industriellen

Moderne" vertraut gemacht wird (19). Im Anschluss daran wird gezeigt, wie sich mit dem Verschwinden des Bargeldes und der Entmaterialisierung des Geldes eine „neue Form kapitalistischer Verwertung" abzeichnet, welche „durch reflexive Kommodifizierung, die auch eine neue Form von Subjektivität und Bewusstsein mit sich bringt, die immer weniger sinnliche Anhaltspunkte ihrer kapitalistischen Formung finden" (21), bestimmt ist. Ein strittiger Aspekt ist die kreditbasierte Geldschöpfung aus dem Nichts („creatio ex nihilo") und das damit im Zusammenhang stehende, zuletzt für viele „schwindelerregende" Anwachsen der Geldmenge. Auf diesem Gebiet gab es in jüngster Zeit in der Ökonomie beachtenswerte Erkenntnisfortschritte. Die Autoren folgen diesen, jedoch ohne auf die Debatte hierzu gesondert einzugehen. Statt dessen findet sich auf den nachfolgenden Seiten ein Exkurs über „die Ausdehnung der monetären Sprache" seit den 1970er Jahren. Etwas kryptisch wird konstatiert, dass „der monetäre Kosmos" im Begriff stehe, „alles zu erschließen und sich somit in sich selbst zu verschließen" (27). Gemeint ist, dass sich mit dem Verschwinden des Geldes in seiner sinnlichen Form „das Fenster für das Nachdenken über das Geld" überhaupt schließen könnte (28).

Im Folgenden gibt es einige begriffliche Klarstellungen, Definitionen und Fragestellungen, deren Kenntnis für die weitere Lektüre unverzichtbar ist. Es geht dabei unter anderem um das sogenannte *Geldrätsel*, also um die Frage, ob nicht in der Tatsache, dass das Geld für unsere Gesellschaft, für deren Funktionieren und Reproduktion, ganz praktisch als „eine Art Lösung" anzusehen ist (46), ferner um das Begreifen des Geldes als „eine vom Menschen geschaffene Institution" (29), um die Wesensverschiedenheit von vorkapitalistischem und kapitalistischem Geld resp. Kapital (32 f.) und um „die kapitalistische Tiefenstruktur des Geldes" (35). Zuletzt wird noch erläutert, worin das Besondere des philosophischen Ansatzes in diesem Buch besteht und worauf wir uns genuin *philosophisch* einlassen, wenn wir von Geld sprechen oder das Geld verwenden. Hier wird dargelegt, worum es den Autoren kategorial, sozialphilosophisch, kosmologisch und epistemologisch letztendlich geht, nämlich um die Herausarbeitung der *zivilisatorischen, chronologischen* und *kosmologischen*, kurz „weltentwerfenden" Bedeutung des Geldes (37). – Das ist wahrlich nicht wenig und es steht für einen hohen, sehr hohen Anspruch! Man darf gespannt sein, ob und wie es gelingt, diesen auf den folgenden 275 Seiten einzulösen. Die Autoren folgen dabei einer eigenwilligen Struktur, indem sie danach fragen, welche *Zeitlichkeit* das Geld mit sich bringt, welche *Kosmologie* es eröffnet und welchen Begriff von *Logik* und *Rationalität* es in die Gesellschaft ein- und ihr damit auch vorschreibt (37). Den genannten drei Dimensionen entspricht die Gliederung des Buches in *drei* Kapitel, überschrieben mit *Chronos, Kosmos* und *Logos*. Das Buch wird beschlossen von einem Schlusskapitel, dem *Finale*.

Von den drei Hauptkapiteln erschließt sich dem Leser das Kapitel *Chronos* (43–130) noch am leichtesten. Hierin wird das Verhältnis von Quantifizierung und Zeit, von Logik und Geschichte ausführlich behandelt. „Die Logik des Geldes ist zeitlos und gilt universell, weil sie die Logik der Verzeitlichung der Zeit selbst ist und durch Quantifizierung eine ‚Ökonomie der Zeit' begründet, mit der ein ökonomisches Verhältnis von Vergangenheit, Gegenwart und Zukunft erst in die – in *seine* – Geschichte eintritt." (37) Geld ist, so der verkürzte Schluss, letztlich nichts anderes als „Zeit" (126). Hierin ist auch die Lösung des „Geldrätsels" zu sehen: „Das kapitalistische Geld hat keinen Ursprung *in* der Zeit und *in* der Geschichte, sondern mit ihm fängt ein rationaler, ökonomischer Umgang mit einer Zeit an, die quantitativ anwesend ist [...]." (126) Durch die zunehmende Entmaterialisierung des Geldes ist dieses nunmehr „eigentümlicherweise *in* der Zeit seinem eigenen zeitlichen Wesen adäquat" geworden. Dies will heißen, das Geld wird dadurch seiner Bestimmung adäquat, „nichts als ein sich spezifizierendes Quantum zu sein, spezifiziert durch dieselben gesellschaftlichen Verhältnisse, in deren Gestalten es sich verwandelt und zurückverwandelt [...]" (127). Egal, ob als Edelmetall, Münze, Papier, Fiatgeld, Kryptowährung oder elektronischer Impuls, Geld ist *per definitionem* „nichts als ein sich spezifizierendes Quantum, spezifiziert durch das zeitliche Selbstverhältnis der kapitalistischen Gesellschaft [...]" (129).

Im nächsten Kapitel, *Kosmos* (131–210), werden die „kosmologischen Implikationen der Logik des kapitalistischen Geldes" entwickelt. Den Ausgangspunkt hierfür bildet die Erinnerung an den „Bewusstseinsschock", mit dem im 16. und 17. Jahrhundert die Moderne begann und der in die Literatur als Kopernikanische Wende Eingang gefunden hat. Der Autor dieses Kapitels folgt in seiner Darstellung der Genesis des Geldes einer kosmologischen Logik, wobei er unter *Kosmologie* die Vorstellung und den praktischen Vollzug von „sinnhaften Weltbildern" versteht (135). Dies mag richtig sein, ist aber nicht leicht nachzuvollziehen, da von den bisherigen Darstellungen, insbesondere den wirtschaftshistorischen, abweichend. Der Autor erblickt in der Kosmologie den „großen blinden Fleck" aller modernen Ökonomie und Ökonomiekritik seit Adam Smith und ist sichtlich bemüht, hier aufklärend zu wirken. Sein Ansatz ist für ein geldtheoretisches Buch ungewöhnlich. Nichtsdestotrotz bietet er aber Einsichten in die Geldproblematik, die anders kaum zu gewinnen sind. Im Zentrum steht dabei „die neue Sozialgrammatik", die mit dem Geld als *Kapital* in die Welt kommt und die durch einen „Bereicherungszusammenhang" charakterisiert ist, „der sich nur in dem unendlichen Universum der Neuzeit und ihrem prinzipiell unendlichen Universalismus, dem Geld, realisieren kann" (38). Geld wird in diesem Kontext knapp definiert als „*das* Mittel der Mehrwertextraktion" (143).

Im dritten Hauptkapitel wird schließlich gezeigt, dass das Geld „seine eigene Rationalität" mit sich bringt, die seiner zeitlichen Logik und der dieser inhärenten Kosmologie entspricht. „Das Geld bietet uns eine kalkulatorische Infrastruktur, die uns vergessen lässt, dass nicht wir uns ihrer, sondern sie sich ebenso unserer bedient. Sie legt erst fest, was uns als rational und was als irrational, was als möglich und was als unmöglich erscheint." (39) Der Autor dieses Kapitels entwickelt aber auch wieder eigene Vorstellungen über das Wesen und die Funktionalität des Geldes und setzt damit eigene Akzente. So definiert er Geld als „ein symbolisches Medium, das Informationen transportiert, die vom Markt als Prozessor verarbeitet werden" (217). Für wesentlich hält er die Aufdeckung einer bestimmten „Ideologie", die dem Geld von vornherein eingeschrieben sei. Damit geht er über die Erkenntnisse der vorangestellten Kapitel hinaus, indem er dem Geld in seiner Funktion als „Universalsprache" unterstellt, ein ganz bestimmtes Menschenbild und einen ganz konkreten Gesellschaftsentwurf mitzuführen. „Der Mensch, der die für ihn richtigen Entscheidungen einfach ausrechnet, benötigt keine Urteilskraft mehr, und eine Gesellschaft, die die optimale Entscheidung auf diese Weise findet, kann sich die Meinungsbildung, die öffentliche Diskussion und die demokratische Abstimmung sparen." (232) Diese Einsicht wirft ein neues Licht auf das Verhältnis von monetärem Kapitalismus und Demokratie.

Im Schlusskapitel werden die drei Dimensionen zusammengeführt und die Konsequenzen daraus gezogen. Die These, wonach das Geld heute verschwindet *und zugleich* zu sich kommt, wird dabei erhärtet und postkapitalistisch ausgeschmückt. „Das Geld verfolgte seine historische Mission, indem es chronologisch, kosmologisch und logisch seinem kapitalistischen Selbstbezug adäquat wurde und ihn heute gleichsam beschließt." (291) Was danach kommt, bleibt allerdings offen: Die

Suche nach der Verfassung für eine post-monetäre Gesellschaft bleibt vorerst ergebnislos. Was die Autoren dafür aber geliefert haben, sind Denkanstöße für ein besseres Verständnis der gegenwärtigen Entwicklung. Diese jedoch aus dem komplizierten Text herauszufiltern, erweist sich als nicht ganz einfach, denn die drei Kapitel wurden von drei Autoren verfasst, wobei jeder Autor trotz des bestehenden und in der Einleitung ausführlich dargelegten Grundkonsenses offenbar seine eigene Auffassung, seinen eigenen Stil und eigene Vorbilder eingebracht hat.

So orientierte sich der Autor von *Chronos* erkennbar an Karl Marx und dessen Kritik der politischen Ökonomie, der von *Kosmos* dagegen stärker an Georg Simmel und dessen Kritik der Moderne und der von *Logos* an Friedrich A. Hayek, indem er sich vor allem mit ihm und seiner Schule auseinandersetzt. Eine gewisse Heterogenität der Darstellung ist damit zwangsläufig gegeben. Inwieweit die Lektüre des Buches deshalb als „Zumutung" (39) zu werten sei, bleibt der Bewertung durch die Leser überlassen. Auf jeden Fall aber stellt sie eine enorme intellektuelle Herausforderung dar. Dies ist nicht zuletzt dem ungewöhnlichen Stil geschuldet, der Terminologie und den Quellen. Die Lektüre ist aber auch ein großer Gewinn, wozu gerade auch die Eigenart der Texte beiträgt. So ist jedem Kapitel ein literarisches Zitat vorangestellt, von Friedrich Nietzsche, Robert Musil und Christian Enzensberger. Die Anzahl der zitierten Quellen ist gering und bleibt überschaubar. Neben ökonomischen und philosophischen Klassikern stößt man hier aber auf Namen wie Blaise Pascal, Jean Bodin, Charles Augustin Sainte-Beuve, Michel de Montaigne, Thomas von Aquin, Johann Wolfgang Goethe, Mark Twain, Ernst Cassirer, Werner Sombart, Martin Heidegger, Karl Polanyi, David Graeber, Wilhelm Ostwald, Alfred Sohn-Rethel, Jacques Derrida und Michel Foucault. Der aktuelle ökonomische geldtheoretische und -politische Diskurs spielt demgegenüber im Buch kaum eine Rolle. Vielleicht fand dieser in den Vorarbeiten hinreichend Berücksichtigung, im Buch aber werden die hier vertretenen Positionen kaum referiert oder diskutiert. Ein Mangel scheint mir auch darin zu bestehen, dass die zitierten Quellen zwar in den Endnoten korrekt aufgeführt sind, auf ein gesondertes Literaturverzeichnis aber verzichtet wurde. Ebenso wenig gibt es ein Personen- und ein Sachregister. Beides aber würde die Arbeit mit dem Buch erheblich erleichtern.

DOZ. DR. OEC. HABIL. ULRICH BUSCH
Leibniz-Sozietät der Wissenschaften zu Berlin e. V.
Ulrich.b.busch@web.de

Christoph Butterwegge
Umverteilung des Reichtums (Neue Kleine Bibliothek, Bd. 340)
Köln: PapyRossa, 2024, 223 Seiten

Bei Bert Brecht heißt es im Kindergedicht „Alfabet" (1934): „Armer Mann und Reicher Mann / standen da und sah'n sich an. / Und der Arme sagte bleich: / Wär' ich nicht arm, wärst du nicht reich." (zit. in Butterwegge 2024: 17) Soziale Ungleichheit ist ein System, das zwei Seiten hat. So gesehen sind alle Strategien, die sich der Bekämpfung der Armut widmen, gut gemeint, aber unvollständig. Auch Christoph Butterwegge, Politikwissenschaftler, Armutsforscher und einstiger Präsidentschaftskandidat der Linkspartei, weitet in seinem neusten Werk den Blick von der Armut auf das Systematische, auf Sozial-, Finanz- und Steuerpolitik. Pointiert fordert er nicht nur „Umverteilung", sondern, wie es im Buch heißt, „Rückverteilung", denn Kapital arbeite nicht, sondern letztlich immer Menschen. Auch am Grund des wachsenden Super- und Hyperreichtums stehe letztlich die Leistung der Beschäftigten.

Das Buch gliedert sich in drei größere Kapitel. Ausgehend von der Frage „Warum sozioökonomische Ungleichheit existiert" (Kapitel 1) wird anschließend beschrieben „[w]eshalb die soziale Ungleichheit wächst" (Kapitel 2), um abschließend zu eruieren „[w]o anzusetzen ist und was keinen Erfolg verspricht" (Kapitel 3). Kapitel 1 wagt notwendige ideengeschichtliche Ausflüge von Jean-Jacques Rousseau über Adam Smith bis zu Karl Marx' Kapitalismuskritik und ebnet so den Weg für die darauf aufbauende Perspektive Butterwegges, die auch die aktuelle Ungleichheitsforschung von Thomas Piketty, Anthony B. Atkinson und Branko Milanović rezipiert. Neben Hyperreichtum und Steuerflucht werden auch die Ungleichheitseffekte der Steuer- und Finanzpolitik der Nachkriegszeit bzw. der Wirtschaftswunderjahre einer kritischen Betrachtung unterzogen, die die Rede von einer „Nivellierten Mittelstandsgesellschaft" (Helmut Schelsky) stark relativiert.

Kapitel 2 geht zurück auf die jüngste Zeitgeschichte. Ausführlich widmet sich der Autor in der Rückschau auf die vom Neoliberalismus geprägte Agenda 2010 der Regierung Schröder und den damit verbundenen Deregulierungen des Arbeitsmarktes und der Teilprivatisierung der Sozialstaatsaufgaben (z. B. Riester-Rente). Auch der Reichtum begünstigende Umbau des Steuersystems seit den 1980er Jahren wird hier problematisiert sowie die aktuellen Herausforderungen der Schieflagen der Corona-Pandemie und der „Zeitenwende" angesichts des Ukrainekrieges. Eine große Stärke des Kapitels liegt in der Beschreibung des Neoliberalismus als ideologisch wirkmächtige bzw. (insbesondere die SPD) mitreißende Erzählung, die bis heute den Diskurs hegemonial bestimmt – trotz vielfachen Abgesangs seit der Finanzkrise von 2007/08. Das Prinzip der Bedarfsgerechtigkeit wurde, so Butterwegge, in den letzten Dekaden mehr und mehr durch die Rede von Leistungsgerechtigkeit ersetzt. Das sich damit wandelnde Gerechtigkeitsverständnis habe auch den Sozialstaat verändert bzw. verkleinert (59–60) und die politisch getragene neoliberale Leistungsideologie habe schließlich die soziale Ungleichheit mit all den damit verbundenen Problemen wachsen lassen.

Kapitel 3 orientiert sich schwerpunktmäßig an der Idee einer Rückverteilung durch einen starken Umbau der Steuerpolitik. Butterwegge bezieht sich insbesondere auf das Buch „Steuerrevolution" (2024) von Karl Martin Hentschel und Alfred Eibl. Konkret werden Maßnahmen befürwortet wie: eine stärkere progressive Besteuerung, eine Anhebung des Spitzensteuersatzes, insbesondere eine Vermögenssteuer, die gewissermaßen auf den „Kern des Reichtums" und damit auch der sozialen Ungleichheit ziele (188–189), aber auch eine effektive Koordination der Besteuerung auf internationaler Ebene sowie eine damit ermöglichte Ausfinanzierung der öffentlichen Strukturen und Bildungssysteme, die der ganzen Gesellschaft nutzen. Daneben wird zu einer kräftigen Anhebung des Mindestlohns geraten, die auch die Nachfrage befeuern und so letztlich allen dienen soll. Abgeraten wird hingegen von der Idee eines bedingungslosen (und damit inadäquaten) Grundeinkommens.

Statt ein Argument systematisch zu entwickeln, zeigt sich Butterwegges Buch eher als eine kritische Sammlung verschiedener Ideen anderer Autorinnen aus Politik, Philosophie, Ökonomie und Soziologie. Es wird damit dem einführenden Charakter in die Thematik in der „Neuen Kleinen Bibliothek" gerecht und bietet einen guten Überblick über Geschichte, Tendenzen, Forschungslage und Diskurse der sozialen Ungleichheit. Es bietet darüber hinaus am Ende einen Katalog, der die Literatur nach Interessensgebieten und Themen gruppiert.

Butterwegge tritt seit Jahrzehnten verdienstvoll im medialen und politischen Diskurs als mahnende Stimme gegen die Auswirkungen sozialer Ungleichheit auf und unterfüttert dieses Engagement mit entsprechenden Publikationen. Im neuen Buch spricht er das mangelnde Bewusstsein für diese Thematik an: „Ganz entscheidend ist das öffentliche Bewusstsein, welches die mentale Basis für eine Perpetuierung oder eine Umgestaltung der Einkommens- und Vermögensverhältnisse bildet." (132) Er beobachtet aber auch: „Trotzdem findet die Forderung nach einer höheren Erbschaftssteuer in der Bevölkerung wenig Resonanz. […] Vermutlich sind viele Mittelschichtsangehörige von der Angst besessen, dass sie das Finanzamt im Erbfalle schröpft, was sie veranlasst, selbst solche Steuerreformen zu unterstützen oder zu tolerieren, die Hochvermögenden nützen und deren Privilegien sichern helfen." (198 f.). Leider wird genau diese Bewusstseinsproblematik von Butterwegge darüber hinaus nur unzureichend adressiert. Nachdem er anfangs den ideologischen Diskurs des Neoliberalismus und seine Wirkungen pointiert aufarbeitet, beantwortet er die Frage, wie man zum Bewusstseinswandel beitragen kann, nur unzureichend. So werden zwar eine Vielzahl von politischen Maßnahmen gegen die soziale Ungleichheit plausibilisiert (Kapitel 3), doch wie sich die politischen Mehrheiten dafür schaffen ließen, wird nicht deutlich.

Menschen, die sich nur als Individuen im Spiel des Lebens wahrnehmen, lassen es an Solidarität vermissen und versuchen, ihres eigenen Glückes Schmied zu sein, ganz gemäß der spaltenden neoliberalen Erzählung, die Butterwegge präzise beschreibt. Die darauf aufbauende Frage wäre aber: Wie lassen sich die demokratietheoretisch problematischen Auswirkungen der sozialen Ungleichheit etwa in Prozessen der politischen Bildung thematisieren und vermitteln? Wie kann dem systematischen Verkennen der eigenen Position, den von Rechtspopulisten bespielten Sündenbockerzählungen oder, wenn man will, den „Triggerpunkten" (Steffen Mau u. a.) ein aufklärerischer Ansatz entgegengesetzt werden, der über die tatsächlichen demokratiegefährdenden Dynamiken sozialer Ungleichheit Aufschluss gibt? Butterwegges Buch ist nur ein erster Baustein dafür.

DR. PHIL GREGOR RITSCHEL
Universität Leipzig, Zentrum für Lehrer:innenbildung und Schulforschung
gregor.ritschel@uni-leipzig.de

Barbara Skarga
Nach der Befreiung. Aufzeichnungen aus dem Gulag 1944–1956. Aus dem Niederländischen von Bärbel Jänicke. Mit einer Einleitung von Alicija Gescinska
Hamburg: Hoffmann und Campe, 2024, 505 Seiten

Alfred Gall zählt die von Barbara Skarga unter dem Pseudonym Wiktoria Kraśniewska 1984 in Paris veröffentlichten autobiografischen Aufzeichnungen „Nach der Befreiung" zu den herausragenden Texten der polnischen Gulagliteratur (Gall 2012: 33). Fast zeitgleich wurden Angelina Rohrs, später ebenfalls unter Pseudonym (Helene Golnipa) veröffentlichten, Erinnerungen „Im Angesicht der Todesengel Stalins" aus Moskau nach Wien geschmuggelt. Angelina Rohr (1890–1985) wurde 1941 verhaftet, zu Gulag und anschließender Verbannung verurteilt und 1957 rehabilitiert. Sie kehrte nach Moskau zurück, wo sie 1985 starb. Barbara Skarga (1919–2009) wurde im September 1944 in Vilnius verhaftet, nach zwölf Jahren Lagerhaft entlassen. Ende 1955 kehrte sie nach Polen zurück. Beide Autorinnen beschreiben detailreich nicht nur die Lagerjahre, sondern auch ihre Verhaftung und Gefängnishaft, die Verurteilung und die Jahre nach der Haftentlassung in der Verbannung. Beide haben das Lager, in dem sie als Ärztin bzw. Arzthelferin tätig waren, überlebt, beide nehmen das sowjetische Lagersystem als Ganzes in den Blick.

Die Herausgeberin Alicija Gescinska hebt neben den erzählerischen Qualitäten die „Fülle sachlicher Informationen" (11), die „europäische Perspektive" (12) und die „philosophische Reflexion" (13) hervor. Barbara Skarga hatte ihre in acht Kapitel untergliederten Erinnerungen als „psychologisch-soziologische Abhandlung" bezeichnet (329). „Mein Buch bietet keine kompakte Gesamtkomposition", notierte sie 1984 im Vorwort. „Die aus der Vergessenheit hervorgekramten Erinnerungen ließen sich nur schwer in eine thematische Ordnung bringen." (44)

In den Kapiteln 2 bis 6, die die Arbeit im Hospital, die „Lagerökonomie", den Alltag, die Liebe und das Theater im Lager zum Gegenstand haben, finden sich neben den ihre Haftorte Woiwosch, Uchta und Balchasch betreffenden Schilderungen zahlreiche, von Häftlingen übermittelte Informationen über die Bedingungen in den Lagern Dshesgaskan, Kolyma, Kengir, Norilsk und Workuta sowie in den 1948 eingerichteten Sonderlagern mit verschärftem Haftregime. Leider finden sich weder in der Zeitleiste (41–42) noch im Glossar (495–497) präzise Angaben zu den Haftorten, die anhand der von „Memorial" herausgegebenen Handbücher über das GULAG-System problemlos zu ermitteln sind. Bei Uchta und Woiwosch (OLP 1, hier befand sich das Lagerkrankenhaus) handelt es sich nicht um verschiedene Lager, sondern um Struktureinheiten des Uchto-Ishemsker Besserungsarbeitslagers, das von Mai 1938 bis Mai 1955 in der Komi ASSR existierte. Wenn von der Balchasch die Rede ist, dann handelt es sich nicht um die gleichnamige Lagerabteilung des KAR-Lag, dem von 1931 bis 1956 bestehenden Karagandinsker Besserungsarbeitslager, sondern um das im Februar 1948 in der Nähe der Ortschaft Balchasch gegründete Steplag oder Sonderlager Nr. 4, das Skarga beschreibt, es bestand bis April 1956. Hierhin wurde sie unmittelbar nach der Einrichtung des Sonderlagers verlegt (205, 218, 262 f., 311). In den thematisch angeordneten Erinnerungen spielt die chronologische Abfolge des Aufenthaltes in den Lagerpunkten nur eine untergeordnete Rolle. Der Hunger war stets allgegenwärtig, die Kriminellen immer in der Nähe, Frauen- und Männerzonen selten voneinander getrennt, alte Konflikte zwischen den Nationalitäten flammten immer wieder auf.

Der für Skarga wichtigste Unterschied zwischen sowjetischen und nichtsowjetischen Häftlingen war deren Mentalität. „Die Mentalität der Sowjetmenschen ist bereits so sehr von Folgsamkeit geprägt, dass selbst Häftlinge Aufsässigkeit nicht verstehen können." (122) Zu den von ihr ausführlich kommentierten, in Erinnerungen russischer, die Lager überlebender Häftlinge, eher unterbelichteten Themen gehört die generelle, auch die Mitarbeiter der Administration, d. h. auch die Täter, erfassende Angst (151). Hervorzuheben sind ihre aufschlussreichen Beobachtungen über mögliche Formen von Widerstand im Lager, zu denen – um nur ein Beispiel herauszugreifen – sogar die Planerfüllung gehören konnte (221). Skarga führt u. a. die von den Planvorgaben abhängenden Brotrationen und vorgegebenen „Ernährungsstandards" an (245). Ihre Angaben lassen sich anhand der in der Russischen Föderation veröffentlichten Dokumenteneditionen über die Lagerwirtschaft überprüfen. Sie spiegeln die Verlogenheit der Losung „Arbeit in der Sowjetunion ist eine Sache der Ehre, des Ruhmes, des Mutes und des Heldentums" (250) wider. Normbetrug – Tufta – war überlebenswichtig.

Stalins Tod und die Verhaftung des Geheimdienstchefs Lawrenti Berija weckten bei den Häftlingen Hoffnungen auf ein baldiges Ende der Haft. Doch bis zur Rückkehr nach Polen sollten noch anderthalb Jahre vergehen, die Skarga nach ihrer Entlassung aus dem Lager in einem Dorf verbringen musste. (Kapitel 7, 383 f.) An die Stelle der Schilderungen von Diebstahl und Betrug im Lager treten nun Schilderungen vergleichbarer Abläufe im zivilen Sektor. „Im Lager gab es Leute, die bewacht wurden, und Leute, die bewachten. Hier aber bewachen sich alle gegenseitig, und zwar auf eine absolut perfekte Art und Weise." (455) Anfang Mai 1955, Konrad Adenauers Erfolg im Kampf um die Rückführung der deutschen Kriegsgefangenen war der Auslöser (475), rückte die Repatriierung näher. Doch es sollte von September bis November 1955 dauern, bis sie die elf Tage dauernde Heimreise antreten konnte. In Polen angekommen, nahm sie ein Philosophiestudium auf, es war ihr gelungener Versuch – das vorliegende Buch ist ein Beweis –, die ihr aufgezwungene Uniformität des Denkens und Handelns zu überwinden.

Literatur

Gall, Alfred (2012): Schreiben und Extremerfahrung – die polnische Gulag-Literatur in komparatistischer Perspektive (Polonistik im Kontext, Bd. 1). Münster: Lit.

Golnipa, Helene (1989): Im Angesicht der Todesengel Stalins. Hrsg. von Isabella Ackerl. Berlin: Edition Tau.

Rohr, Angelina (2015): Lager. Autobiographischer Roman. Hrsg. von Gesine Bey. Berlin: Aufbau.

DR. PHIL. WLADISLAW HEDELER
Berlin
w.hedeler@gmx.net

Reinhard Heinisch, Aneta Cekikj, Klaudia Koxha (eds.)
Perspectives on Populism. Diverse Voices from the European „Periphery" (International Studies on Populism, Vol. 9)
Baden-Baden: Nomos 2024, 318 Seiten

„Populismus" ist ein in den letzten Jahrzehnten vielerforschter Gegenstand der Politikwissenschaft. Das Interesse daran erwächst aus der zunehmenden Zahl von in Europa regierenden Parteien, die als populistisch eingeschätzt werden. Der Populismus wird als Gefährdung von Demokratien, als Ausdruck einer Krise der Legitimität etablierter demokratischer Institutionen eingeschätzt (32). Populistische Politik führt nicht in jedem Fall zur Ausbildung einer stabilen autoritären Herrschaft, so die Herausgeber, aber er behindert die Konsolidierung demokratischer Institutionen und schwächt den Rechtsstaat (40).

Der Band beschäftigt sich mit dem Auftreten dieses Phänomens in der Peripherie der EU, worunter hier die seltener untersuchten östlichen und südöstlichen Beitrittskandidaten der EU verstanden werden. In ihm sind neben drei einführenden bzw. verallgemeinernden Kapiteln Studien über acht Länder in neun Kapiteln (Armenien sind zwei Kapitel gewidmet) enthalten. Zwei Kaukasusstaaten (Armenien und Georgien) und sechs „Westbalkanstaaten" (fünf mit EU-Kandidatenstatus und zusätzlich der Kosovo) werden analysiert. Warum diese und nicht auch andere, wie Moldau oder die Ukraine, ausgewählt wurden, wird nicht begründet.

Außer dem Salzburger Herausgeber Heinisch und dem Briten Clarke sind alle Autorinnen und Autoren aus den Ländern, die hier begutachtet werden. Diese Verankerung der Experten in den von ihnen analysierten Gesellschaften und politischen Systemen wird zu Recht im Vorwort als beachtenswerte Besonderheit hervorgehoben (9). Die meisten Beiträge sind das erste Mal auf einer Konferenz an der Universität Salzburg im Jahr 2018 vorgetragen und später überarbeitet worden.

Noch ein Aspekt wird unterstrichen, der dem Leser sicher auffallen wird: Die Autoren beziehen sich auf unterschiedliche Positionen der wissenschaftlichen, englischsprachigen Debatte zum Thema Populismus. Das kann als Vorzug verstanden werden, hat aber auch den Nachteil, dass in jedem der Länderkapitel eine umfangreiche allgemeine Begriffsarbeit geleistet wird. Schließlich verzichten die Herausgeber auch auf ein Resümee zu den Länderstudien. Das Buch endet einfach mit der letzten Seite der Länderstudie zu Bosnien-Herzegowina.

In einem einführenden Kapitel werden von den HerausgeberInnen allerdings einige allgemeinere Aussagen formuliert, so wird versucht, die Besonderheit des Parteienpopulismus in den ausgewählten Ländern im Unterschied zu dem in den etablierten Demokratien West- und Ostmitteleuropas herauszuarbeiten. Anfangs hätten sich die Parteien in den peripheren Ländern nach 1990 die Hüte der etablierten Parteifamilien im Westen aufgesetzt, sich als Sozialdemokraten oder Liberale identifiziert, auch wenn deren Programme nicht genau zur eigenen Situation passten. Außerdem spielten gerade wegen der instabilen Institutionen in jenen Ländern weniger Parteien als personalisierte politische Praktiken eine Rolle. Eine Kombination aus zwei Faktoren präge die Situation in den hier betrachteten Ländern: Einerseits die verbreitete Korruption, eine politische Fragmentierung, ein schwaches Parteiensystem, die exzessive Personalisierung der Politik, andererseits die unzureichende Konsolidierung der demokratischen und rechtlichen Institutionen (33). „In allen

Fällen konstruiert der Populismus Vorstellungen von Freund und Feind, von Menschen, die bedroht sind oder sich in einer Krise befinden und die gerettet werden müssen. Die dominierende Komponente ist der Nationalismus, der ‚das Volk' entlang ethnischer und kultureller Linien vom internen ‚Anderen' und dem externen ‚Feind' abgrenzt" (39).

In zwei weiteren konzeptionellen Kapiteln werden allgemeine Thesen formuliert. Zunächst werden durch Daniel Smilow und Ruzha Smilova zwei Formen (oder Entwicklungsstufen) von Populismus unterschieden, zentristischer und radikaler Populismus, und ihre Erscheinungsformen und Triebkräfte des Übergangs der ersten in die zweite Form werden an Parteien aus dem Land dargestellt, aus dem die beiden AutorInnen stammen, Bulgarien. Dazu kommen mit Fidesz, ANO und PiS Parteien aus mitteleuropäischen Staaten. Alle diese Länder gehören allerdings nicht der EU-Peripherie an, die in den Länderkapiteln betrachtet werden soll. Ihre Analyse dient der Entwicklung von allgemeineren Thesen über populistische Politik, von denen einige zwar für den Rezensenten anregend waren, etwa die über Grundlagen einer Radikalisierung des zentristischen Populismus (57 ff.), die aber in den nachfolgenden Länderstudien nicht aufgegriffen werden.

Das dritte Kapitel von Ashot und Nane Aleksanyan beschäftigt sich speziell mit dem Populismus in post-sowjetischen Gesellschaften und räumt dem Verhältnis von Russland zu den anderen „Zerfallsprodukten" der Sowjetunion viel Raum ein. Außerdem wird die Konkurrenz von EU und Russland um Einfluss auf jene Staaten ausführlich behandelt (83 ff.). Als Resümee habe ich folgende Aussage verstanden: „Die populistische Agenda in den Ländern der europäischen Peripherie ist eine Folge der direkten und indirekten Einmischung Russlands in das innenpolitische Leben, indem es versucht, die postsowjetischen Gesellschaften in prorussische und prowestliche (russophobe) Blöcke zu spalten" (87). Dieses Kapitel hängt – bezogen auf das Konzept des Buches – merkwürdig in der Luft, wie ein Überbleibsel einer anderen Debatte, die möglicherweise auf der Konferenz 2018 eine Rolle gespielt hat, aber nicht wirklich zum Gegenstand einer Analyse von Besonderheiten der populistischen Politik in den analysierten acht peripheren Gesellschaften passt.

Ich habe im Folgenden drei Länderstudien nach eigenen Interessen ausgewählt und exemplarisch angesehen: Georgien, Kosovo und Serbien. Das hat mit meinen früheren eigenen Forschungsprojekten zu tun.[1] Jene Länderstudien scheinen mir generell das eigentlich Interessante an diesem Buch zu sein. Man kann viel über die Bedingungen von populistischer Politik in diesen Ländern lernen, über die Entstehung und Entwicklung von Konflikten, Krisen, Akteuren der Politik (Parteien und führende Politiker).

Den Bericht zu Georgien hat David Matsaberidze geschrieben. Seine Methode zur Analyse populistischer Politik besteht in der historischen Diskursanalyse, welche die sich verändernden Prioritäten der Politik durch Analyse von öffentlichen Auftritten und Papieren der vier wichtigen Präsidenten des post-sowjetischen Georgiens beschreibt (142). Hier spielen jeweils „empty signifier" eine zentrale Rolle, bestimmte Konzepte, die im Zentrum der eigenen Politik stehen, vor allem in Abgrenzung vom jeweiligen Vorgänger, welche aber genügend wolkig, unpräzise, mehrdeutig sind, um eine Mehrheit für sich gewinnen zu können. Jeder Präsident stellt sich als „Retter des Volkes" dar, seine Politik als gänzlich verschieden von der schlechten seines Vorgängers (145 f.). Populistische Politik sei durch vage Versprechungen gekennzeichnet, die sich mit verschiedensten Erwartungen verbinden lassen. Es gehe weniger um bestimmte Ideen als darum, wie durch sie der Weg von Politikern zur Macht ermöglicht wird (162).

Von Avdi Smajljaj wird der Aufstieg der linkspopulistischen Partei Vetëvendosje (LVV) zur dominierenden Partei des Kosovo in den Wahlen 2019 und 2021 analysiert. Populismus wird als eine Politik verstanden, in der beim Kampf um Mehrheiten Versprechen gegeben werden, welche sich durch die an die Regierung gekommenen Populisten nicht realisieren lassen. Enttäuschung bei den eigenen Anhängern und sinkende Unterstützung sind das Resultat. Das wird an den Kommunalwahlen vom Ende des Jahres 2021 dargestellt, in denen die vor neun Monaten von einer Mehrheit der Wähler unterstützte Partei deutlich an Einfluss verlor (177 f.). Der wichtigste Wert dieses Beitrags liegt m. E. allerdings nicht in diesem Begriff von Populismus, sondern in den detaillierten Darstellungen der Positionen der LVV zu den kosovarischen Serben, ihrer Außenpolitik gegenüber Serbien und Montenegro, ihrer Vorstellungen einer staatlichen Vereinigung aller ethnischen Albaner verschiedener südosteuropäischer Staaten sowie ihrer Konzepte einer stärkeren Sozialpolitik.

Im Kapitel über Serbien untersuchen Slaviša Orlović und Despot Kovačević drei wichtige Parteien, die seit 2012 regierende Fortschrittspartei (SNS) des jetzigen Präsidenten Vučić, die Sozialisten SPS, welche bis zum Jahr 2000 und nach 2008 regierten, seit 2012 Juniorpartner der SNS sind, sowie die extrem-nationalistische Oppositionspartei SRS (Radikale Partei Serbiens). Die Darstellung des Kontextes der Politik geht bis 1974 zurück und zum Zerfallsprozess des zweiten Jugoslawiens. Die unmittelbaren Bedingungen des erstarkenden Populismus seien eine polarisierte Gesellschaft, das Vorhandensein eines starken populistischen Führers (an der Spitze einer Partei) und ein – notfalls permanent rhetorisch erzeugter – ständiger Krisenzustand (253). Dann werden Ivan Krastevs zehn Elemente populistischer Politik und Paul Taggards fünf Elemente des Populismus zitiert (255 f.), wobei vor allem das begriffliche Modell des letzteren als Analysemittel genutzt wird. Das Gesamtergebnis der Darstellung ist relativ dünn: Nur die SRS sei eine rein populistische Partei, die anderen Parteien hätten immer wieder Züge populistischer Politik ausgebildet, vor allem aber trügen sie dazu bei, dass sich Populismus in der Politik des Landes weiter ausbreite (268).

Wenn man den Populismus als politisches Mittel zur Herrschaft in (instabilen) Demokratien besser identifizieren will, kann man mit diesem Buch einiges anfangen. Um die Gründe einer Unterstützung populistischer Führer durch große Wählergruppen genauer zu verstehen, müsste man allerdings die Veränderung der sozialen Lage von Bevölkerungsmehrheiten im Prozess der postsozialistischen Transformation dieser Gesellschaften besser begreifen – eine Aufgabe, der sich die Autoren dieses Buches bestenfalls am Rande stellen.

1   Mit Serbien und anderen post-jugoslawischen Gesellschaften habe ich mich gemeinsam mit Vedran Džihić und Heinz Fassmann in zwei Projekten (2008–2012) beschäftigt, deren Ergebnisse veröffentlicht wurden. Georgien beschäftigt mich im Zusammenhang mit dem politischen Zerfallsprozess der Sowjetunion seit 1988 bis 1991, wozu ich ebenfalls mehrere Publikationen erstellt habe.

PROF. I. R. DR. SC. DIETER SEGERT
Wien, Berlin
dieter.segert@univie.ac.at

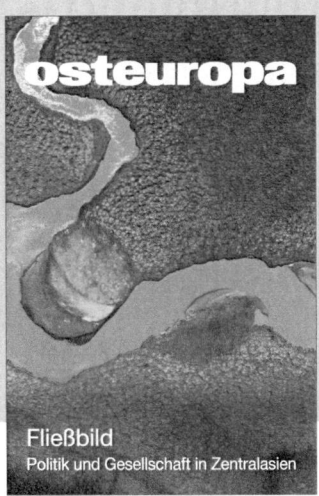

Zeitschrift Osteuropa

Herausgegeben von der Deutschen Gesellschaft für Osteuropakunde e.V.

BEZUGSINFORMATIONEN 2024
UNTER WWW.STEINER-VERLAG.DE

Erscheinungsweise:
monatlich

Osteuropa ist mehr als eine Zeitschrift. Sie analysiert Politik und Kultur, Wirtschaft und Gesellschaft im Osten Europas als Teil der globalisierten Welt. Themenhefte rücken Probleme in eine vergleichende Perspektive; Länderhefte bieten Orientierung zur Osterweiterung des europäischen Denkens; handbuchartige Doppelhefte stellen als Referenzwerke die Grundlagen des Wissens zur Verfügung: von Beutekunst bis Zentralasien. Aufwendige Farbkarten gestatten ungewohnte Blicke. Das alles in einem Periodikum, frei von Jargon, thematisch breit, offen für Debatte.

DEUTSCHE GESELLSCHAFT FÜR OSTEUROPAKUNDE E.V.

Die DGO ist der größte Verbund der Osteuropaforschung im deutschsprachigen Raum. Sie ist ein Forum zur Diskussion von Politik, Wirtschaft und Kultur in Ostmittel- und Osteuropa. Sie vermittelt Wissen über und Kontakte nach Osteuropa und fördert den europäischen Dialog. Die Mitglieder der DGO kommen aus Wissenschaft, Politik, Wirtschaft, Medien und Kultur. Die DGO ist ein überparteilicher gemeinnütziger Verein, Hauptsitz ist Berlin. In mehr als 20 deutschen Städten ist sie mit Zweigstellen vertreten. Die DGO erhält eine institutionelle Förderung vom Auswärtigen Amt.

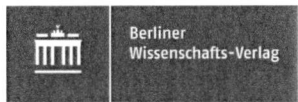

Hier bestellen:
service@steiner-verlag.de

75 Jahre
Franz Steiner Verlag

Seit 75 Jahren ausgezeichnete geisteswissenschaftliche Fachliteratur. Mehr unter www.steiner-verlag.de